講義 ウクライナの歴史

黛 秋津［編］
三浦清美
小山 哲
青島陽子
村田優樹
鶴見太郎
池田嘉郎
浜由樹子
高橋沙奈美
松里公孝
山添博史

山川出版社

はじめに

本書は、二〇二二年十一月から二三年三月にかけて、朝日カルチャーセンター新宿教室で開講された講座「ウクライナの歴史――キエフ・ルーシから現代まで」の講義内容をまとめ、書籍化したものである。

いうまでもなく、この講座は、二〇二二年二月のロシア・ウクライナ戦争勃発を受けて企画されたものであった。戦争開始以来、連日のように国際政治、国際関係、軍事などの専門家がマスコミに登場し、丁寧でわかりやすい解説を行ったおかげで、社会一般のこの戦争に対する理解はかなり深まったとの印象をもっていたが、その一方で、こうした戦争が生じるに至った歴史的・文化的背景については、十分に伝えられていないように感じていた。それゆえ、筆者も、歴史研究者の末席を汚す者として、多少なりとも研究で得られた知見を社会に還元できないかと漠然と考えていたのだが、そうした折、朝日カルチャーセンターからウクライナの歴史に関する講座の企画について話があった。筆者の専門は近代移行期のバルカンと黒海地域の歴史であって、ウクライナ史の専門家ではないため、コーディネーターを引き受けるのにはためらいがあったが、ウクライナ史と関わりがないわけでもないので、思い切ってお引き受けすることにした。幸い、この講座の趣旨に何人もの研究者が賛同して出講をご快諾いただけた結果、筆者を含む十一名による連続講義が実現することになった。呼びかけに応じてくださった講義担当者はいずれも学会の第一線で活躍する研究者であり、実績あるベテランから新進気鋭の若手研究者までバランスのとれた布陣で、ウクライナの歴史を語るのに、この上ないメンバーではないかと感じている。

この全十一回の連続講義は、カルチャーセンターにおける、おそらく日本で初めての包括的なウクライナ史講座だったのではないかと推察され、大学等を含めて考えても、きわめて稀で貴重な機会であったこと、そして、現状では日本語で読めるウクライナ史の本が非常に限られていること、などの理由から、より多くの一般の方々にウクライナの歴史についての理解を深めていただくべく、山川出版社のご協力を得てこの連続講義の書籍化が実現した次第である。

本書は、ウクライナの歴史の出発点とみなされる九世紀のキエフ・ルーシから現在までの時期を一通り網羅するかたちを一応とりながらも、ユダヤ人や歴史認識問題といったテーマ史もとりあげるなど、多様な視点からウクライナの歴史に光を当てている。それゆえ、必ずしも網羅的な通史とはいえないが、各執筆者が自身の専門分野の知見を十分に生かしつつ深い洞察を行っており、そうした点が一般的な概説書とは一線を画す本書の特徴である。また、前述のように、本書のきっかけは二〇二二年のロシア・ウクライナ戦争であり、各執筆者がこの戦争を意識して論を展開している。こうした現代的な課題を強く意識しながら歴史を描いている点も、本書の特徴といえるだろう。しかしながら、たとえこの戦争が終結した後であっても（本書刊行時、その時期は全く見通せない状況にあるが）、ウクライナの人々とその文化を育んだこの地の歴史を知りたいと思う方々に、末長く手にとっていただけるような充実した内容に仕上がっているのではないかと考える。

本書における地名や人名の表記について一言触れておくと、ウクライナの地が歴史的にポーランド、ロシア、一部はオーストリア＝ハンガリーなど、複数の国の支配下に置かれていたこともあり、同じ対象であっても、各言語による複数の呼称が用いられている場合が少なくない。例えば、リヴィウという都市を例にとると、ウクライナ語の「リヴィウ」は、ロシア語では「リヴォフ」、ポーランド語では「ルヴフ」、ドイツ語では「レンベルク」となる。本書では、現在のウクライナに関する説明では、現地語であるウクライナ語に基づく表記を一応の原則とするが、それ以外の記述においてはロシア語やポーランド語など他言語の呼称を用いることもあり得る。こうした呼称の使い方は政治的な立場などとは全く無関係であり、各講義が扱う時代や歴史的文脈によるものである。また、ウクライナ語のカタカナ表記に関しても、言語学や音声学の細かい話はここでは省略するが、現状では転写の原則が確立しているとはいえず、様々な揺れや混乱がみられる。そのような状況と、本書が一般的な通史ではなく各講義ごとにある程度内容が完結している点に鑑み、地名や人名などの表記を無理に統一することはせず、各執筆者に委ねることにした。その点を予めご承知おきいただきたい。

本書は、朝日カルチャーセンター新宿教室での講座運営を担当してくださった石井洋子さんと田川桃子さん、そして山川出版社編集部のお力添えなくして刊行することはできなかった。また、鈴木董東京大学名誉教授からも適宜ご助言をいただいた。この場をお借りして篤く御礼申し上げたい。

本書が、ウクライナの歴史を知りたいと思う読者にとって、その好奇心を満たす一助となれば幸いである。

二〇二三年七月

黛　秋津

講義　ウクライナの歴史——目次

はじめに　3

第1講　概論 ウクライナの歴史　18
黛 秋津
はじめに
ウクライナという国家
データが示す東西の差――ＥＵか、ロシアか
国名の由来とウクライナ史の特徴
キエフ・ルーシの誕生
「モンゴルの襲来」とキエフ・ルーシ――ロシアへの流れ
ポーランド・リトアニアの下のウクライナ
ウクライナ・コサックの反乱
ロシア帝国下のウクライナ――小ロシアと新ロシア
ロシア革命――ウクライナ国家の成立からソ連構成国へ
ソ連の解体とウクライナ
おわりに――ウクライナの論理、ロシアの論理
〔コラム・私の視点〕ウクライナ国民のアイデンティティ

第2講　キエフ・ルーシ――ロシアとウクライナの分岐点　46
三浦清美
はじめに――ロシアとウクライナ、分岐への淵源
キエフ・ルーシの黎明期

第3講

リトアニア・ポーランド支配の時代――十四〜十八世紀の近世ウクライナ地域

小山　哲

はじめに――ウクライナ知識人ヴィンニチェンコの日記から
ポーランド＝リトアニアの勢力拡大
ルブリン合同の歴史的意義
コサックとタタールの勢力拡大
ローマ・カトリックと東方正教――対抗・合同・模倣
「もう一つのインド」としてのウクライナ
貧窮化するポーランド貴族のための「無人の土地」
「コサックの共和国」の出現

ロシア史学とウクライナ史学の歴史解釈をめぐる対立
近世ヨーロッパ東部の「二つの民主主義」——シュラフタとコサック
取り戻されたネーション
〔コラム・私の視点〕ナショナル・ヒストリーの難しさ

第4講　帝国支配の時代——ロシア帝国、ハプスブルク帝国下のウクライナ　100
青島陽子

はじめに——覇権国家の登場とナショナリズムの発展
十七世紀半ばまでのヨーロッパ東方の国際情勢
大北方戦争とイヴァン・マゼーパ
十七世紀半ばから二十世紀初頭のウクライナの歴史的概略
三帝国によるヨーロッパ東方の分割支配
ロシア帝国とハプスブルク帝国の統治形態
十一月蜂起（一八三〇～三一年）——ポーランド系エリートへの疑念
一月蜂起（一八六三～六四年）——西部諸県の脱ポーランド化へ
ドニプロ地域主義——帝国の同盟者か、帝国秩序の破壊者か
ハプスブルク領下のウクライナ系住民——ガリツィアのルテニア人
ウクライナ地域の工業化・都市化——十九世紀後半
大衆政治の時代——二十世紀初頭
民族化する帝国と「ロシア」ナショナリズム
おわりに——帝国による分割と跨境民族のイマジネーション
〔コラム・私の視点〕ロシア・ウクライナ戦争に歴史はどう影響しているか？

第5講　ウクライナ・ナショナリズムと帝国の崩壊（一九〇五〜一九二一年）　132
村田優樹
はじめに――ロシア、ハプスブルク両帝国統治下のウクライナ
ロシア帝国統治下のウクライナ・ナショナリズム
ハプスブルク帝国統治下のウクライナ・ナショナリズム
ウクライナ・ナショナリストはなぜ独立を目指さなかったか
第一次世界大戦とウクライナ――ロシアの状況
第一次世界大戦とウクライナ――ドイツ・オーストリアの状況
ロシア革命とウクライナ中央ラーダの形成
ウクライナ自治政府の機構
プラグマティックな「独立」――ロシア十月革命とウクライナ人民共和国
第一次世界大戦末期のウクライナ――ウクライナ国と連携勢力の模索
ディレクトリア政権と東西ウクライナの「統一」
「ウクライナ革命」の終焉
諸勢力の乱立と暴力の時代――「ウクライナ内戦」とソヴィエト政権の勝利
おわりに――ウクライナ史学の課題
〔コラム・私の視点〕ウクライナの歴史とアナロジーの危険性
第6講　ウクライナにおけるユダヤ人の歴史　160
鶴見太郎
はじめに――ユダヤ人とは何か
ウクライナ地域とユダヤ人――古代・中世

ポーランド・リトアニア時代――「中間マイノリティ」としてのユダヤ人
ウクライナ・ユダヤ史では「悪役」のフメリニツキー
ロシア帝国下ウクライナのユダヤ人
ポグロムはなぜ起こったか――迫害の実態
新天地を目指すユダヤ人
ウクライナ「独立」とユダヤ人――民族対立の諸相
ソ連邦下のユダヤ人――都市化とロシア化
オーラルヒストリーにみるユダヤ人の実相――困窮化、ホロドモール
ウクライナにおけるホロコースト
「暗部」への沈黙――ホロコースト後のユダヤ人
〔コラム・私の視点〕ユダヤ系大統領はなぜ誕生したか

第7講 ソ連時代のウクライナ 池田嘉郎 *186*

ロシア・ウクライナ関係史をめぐる研究動向
帝国論への衝撃――ロシア・ウクライナ戦争
求められる「脱植民地化」
民族の位置づけ――十月革命まで
連邦制への傾斜――内戦期
「自治化案」をめぐる政争
コレニザーツィア（土着化）
社会主義建設とウクライナ
第二次世界大戦後

〔コラム・私の視点〕どうしたらロシアの暴力性を剥脱できるか？

第8講 ウクライナとロシアの歴史認識問題
――ロシアの「非ナチ化」言説と「ナチ協力者問題」の背景 206
浜 由樹子
はじめに――対立要因の「複層性」
「ウクライナ史」の誕生
「反ロシア・カード」としての歴史認識問題
ナチ協力者問題
ナチ協力者の「英雄」化
なぜロシアは「非ナチ化」を掲げたか
ロシア人の歴史で誇るべき出来事のトップは「大祖国戦争」
おわりに――反転していく歴史観
〔コラム・私の視点〕ロシア人が共有する「物語」

第9講 ウクライナの正教会と分裂の歴史 226
高橋沙奈美
はじめに――ウクライナの複雑な正教会事情
ウクライナの歴史と東方正教
ナショナリズムと正教会統合の試み
憲法改正と「新正教会」への移管推進
なぜ新正教会の移管は進まなかったか

「カインの罪」——ロシア全面侵攻後の正教両派の動き
苦心するウクライナ正教会——二〇二二年五月の宣言をめぐって
続発する正教会スキャンダル——「ロシアの手先」と印象づける
「ソ連時代の宗教弾圧に等しい」——ウクライナ正教会への制裁措置
「内なる敵」の殲滅——「民主国家」ウクライナの試金石
〔コラム・私の視点〕共感ではなく、理解を

第10講 ウクライナの国家建設の挫折——ソ連解体の事後処理の観点から 250
松里公孝
今日のウクライナの成り立ち
棚ぼた独立と市民的国家建設
クリミアの分離主義とエリツィンの思惑
一九九一年十二月、ウクライナの独立を問う住民投票
ドンバスの分離主義
一九九〇年代のウクライナ政治
左右対立から東西ウクライナの地政学的対立へ
ヤヌコヴィチ政権とユーロマイダン革命
クリミア、ドンバスの分離
ポロシェンコ大統領時代
まとめにかえて——ウクライナ現代史からの教訓
〔コラム・私の視点〕「ウクライナそのもの」を論じる重要性

第11講　ロシア・ウクライナ戦争と歴史的観点　280
山添博史
はじめに――進行中の紛争をどう論じるか
歴史観のへだたり
ロシアからみた「ウクライナ政治のぶれ」
ロシアのクリミア併合、ドンバスでの戦術
ドンバス紛争の永続化――二〇一四年八〜九月
ロシアの対欧米情報工作
ハイブリッド戦――多層性と手段限定
プーチンの「誤読」
プーチンの願望と選択――二〇一四年と二〇二二年
ロシア全面侵攻の開始――キーウ攻囲はなぜ失敗したか
ウクライナの反攻――興隆する社会と国軍
〔コラム・私の視点〕ロシアは核兵器を使用するか？
参考文献　315
著者略歴　317

講義　ウクライナの歴史

第1講

概論 ウクライナの歴史

黛 秋津

はじめに

私は歴史学の研究者であり、もともとはバルカンと呼ばれる地域の十八〜十九世紀頃の歴史を専門にしてきました。そこから次第に黒海周辺の地域、ウクライナやロシアなどにも関心が広がるようになり、今に至っています。その意味ではロシア史やウクライナ史の専門家というわけではありませんが、逆にそのぶん、遠目から両方の地域の歴史をみることができるという長所もあるため、今回このシリーズの最初に、ウクライナの歴史の概要をお話しさせていただくことになりました。まずはみなさんに長い歴史の全体像をここでつかんでいただいた上で、各時代・地域の歴史を専門とされる先生方のお話を聞いていただければ、より理解が深まるのではないかと思います。

二〇二二年の二月、ロシアがウクライナに侵攻するという事態を迎え、それ以降毎日のように、戦況や国際情勢に関する多くのニュースを私たちは見聞きするようになりました。今日（二〇二二年十月十一日）の朝も、ロシアがウクライナ各地の都市をミサイルで攻撃し、民間人に死傷者が出たというニュースがありました。新聞やテレビの報道番組でも、この戦争の行方がどうなるのか、またこの戦争が国際情勢に与える影響などについて、連日のように国際政治や安全保障論、紛争研究などの専門家のみなさんが寄稿・出演され、解説をしてくださっています。

こうした、いわば「現在」を専門とされる方々の多くの解説や見解が報じられる一方で、この紛争の、より大きな背景ともいうべき、思想や歴史などを含めた広い意味での文化的な側面に注目しつつ、なぜこのような事態が起こったのかを考えるような解説は少ないように思われます。

軍事的・政治的なことだけでなく、そうした文化的な背景について興味がある方は少なからずおられるはずですが、その関心に応える専門家の発信が今のところ少なく、それは歴史についても例外ではありません。そうした理由から、じっくりウクライナの歴史について歴史研究者が解説し、みなさんに考えていただくということも大切なことではないかと考え、この講座が開かれることになりました。

歴史学とは、もちろん過去を扱うわけですが、それは現在のことをより深く理解し問題解決に役立てて、より良い未来を志向するためにあるものです。これから昔のことをお話ししていきますが、それをふまえて現在のことを考えていただく、そういう一助にしていただければありがたいと思っております。

今回のロシア・ウクライナ戦争も、歴史と少なからぬ関わりがあります。ロシアのウクライナ侵攻が始まる半年ほど前の二〇二一年七月、ロシアのプーチン大統領の名前で出された論文「ロシア人とウクライナ人の歴史的一体性について」が発表されたことはニュースなどでご存じかと思います。その論文では、ロシアとウクライナの一体性と、その上でロシアあるいはロシア人に主導的な役割があることを、歴史的な経緯をふまえて強調しています。つまり、「歴史」がロシアによるウクライナ侵攻を正当化する論理の重要な柱の一つとして使われているのです。ですから、今回のウクライナの戦争と歴史学とは大いに関わりがあるのです。

ここではまず、現在のウクライナについての概要から入り、次にウクライナの歴史について、九世紀頃から二十世紀後半のソ連崩壊あたりまでの流れを概観していきたいと思います。

ウクライナという国家

最初に現在のウクライナの概要ですが、国土面積は六〇・三七万平方キロで、人口は四〇〇〇万ほどです。日本と比べると、面積は日本のおよそ一・五倍、人口は日本の三分の一程度で、世界最大の面積を誇るロシア（一七〇九・八万平方キロ）と比べると圧倒的に小さいことがわかります。ちなみにウクライナ南部、黒海に面したクリミア半島は、二〇一四年にロシアが一方的に編入して実効支配しています。ただ国際法上はウクライナの領土であり、前述の面積にはその地域も含まれています。また人口についても、四〇〇〇万という数字は二〇二一年のデータで、ロシアの侵攻以来、多くのウクライナ国民が国外に避難していますので、その点に留意が必要です。

地理的な特徴をみると、まず目を引くのが、首都のキーウ（キエフ）を通ってウクライナの中央部を北から南の黒海へと流れる、ウクライナ最大の河川であるドニプロ（ドニエプル）川だと思います。その流域と国土の東部は低地の平原が多く、西部はやや標高が高くなっています。地勢図（**図1**）をみていただくとわかりやすいですが、西部の大都市リヴィウの南に、ルーマニアへと連なるカルパチア山脈、クリミア半島の南端に山地がある程度で、全体的に山地が少なく、平野で占められているのが大きな特徴の一つです。国土が平らであると、遮るもの、つまり自然の障壁がないので、周囲から外部の勢力が容易に入ってくることができます。

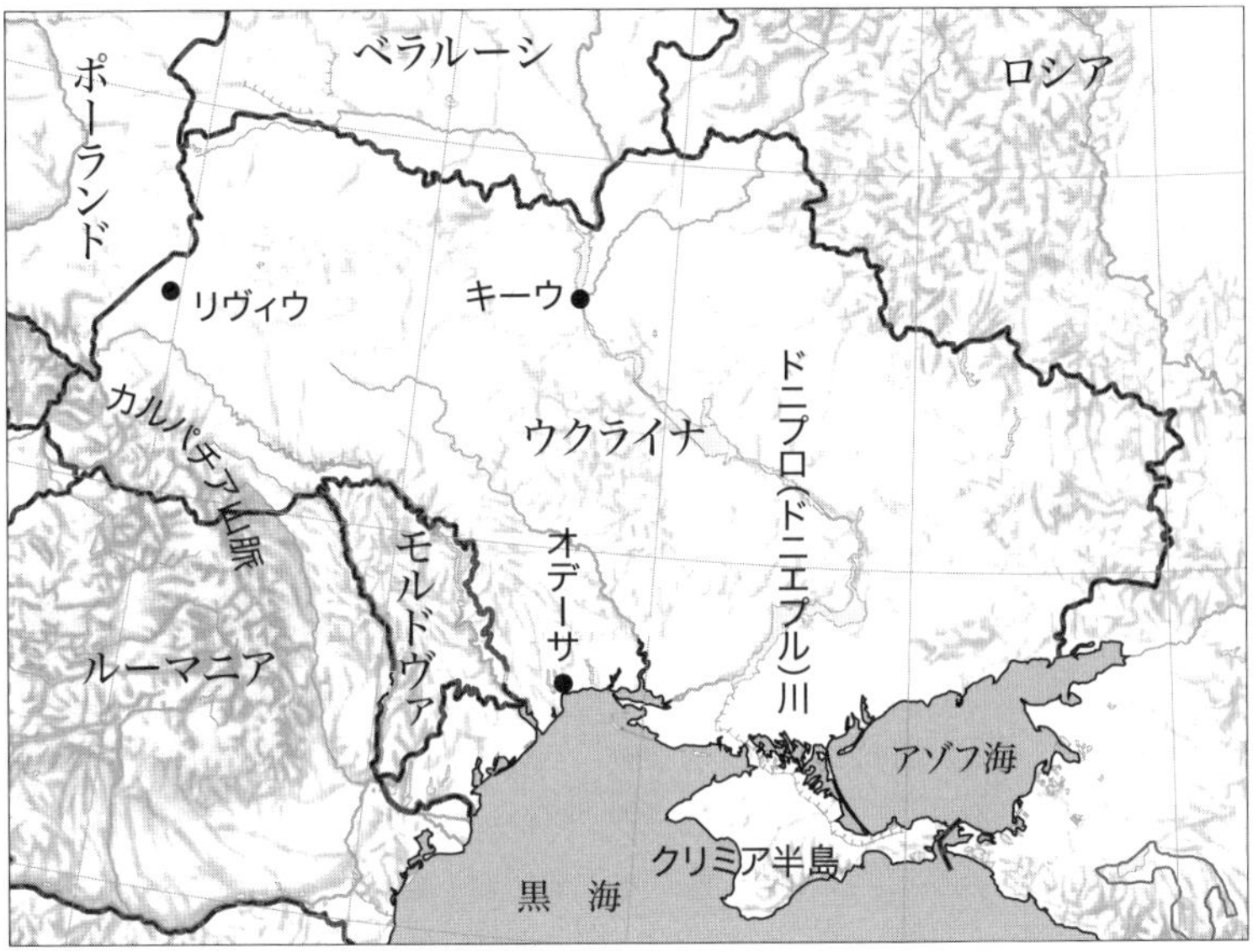

図1　ウクライナの地理

気候については、南部のクリミア半島の周囲のみが温暖湿潤気候に属し、それ以外の地域は亜寒帯湿潤気候と呼ばれる、比較的寒冷な気候です。

続いて、ウクライナを構成している人々についてみてみましょう。まず民族ですが、戦争前のデータによれば、「ウクライナ人」が総人口の約八割、「ロシア人」が約二割となっています。この数字は、国勢調査で自分が何人かを自己申告した結果によるものです。また他にもユダヤ人などの少数民族が存在しており、主にクリミア半島やオデーサ以南の地域に様々な少数民族が居住しています。つまり民族的には多様であるものの、中心的な民族は「ウクライナ人」ということになります。

一方、言語については、ウクライナ語を母語とする人々が総人口の六割ほどで、ロシア語を母語とする人々が二〜三割程度となっています。民族別の割合に比べて、ウクライナ語を母語とする人々が少ない点に気づかれた方もいらっしゃると思いますが、そこがウクライナの特徴です。つまり、ウクライナ語とロシア語のどちらが自身の母語かと決めづらい、両語とも話せる人々がかなり存在するということです。また、母語をウクライナ語と国勢調査で申告している人々のなかにも、相当数がロシア語も理解することができるといわれています。

それから宗教はどうなっているかというと、多数を占めるのは東方正教会に属する正教徒で、キリスト教のカトリックやプロテスタントを信仰する人々は少数派となっています。余談ですが、少数派のなかにはギリシア・カトリック、あるいはユニエイト教会やウクライナ・東方カトリック教会とも呼ばれる教会に属する人々もいます。ハルィチナ（ガリツィア）と呼ばれるウクライナ南西部を中心に、典礼は正教会式で行うものの、ローマ教皇の権威を認め、カトリックに属している宗派です。

データが示す東西の差 ——EUか、ロシアか

ここからはもう少し細かく、民族、言語、宗教の地域的な特徴をみてみたいと思います。まずはウクライナの地域別民族分布ですが、**図2**をご覧いただくとわかるように、大別するとウクライナの東部から南部、まさに現在も戦闘が激しく行われている地域にロシア系住民が比較的多く住んでいます。なかでもロシアが二〇一四年に編入を宣言したクリミア半島では、ロシア系住民が多数を占めています。この傾向は、言語人口の分布（**図3**）にも反映されており、母語がウクライナ語であると申告した人の割合はウクライナの西側から北部・中央部で大きくなっています。一方、ロシア系の住民が多い東部や南部では、ウクライナ語を母語とする人の割合が小さくなっています。ロシアは、「ウクライナ東部から南部に多く居住するロシア系住民が迫害を受けているため、彼らを救わなくてはならない」という論理で、ウクライナに対する侵攻を行ったわけですが、その背景がこの民族・言語の分布から読み取れます。

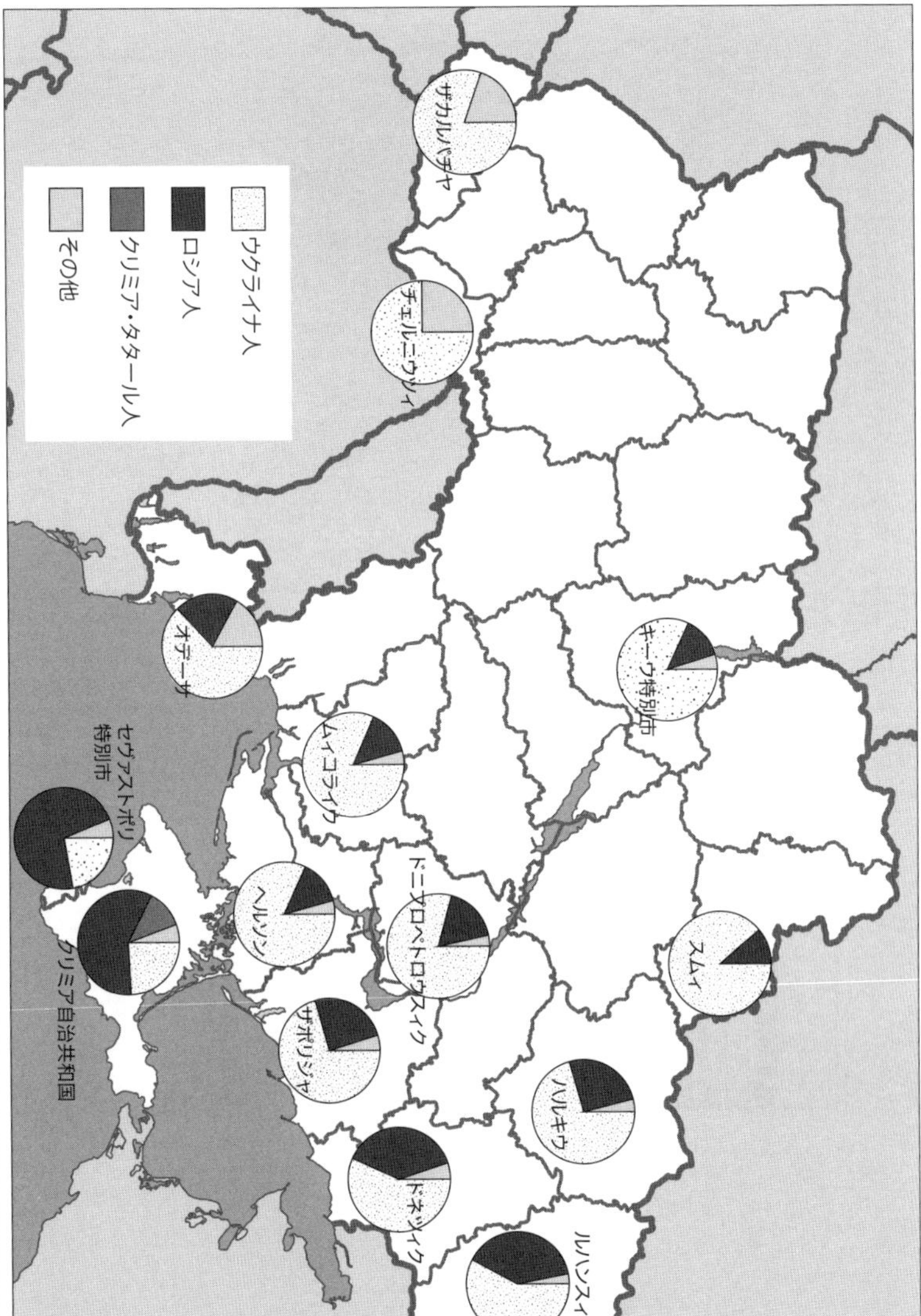

図2　ウクライナ人以外の民族が10%以上を占める州の民族分布（円グラフの記載のない州は、ウクライナ人の割合が90%以上）

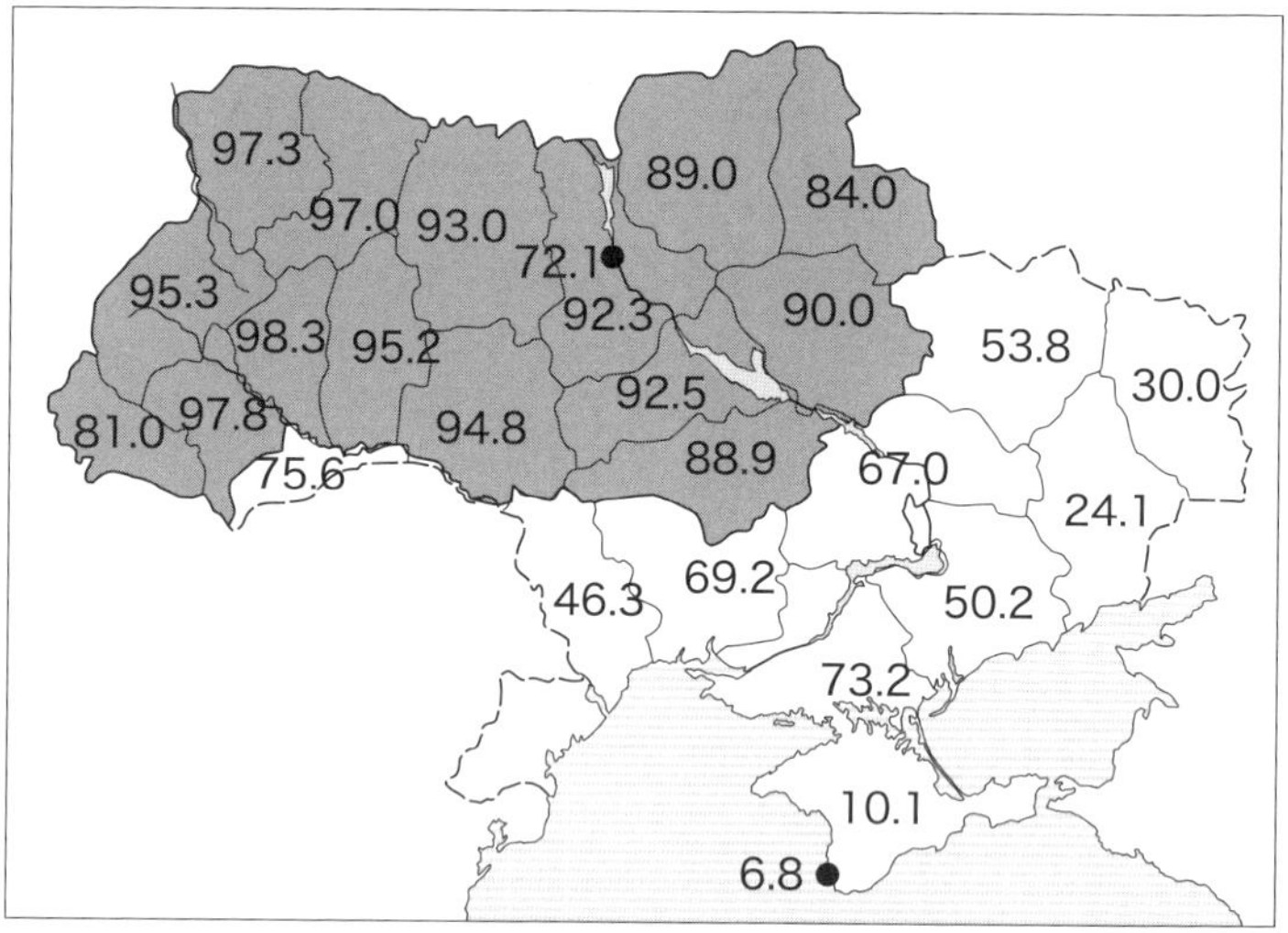

図3　ウクライナ語母語者の割合（2001年。州人口の80%以上はグレー）

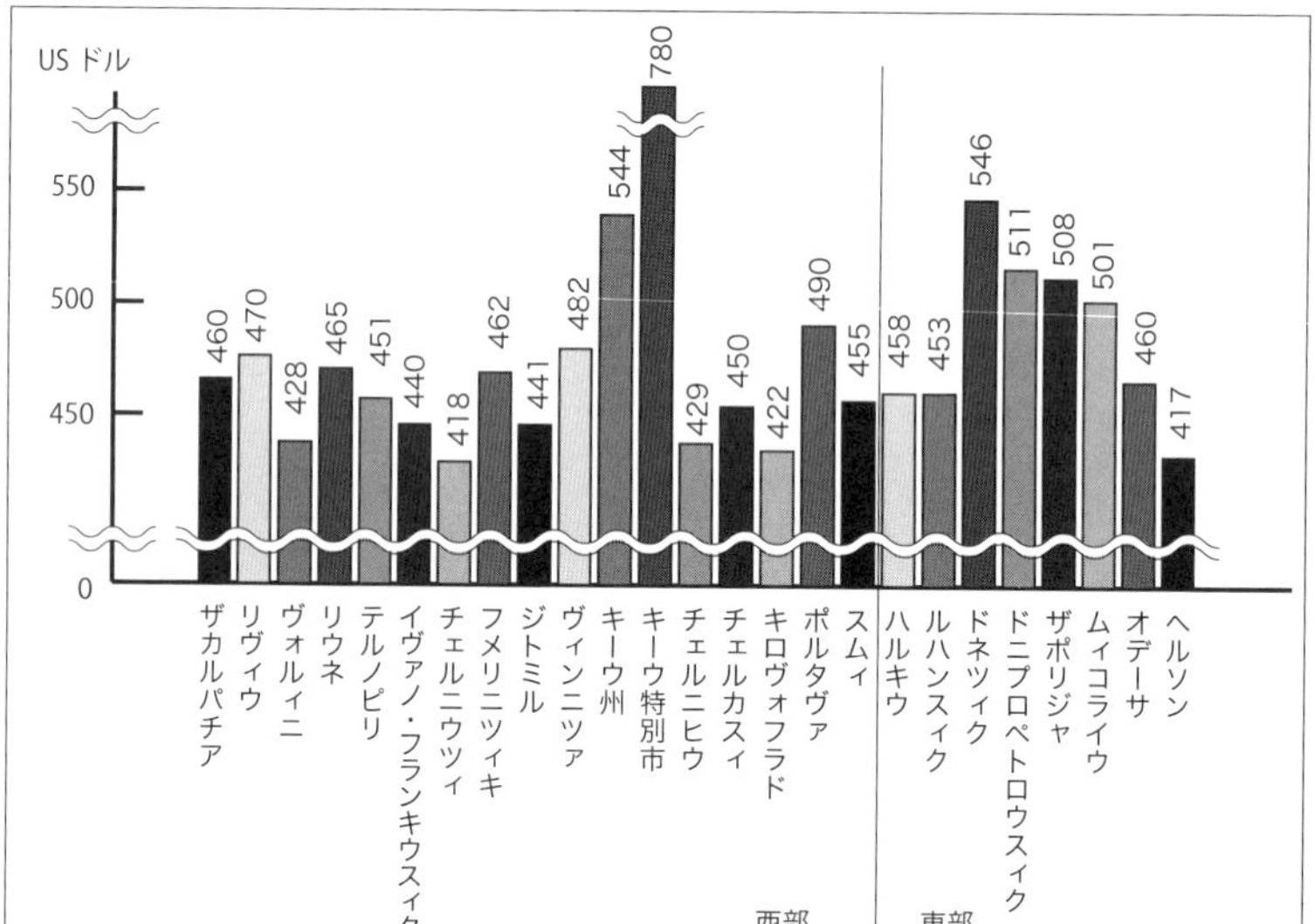

図4　ウクライナの州別平均月収

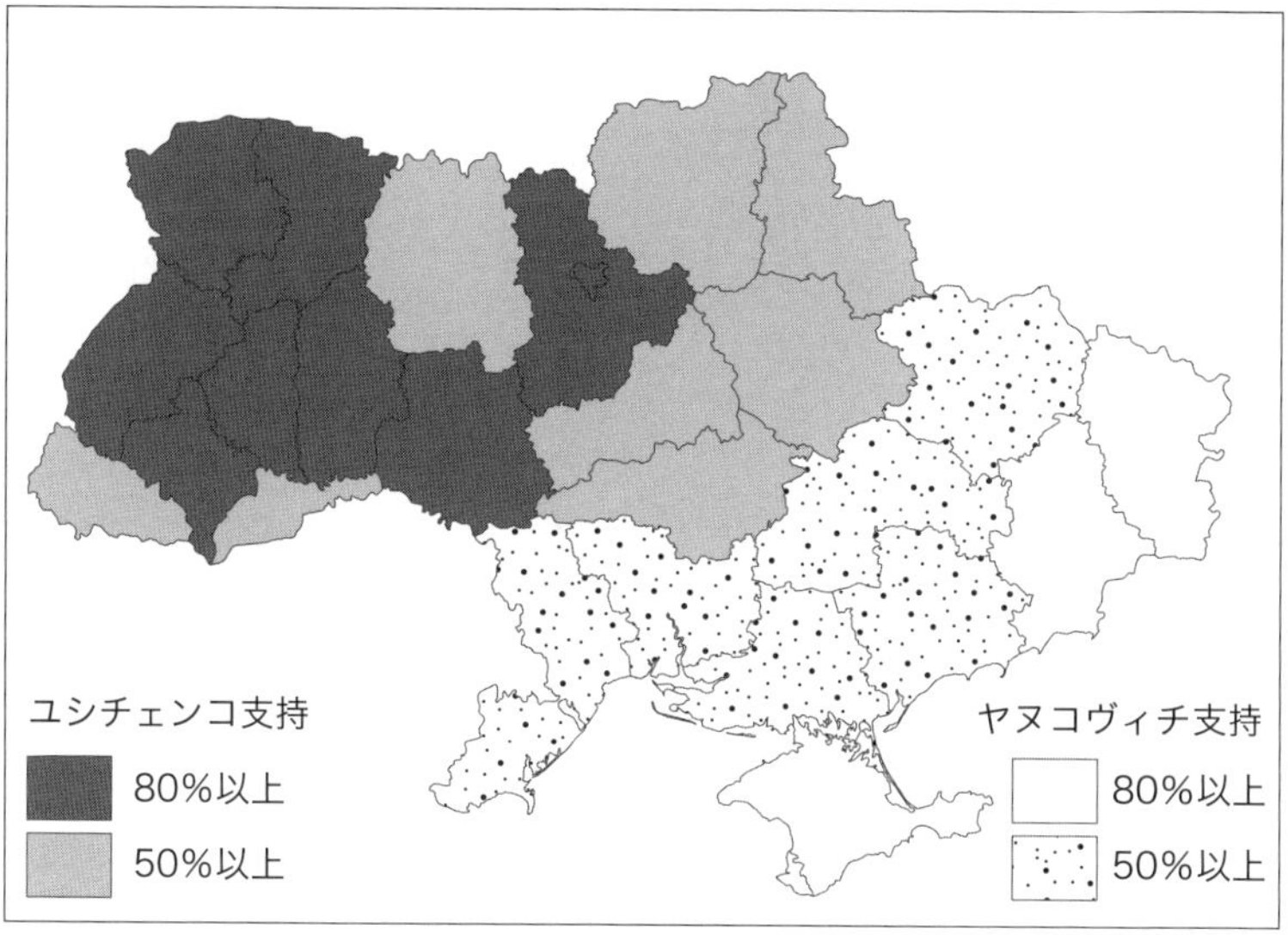

図5　2004年ウクライナ大統領選挙（決選投票）の候補者得票率

どうしてこのような民族・言語の地域的偏りが生じたのでしょうか。その謎を解くヒントは、ウクライナの産業にあります。農業が盛んなウクライナのなかで、東側の地域では第二次産業の割合が大きく、平均月給のデータ（**図4**）も西部に比べると高めになっています。

国土の東側に工業地帯が集中している理由は、帝政時代よりウクライナの東部は石炭や鉄鉱の産出地で、十九世紀後半、それらを原料とした工業化が進みました。それにともない、帝国各地から多くのロシア人が労働者としてこの地に移り住み、ロシア系住民の割合が大きくなっていきました。このような歴史的背景により、ウクライナの西部から中央部の北側の地域では「ウクライナ人」、ウクライナ語を母語とする人々が多数を占めているのに対し、東部から南部、クリミアにかけての地域においては「ロシア人」、ロシア語を母語としている人が比較的多く住んでいる、という現在の状況が生まれたわけです。

こうした特徴は、人々の考え方や意識にも反映されることがあります。その一例として二〇〇四年の大統領選挙（**図5**）をみてみましょう。このときだけではないのですが、ウクライナでは、大統領選挙の決選投票で東部を地盤とする親ロシア候補者と、西部を地盤とし、西欧との関係を重視する候補者同士の一騎打ちになる傾向にあります。二〇〇四年の大統領選挙では、東部を地盤とする親ロシア派のヤヌコヴィチと、親欧米派で西部を地盤とするユシチェンコの争いとなり、最終的にヤヌコヴィチが勝利しますが、投票の不正を理由にユシチェンコ支持勢力による大規模な抗議運動が起こり、再選挙が実施されることになりました。その結果、ユシチェンコが再選挙で逆転勝利していますが（オレンジ革命）、ウクライナ東西の民族構成の差異が、このようにEUかロシアかという志向や投票行動にも大きな影響を与えていることがわかります。

国名の由来とウクライナ史の特徴

「ウクライナ」という国の名前の由来について、一言触れておきたいと思います。史料では十二世紀後半、当時キーウ（キエフ）の東部に位置するペレヤスラウ一帯を指す語として現れ、これが「ウクライナ」という言葉が地名として使われた最初のものと考えられています。

この名称については、主に二つの有力な説があります。いずれも「端」や「境」を表すkrajという言葉に由来するのですが、一つはロシアやポーランドからみて「辺境」であったため、現在のウクライナを指すようになったとする説、もう一つは、境界に切り取られた内側の地、すなわち「国」を示す語として、現在のウクライナの地域に使われるようになったとする説です。前者は、この地域に対するロシアやポーランド側からの視点でとらえ、後者はウクライナのなかの視点からとらえた説といえます。いうまでもなく、「辺境」との解釈を否定する後者は、主にウクライナで唱えられている学説です。つまり、これらの説は学問的な見地からの説であると同時に、政治的な立場からの主張という性格のものであることがわかります。

「ウクライナ」の語の具体的な使われ方をみると、具体的にはキーウの東の一地方という意味で登場したあと、しばらくは「〜のウクライナ」というかたちで特定の場所が示されない使われ方がされていました。それが十六〜十七世紀になると、現在のウクライナの中央部のあたりを指すようになります。十九世紀のロシア帝国支配の時代も、おおよそそのような使われ方は継続しましたが、ロシア帝国では同地域に対し「小ロシア（マロロシア）」の呼称も一般的になりました。

ちなみに「小ロシア」とは、もともとギリシア語で使われていた表現で、この「小」は「中心部」や「中核」を指す言葉です。ところが次第に、隣に大きなロシア帝国ができたことから、ロシアが「大」でウクライナが「小」で劣っているというニュアンスで使われるようになっていくのです。

それではウクライナの歴史の概観に入っていきたいと思います。ウクライナについてまったく予備知識のない方がいらっしゃることも前提にお話ししていきますが、ウクライナという国は一九九一年のソヴィエト社会主義共和国連邦（ソ連）の崩壊にともない独立・誕生した、国家としてはまだ三〇年ほどしか経っていないとても新しい国です。ではその前のソ連時代（一九二二〜九一年）はどうだったかというと、ウクライナ・ソヴィエト社会主義共和国というソ連を構成する共和国の一つで、独立国家ではありませんでしたが、ソ連のなかで、現在の国家とほぼ同じ領域を占めていました。

ソ連が成立する五年前の一九一七年に起こったロシア革命の最中に、ウクライナ人民共和国という国が誕生しました。ただ、この国は十月革命で権力を握ったボリシェヴィキ政権と戦って敗れ、わずか数年でなくなってしまいます。それ以前の時代にさかのぼってみてみると、現在のウクライナの地を中心とする独立国家というのは長らく存在していないのです。どこまでさかのぼるかというと、中世のキエフ・ルーシ（キエフ大公国）までです。例外的に十七世紀後半の一時期、コサックと呼ばれた集団がウクライナを中心に権力を築いて、ポーランドからもロシアからも自立した勢力を保ったことがあります。これは一応「国家」とみなし得るものだということで、現在のウクライナ史のなかではそれもウクライナの国家であるという位置づけがされています。

つまり現在のウクライナの前身となる国は、ロシア革命の際に短期間存在したウクライナ人民共和国だけであり、コサックなどの例外を除くと、事実上、キエフ・ルーシ以降は存在しなかったことになるのです。

キエフ・ルーシの誕生

ここでまず、ウクライナの歴史がどのように叙述されてきたかという点に触れておきたいと思います。そもそも、これまで日本でウクライナの歴史について語られる機会はそれほど多くはありませんでしたし、その歴史が語られる場合でも、長らくロシア史の一部として描かれてきました。なぜそうなったかというと、伝統的に、国家という枠組みを中心とする、いわゆる「各国史」というかたちの歴史叙述が主流を占めてきたからです。もちろん、そうした歴史の描き方に限界を感じて、それ以外の記述の仕方を模索する試みもなかったわけではありません。

前述のように、ウクライナという国家の登場がごく最近のことで、長らくウクライナを中心とする国家が存在していなかったこともあり、ウクライナ国外で本格的なウクライナ史の歴史叙述がなされるようになったのはソ連末期でした。日本でも同様に、ウクライナの歴史に注目が集まったのが近年のことであり、ウクライナの歴史に関する本は、未だに非常に少ないのが現状です。それ以前は、長らくロシアの歴史の一部として描かれるというのが一般的でした。

当然ですが、ロシア史の観点からこの地域を語ることと、ウクライナ地域を主人公として歴史を語ることでは、やはり見方、認識に違いが出てきます。まさにそうした歴史認識の違いが、先ほど触れた二〇二一年のプーチン論文にも如実に表れており、今回の紛争にも影響していることがわかります。ただ、どちらの立場から歴史をみるにしても、共通してその出発点となるのが九世紀末に誕生したキエフ・ルーシということになります。

それ以前にさかのぼると、ウクライナやベラルーシ、ポーランドといった地域には、インド・ヨーロッパ語族に属する言語を話すスラヴ人が居住しており、次第に各地へと移動していきました。そうすると、同じスラヴ人の間でも地域によって明らかな文化的・言語的な違いが出てくるようになります。大別すると東スラヴ人、西スラヴ人、南スラヴ人に分かれていくことになりますが、そのなかで、現在のロシア西部（ヨーロッパ部）からベラルーシ、バルト三国（エストニア、ラトヴィア、リトアニア）にわたって広がる東ヨーロッパ平原に居住し、ある程度の文化的・言語的共通性を有するスラヴ人が東スラヴ人と呼ばれるグループです。この東スラヴ人による国家がキエフ・ルーシで、これは東スラヴ人としては歴史上最初の国家となります。つまり、このキエフ・ルーシを担った東スラヴ人が後世、現在のロシア人、ベラルーシ人、ウクライナ人になっていくので、この三つの国がそれぞれ民族の歴史を描くと、その出発点はいずれもキエフ・ルーシということになるわけです。

九世紀末に、現在のウクライナの首都キーウを中心に、諸公国の連合体としてキエフ・ルーシが成立します。その正式な名称はただの「ルーシ」です。「ルーシ」は、ベラルーシの「ルーシ」にもその痕跡をみることができますが、地域を指す地名でもあり、人間集団を指す名称でもあり、国名でもあるという多義語です。そのため紛らわしいので、便宜的にキエフ（キーウ）を中心に成立した国家なので「キエフ・ルーシ」と呼んだり、一方では統治者が大公の称号を名乗っていたことから「キエフ大公国」とも呼ばれたり、もう少し中立的な呼称として「キエフ国家」、あるいは現在のウクライナの領域を中心とした国であるから「ウクライナ・ルーシ」とも呼ばれたりします。政治的な立場によっても用いる呼称が異なるため、いくつもの呼称があるのですが、ここでは正式名称の「ルーシ」だけではわかりにくくなるため、日本ですでに定着している名称である「キエフ・ルーシ」を用いることにしたいと思います。

このキエフ・ルーシでは十世紀の末に、当時の大公だったウラジーミル（聖公。在位九八〇頃〜一〇一五）が、ビザンツ帝国（東ローマ帝国）からキリスト教を受け入れています。ご存じの通り、キリスト教はローマ帝国で広まり、その後ローマ帝国が東西に分割されて西ローマ帝国が滅亡（四七六年）して以降、西のローマ・カトリックと、東方のビザンツ帝国で有力だったコンスタンティノープルの教会が次第に分離して、十一世紀までに大きく断絶するわけですが、ちょうどこの頃は東西キリスト教の対立が大きくなっていた時期にあたります。つまり、東のキリスト教がキエフ・ルーシに受容されたことがきっかけで、東ヨーロッパ平原が東方正教会の文化圏に入っていくことになったのです。現在でもロシアやウクライナ、ベラルーシでは正教徒が多数を占めていますから、その影響は現在にも及んでいることになります。

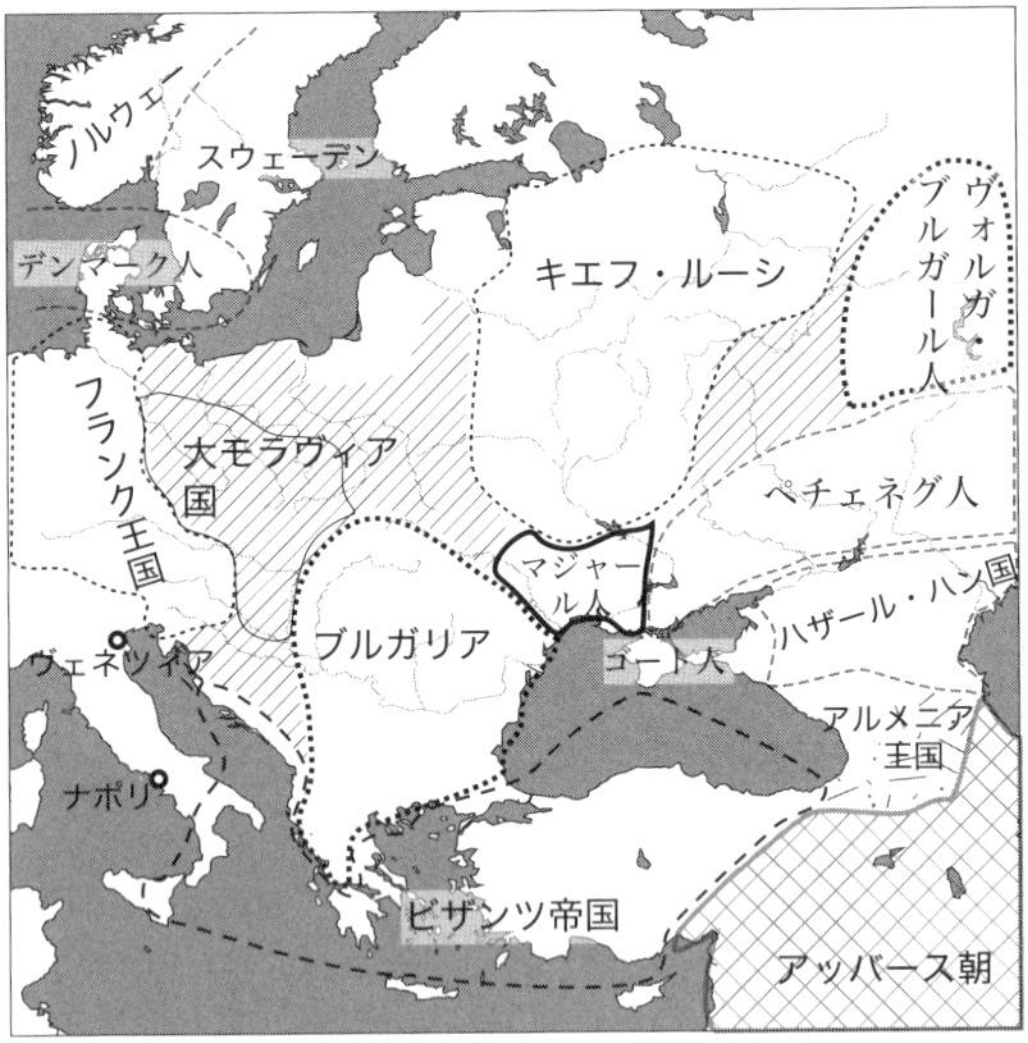

図6　9世紀末のキエフ・ルーシ

「モンゴルの襲来」とキエフ・ルーシ ――ロシアへの流れ

キエフ・ルーシは、キリスト教を受容した十世紀末から十一世紀前半までは政治的にも比較的安定していました。ところが十一世紀後半に入ると混乱が生じるようになります。キエフ・ルーシの広大な領域はいくつもの公国に分かれており、そうした諸公国をキエフの大公が統合するといった国のあり方だったのですが、次第に諸公たちが大公の地位をめぐって争うようなことが起こり、分裂するようになっていきました。そういった状況下にあった十三世紀前半、日本史の「元寇」でもおなじみのモンゴル帝国の軍勢がユーラシア大陸の東方からこの地にもやってきます。

モンゴルの襲来により、キエフ・ルーシの中心であったキエフは陥落して荒廃し、壊滅的な打撃を受けると同時に、それ以降、キエフ・ルーシの領域はしばらくモンゴルの支配下に置かれることになったのです。モンゴル帝国はあまりに巨大だったこともあり、中国の元朝やいくつかのハン国に分かれることになります。現在のロシア南部やウクライナの領域は、チンギス・ハンの長子であったジョチによるキプチャク・ハン国（近年では「ジョチ・ウルス」とも呼ばれます）の統治下に入ることになりました。

キプチャク・ハン国の支配は間接統治で、キエフ・ルーシ内の各公国は解体されずに存続しましたが、その従属下に置かれました。そしてモンゴルの攻撃により、それまでの中心地だったキエフが荒廃してしまったこともあり、以後その中心はキエフの北東に位置するウラジーミルという都市に移ります。このウラジーミルは現在のロシアの首都モスクワの東方約二〇〇キロに位置する都市で、今では古都として有名な観光地になっています。つまりキエフからウラジーミルに中心を移しながら、ルーシの地は、すでに十二世紀半ばから有力となり「大公」を名乗っていた「ウラジーミル大公国」の統治を通じてキプチャク・ハン国の支配を受けることになったのです。しかしその後、ウラジーミル大公国内の諸公の間で分裂・抗争が生じるなか、あらたに台頭するようになったのがモスクワとトヴェリという二つの公国であり、次第にモスクワの優位が確立されていきます。その結果、今度はウラジーミルからモスクワにルーシの中心が移ることになります。モスクワ公国はウラジーミル大公国内の諸公国を次々に併合しながら十四世紀以降、自ら「大公」を名乗って「モスクワ大公国」となり、ロシア史において「タタールのくびき」と呼ばれたモンゴル支配からの自立を成し遂げていくのです。

このモスクワ大公国は、その後十六世紀頃から「ロシア」と呼ばれるようになり、大公も「ツァーリ(皇帝)」という称号を自ら用いるようになります。実は、この「ロシア」という名称は「ルーシ」のギリシア語の呼び方です。なぜギリシア語の呼び方にしたかというと、自分たちは一四五三年に滅亡したビザンツ帝国の後継者であるという意識があったからです。ギリシア人の帝国であったビザンツ帝国ではギリシア語が使用されていたので、「ルーシ」をそのギリシア語の呼び方である「ロシア」にして、それが次第に国の内外で定着していったという流れです。こうしてモスクワという、当初はヨーロッパ北東部の辺境地帯にあった一公国が、その支配領域をウクライナ南西部や東方のシベリアへと拡大していき、やがてユーラシアを東西にまたぐ巨大な帝国へと発展していくことになりました。

ここで一つ、押さえておきたい事実があります。それは、キエフ・ルーシ以来の血統を、モスクワの支配者が十六世紀末まで維持していたという点です。最初のキエフ・ルーシが分裂していくつかの国に分かれながらも、それらを統治していたのはキエフ大公の息子たちでした。モンゴルの襲来を受けてできたウラジーミル大公国、そしてその後のモスクワ大公国も、大公はキエフ大公の血筋を継承しているのです。ただ、イヴァン四世(雷帝。在位一五三三~八四)の子フョードル一世(在位一五八四~九八)には男子がなく、キエフ大公の血筋であるリューリク朝がここで途絶えることになりますが、ともかく、キエフ・ルーシとロシアがその段階までつながっていたという点が重要なのです。

ポーランド・リトアニアの下のウクライナ

キエフ・ルーシからロシアへの流れはこのくらいにして、モンゴルの襲来によってキエフが荒廃したのちの、ウクライナの領域についての話に進みたいと思います。

十三世紀前半にモンゴルがやってくる以前から、公国間の争いによって分裂状態にあったキエフ・ルーシのなかで有力な公国となっていたのがハルィチ・ヴォルィニ公国でした。現在のウクライナの西部を中心に、最盛期にはドナウ川河口付近まで領土を広げ、十三世紀半ばにモンゴルの支配下に入ったあとも栄えたのですが、十四世紀に入るとポーランド、リトアニアとの長期にわたる戦争に敗れ、この両国に分割され滅亡します。その後、ウクライナの多くの領域は三〇〇年弱、場所によっては四〇〇年ほど、ポーランドとリトアニアに支配されることになるのです。ちなみにウクライナ史学では、このハルィチ・ヴォルィニ公国はキエフ・ルーシの後継国家であり、「ウクライナ国家」であるとみなされています。

ここで思い出していただきたいのは、先にお話しした、現在のウクライナの西部と東部で、西のEUか東のロシアかという志向に違いがあるという点です。ポーランドは、西方に移動したスラヴ人（西スラヴ人）がつくった国であり、宗教的にはローマからのキリスト教を受け入れたカトリック教徒が大半です。一方のリトアニア公国もポーランドの影響を強く受け、十四世紀後半にポーランドとの同君連合が成立してカトリックを受け入れました。つまり、正教徒が多数住んでいたウクライナ領域を、カトリックのリトアニアとポーランドが支配するという状況が数百年も続いたのです。これにより、支配層のカトリック文化が正教徒の地であるウクライナにもたらされることとなり、こうした歴史的経験が、西部を中心とする現在のウクライナの西欧志向にも影響をもたらしている背景の一つではないかと考えられます。

ウクライナ・コサックの反乱

このように十四世紀から数百年にわたり、西欧カトリック世界に属するポーランド＝リトアニアの支配を受けるようになったウクライナですが、十七世紀に入るとこの地に新たな勢力が進出するようになります。それは先ほどお話しした、キエフ・ルーシをルーツとし、北方のモスクワから発展していったロシアです。このロシアの進出により、先にウクライナの大半を支配していたポーランドとの争いが起こるわけですが、ここで問題となったのが、ウクライナの東部から中部にかけて一大勢力を誇るようになったコサック（コザーク、カザーク）の存在でした。

コサックとは、ロシアやポーランドの支配や自らの境遇から逃亡してきた農民や士族、遊牧民など、様々な人々からなる集団です。こうした人々が、権力の手が及ばない辺境に集まって比較的自由で独特な社会を形成するようになり、なかにはかなり大きな規模を誇るコサック集団が現れました。ウクライナの領域では、ドニプロ川下流のザポリジャを中心として十七世紀前半に大きな勢力を形成するようになりました（ウクライナ・コサック）。ちなみにこのザポリジャはロシアのウクライナ侵攻以降、この地にある原子力発電所が攻撃を受けたとしてたびたびニュースに名前が出るところでもあります。

ウクライナ・コサックは当初、ポーランドに従属しながら、辺境警備を請け負う代わりにポーランドから給与や物資を得るなどして生計を立てていました。ところが、ポーランドによる締めつけが強くなったため、一六四八年に反乱を起こしました。

これを主導したのはウクライナ・コサックの指導者であるボフダン・フメリニツィキ（ホグダン・フメリニ

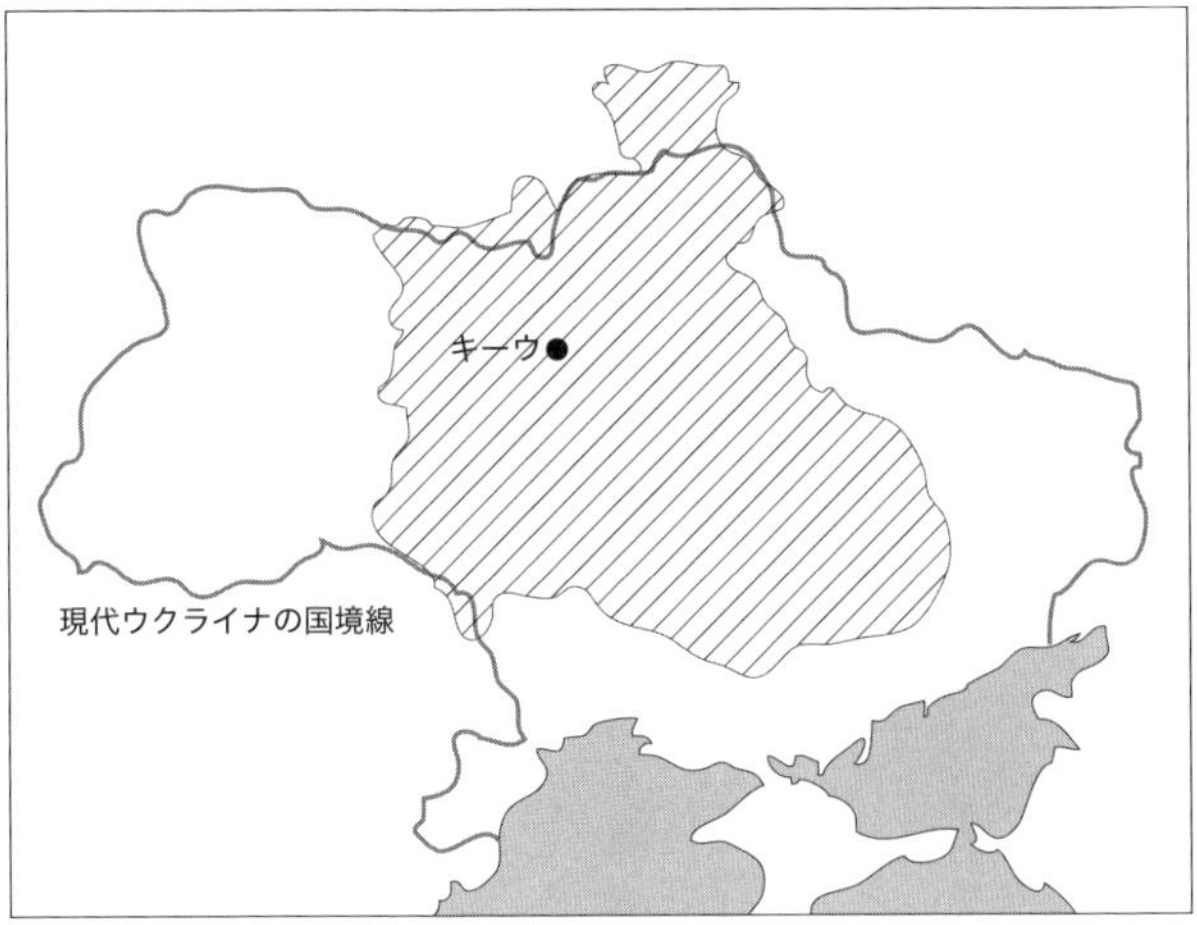

図7　反乱時のウクライナ・コサックの支配領域

ツキー）という人物でした。すでに述べたように、ウクライナ史学においてこのウクライナ・コサックは、自立した独自の勢力をザポリジャ中心に打ちたて、一時期、現在のウクライナの多くの領域にその勢力を広げたことから、これを「ウクライナ国家」とみなされています（**図7**）。また、支配者であるポーランドに対して反乱を起こしたフメリニツィキもウクライナでは歴史的な英雄とみなされ、国内のあちらこちらに彼の像が建てられ、紙幣の肖像としても描かれているほどです。コサックはウクライナの自由と自立の象徴なのです。

　フメリニツィキはポーランドと戦うため、クリミア・ハン国（クリム・ハン国）やオスマン帝国など周辺の勢力を味方に引き入れようと画策するのですがうまくいかず、最終的にロシアと協定（ペレヤスラウ協定）を結ぶことになりました。

　この協定の意義については議論があるのですが、それはともかく、ウクライナ・コサックが事実上ロシアの勢力下に入ったことで、彼らをめぐってロシアとポーランドの間で戦争が生じました。一〇年以上の戦争の結果、両国の間で和平（一六六七年のアンドルソヴォ講和）が結ばれます。これによってウクライナの領域はおおよそドニプロ川の東西で二分され、西側をポーランド領、東側とキーウ（キエフ）がロシア領となりました。しかし、ロシアは十八世紀以降、ポーランドの支配するウクライナ西部へと徐々に進出していくことになります。

ロシア帝国下のウクライナ――小ロシアと新ロシア

十八世紀に入ると、ヨーロッパ中央部ではハプスブルク（オーストリア）帝国に次ぐ強国としてプロイセンが台頭するようになりました。一方、ポーランドは貴族間の対立などから弱体化し、その結果、十八世紀後半にロシア、プロイセン、ハプスブルクの間で行われたのがポーランド分割でした。三度にわたる分割によってポーランドは消滅してしまいますが、これによりロシアはさらに西へと領土を拡大し、ウクライナの中部から西部にかけてのかなりの面積を領有するようになります。

黒海に面するクリミアについては、二〇一四年、ロシアはウクライナ領だったこの地の編入を宣言しました。その後、アゾフ海と黒海の間の海峡に建設されたクリミア大橋が、二〇二二年十月に爆破されたというニュースが大きく報じられたことは、皆さんの記憶に新しいと思います。このクリミアには十五世紀にキプチャク・ハン国から自立したクリミア・ハン国が成立し、のちにオスマン帝国に従属しながらかなりの勢力を保っていました。このクリミア・ハン国を一七八三年、ロシアは内紛に介入して併合しています。

さて、十八世紀のウクライナの領域を概観すると、十七世紀半ばのロシアとの同盟の結果、ロシア帝国に編入されながらもウクライナ・コサックが帝国内で得ていた自治も、十八世紀に入ると次第に廃止されてゆき、ロシアはウクライナ東部を直接支配するようになりました。そして、ポーランド分割を通じてウクライナの多くの地域を領有するなかで、ウクライナを大きく二つの領域に区分しました。すなわち、前述した、キエフを中心とするウクライナ北部、西部、中部の「小ロシア（マロロシア）」（図8）、そして、クリミア・ハン国の併合によって得た領域を中心とする南部から東部にかけての「新ロシア（ノヴォロシア）」（図9）です。

この小ロシアと新ロシアでは、違いがあります。まず小ロシアについては、ロシアの他の地域との間で、話される言葉に違いがあり、辞書が存在していたことが知られています。ある程度の言葉の違いを「方言」とみなすか、「異なる言語」とみなすかは主観の問題になりますが、辞書が現れるほどに言語が違っていたことは確かなのです。

一方で新ロシアは人口が希薄な地域でしたので、ロシアによる併合後、政府は積極的にそこに人を移住させました。主にはロシア帝国内からでしたが、オスマン帝国内のキリスト教徒をこの地に移住させるようなことも行われました。現在のウクライナに様々な少数民族が居住するのはそうした経緯によるもので、主に十八世紀の後半以降に入ってきた移民の子孫ということになります。新ロシアではこうした理由からロシア語が共通語となり、その後のロシア人労働者の流入もあって、現在もロシア語話者が多いというかたちで影響がみられるわけです。

こうして十八世紀後半に現在のウクライナの領域の多くがロシア帝国の支配下に置かれるのにと

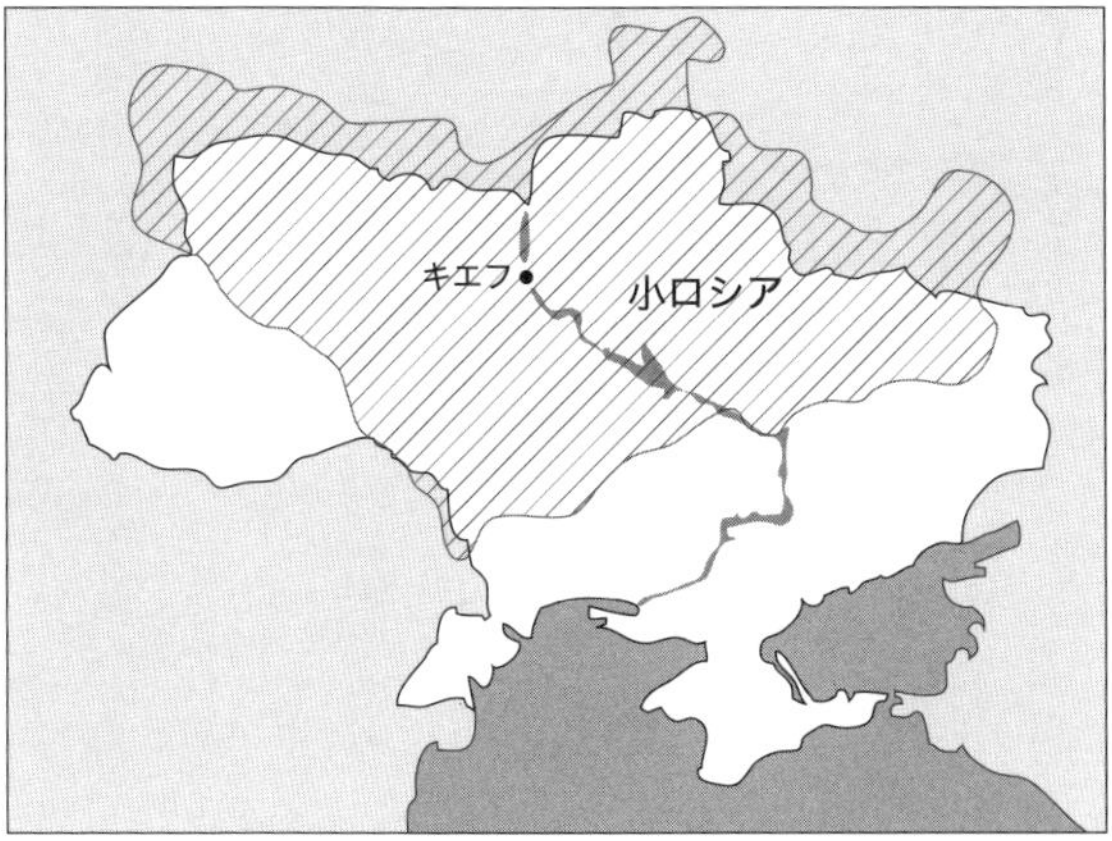

図8　小ロシア（マロロシア）

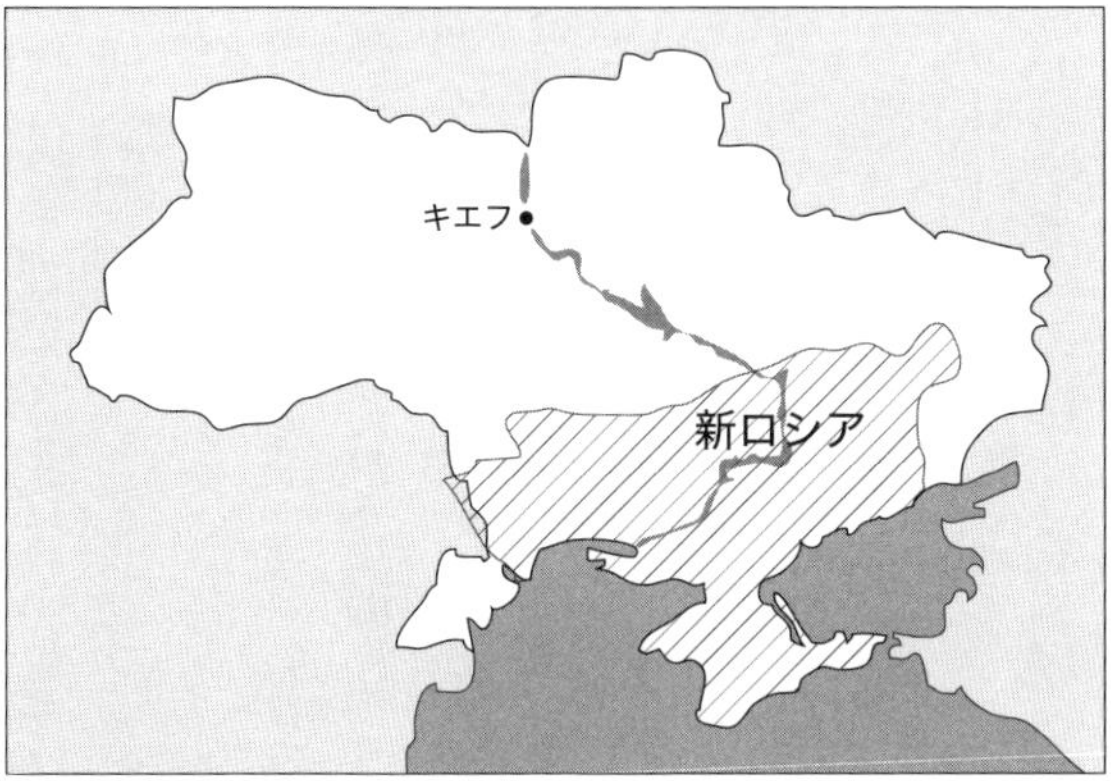

図9　新ロシア（ノヴォロシア）

もない、ロシアの皇帝（ツァーリ）による専制的な政治が行われるようになります。これに対し、ウクライナの地域に住むエリート知識人の間では、息苦しい強権的な支配に反発する機運が生じ、また、消滅してしまったコサック国家に対する憧れや、自らのアイデンティティをそこに求める動きも出てきます。さらには、ロシア帝国支配への反発から、「自分たちはロシアとは違うのだ」「われわれはロシアの一部ではなく、異なる言語と文化をもつ別の民族である」という意識が生まれ、知識人の間に広まっていくことになります。

この動きは、同時代にヨーロッパ全体にみられたナショナリズムの広がりとも連動しながら、当初の知識人による文化運動としてのナショナリズムから、次第に自治獲得を目指すような政治運動へと転化していきます。そうすると当然、ロシア当局はそれを分離主義的だとして取り締まり、弾圧を強めます。小ロシアの独自の言語の存在を否定し、様々な措置を講じて文化・政治運動を抑え込もうとしました。

一方、オーストリア＝ハンガリー帝国領になっていた現ウクライナ西南部のハルィチナ（ガリツィア）地方では、そうしたウクライナ・ナショナリズムへの締めつけが緩やかだったこともあり、ロシア帝国領からウクライナ知識人がこの地に逃げてそこを拠点に活動したという歴史的事実もあります。そういった文化運動に携わった一人にタラス・シェフチェンコという人物がいます。支配者層の言葉であるロシア語ではなく、現地の言葉、今でいうウクライナ語で詩を書くなど、様々な文芸活動で知られ、現在のウクライナでは国民的な詩人とみなされて紙幣にも肖像が描かれています。ちなみにキーウにある国立キーウ大学の正式名称はタラス・シェフチェンコ記念国立キーウ大学で、大学名にこのシェフチェンコの名前がつけられています。ウクライナを代表する大学の名称にも命名されるほど、シェフチェンコは英雄的な扱いをされています。

ロシア革命 ――ウクライナ国家の成立からソ連構成国へ

このように十八世紀から十九世紀にかけ、主に知識人の間ではありますが、ロシア支配の下で民族意識を高めつつあったウクライナにとって、転機となる出来事が二十世紀に入って生じます。それは支配する側のロシア帝国の崩壊をもたらした一九一七年のロシア革命でした。二月革命により、ロシアでは皇帝が退位して帝政は崩壊し、臨時政府が成立したのですが、ウクライナでは小ロシア、新ロシアの各政治勢力が集まり、政治的な立場をある程度超えたかたちでウクライナ人を代表する権力機関、ウクライナ中央ラーダ（会議）を設立します。

ロシアではその後の十月革命によって、レーニンを指導者とするボリシェヴィキ（後のロシア共産党）中心のソヴィエトが臨時政府を倒して権力を奪取します。一方、ウクライナでは、中央ラーダがロシアのソヴィエト政権を認めず、キーウを首都とする「ウクライナ人民共和国」の独立を宣言したのでした。ここに、ウクライナ領域を中心とする初めての近代的な主権国家が成立したのです。

ウクライナ人民共和国と、その独立を認めないロシアのソヴィエト政権との間で内戦が起こり、ウクライナの地では赤軍（革命軍）や白軍（反革命軍）、その他、諸外国の軍などが入り乱れて戦闘が行われました。結果的にウクライナ人民共和国政権はソヴィエト政権に敗れて一九二〇年十一月に事実上崩壊し、誕生からわずか数年でその幕を下ろしています。しかし、このウクライナ人民共和国は現在のウクライナにとって独立主権国家の出発点に位置づけられており、ウクライナの国旗、国章、国歌など様々なものが当時のウクライナ人民共和国から引き継がれています。

ウクライナ人民共和国の崩壊後、ウクライナで全権を掌握したのは一九一九年に成立したウクライナ・ソヴィエト社会主義共和国政権でした。そして一九二二年のソ連成立にともない、ウクライナはソ連の構成国の一つとなったのです。いちおうは「共和国」として独自の国家を得たものの、ウクライナが実質的な意味での独立を果たすのはそれからおよそ七〇年後ということになります。

ソ連の構成国となったウクライナは、いくつもの悲劇的な出来事を経験してきました。例えばスターリン時代の一九三〇年代、「ホロドモール」と呼ばれる大飢饉が起こりました。スターリンによる農業集団化政策に対して多くの農民が抵抗するなかで、党・政府が厳しい穀物の徴発を強行した結果、ウクライナ国内で五〇〇万人ともいわれる多くの人々が餓死したとされています。

第二次世界大戦でも、ウクライナは非常に辛い経験をしています。一九四一年六月に始まるソ連とナチス・ドイツとの戦争、いわゆる独ソ戦で、ウクライナは悲惨な戦場ともなりました。このとき、一部のウクライナ人がドイツに協力してソ連から独立しようとする動きがありましたが、それはソ連によって鎮圧されています。この第二次世界大戦でも、ウクライナでは五〇〇〜六〇〇〇万人もの死者が出たとされています。

ソ連の解体とウクライナ

第二次世界大戦が終わってスターリンが一九五三年に死去すると、ソ連はフルシチョフの時代となり、このときにスターリン時代の政治指導などをめぐってスターリン批判が行われました。ちなみにフルシチョフはソ連共産党中央委員会第一書記になる前にウクライナ共産党の第一書記であったこともあり、ウクライナに好意的で、スターリン時代の、ウクライナ語・ウクライナ文化に対する抑圧を修正・緩和しています。

このフルシチョフの時代に、近年のロシア・ウクライナ関係に関わる、ある出来事が起こりました。当時、クリミアはロシア共和国（ロシア・ソヴィエト社会主義共和国）に帰属していましたが、一九五四年にフルシチョフがクリミアをウクライナ共和国に移管したのです。この年は先ほど触れた、ウクライナ・コサックがロシア帝国と同盟を結び、事実上ロシアの支配下に入った一六五四年からちょうど三〇〇年にあたる記念の年で、そのお祝いとしてフルシチョフがクリミアをウクライナにプレゼントした格好です。

当時としては、ロシアもウクライナも同じソ連の構成国でしたから、いわば「県境」を変えるくらいの軽い気持ちといいますか、それほど重大な出来事とは思われていませんでした。ところがソ連の崩壊後、クリミアはそのまま、独立したウクライナの一部となったため、それをロシア側が取り戻そうとして、二〇一四年のクリミア編入につながることになるのです。

フルシチョフ以後のウクライナは、農業生産は伸び悩むものの工業化が進展し、ソ連内では先進地域の一つに数えられるようになりました。工業化・都市化にともなって電力需要が増えたため、原発を含むいくつかの発電所が建設されたのですが、そのなかの一つ、チェルノブイリ（ウクライナ語でチョルノブィリ）原発で一九八六年、二十世紀最大ともいわれる原発事故が起こったことはみなさんもご存じのことと思います。

ちょうどその前にソ連の指導者となっていたゴルバチョフが改革（ペレストロイカ）を推進するなか、ウクライナを含むソ連各地で民族的な主張や動きが相次いで出現するようになります。ウクライナでは教育や出版におけるウクライナ語使用の拡大、またウクライナ語の公用語化をめざす運動が始まりました。こうした文化的復権の運動はやがて人民戦線「ウクライナ人民運動」を形成し、ペレストロイカに呼応するかたちで民主的改革を主張し、ウクライナ市民の支持を集めるようになっていきました。

一九九〇年三月のウクライナ最高会議選挙で、ウクライナの独立を掲げるウクライナ人民運動が多数の議席を獲得し、同年七月にウクライナ最高会議は主権宣言を採択します。多くのソ連構成国で独立運動が高まるなか、九一年八月にソ連を維持したい保守派がクーデタを起こしてゴルバチョフ大統領を軟禁する事態を迎えますが、クーデタは失敗し、これを契機にウクライナ最高会議が独立を宣言しました。このようにソ連構成国、特に、ロシア、ウクライナ、ベラルーシの三国が独立へと舵を切ったことで、ソ連共産党は解散し、ロシア連邦とウクライナなど一一の共和国が独立国家共同体（ＣＩＳ）を結成するに至り、ついにソ連は解体することになりました。

ウクライナでは一九九一年十二月に実施された国民投票と大統領選挙において、圧倒的多数で独立が承認され、約七〇年ぶりに主権国家としてのウクライナが復活することになりました。

おわりに ――ウクライナの論理、ロシアの論理

ここまでかなりの駆け足でウクライナの歴史を見てきました。最後に、この歴史をロシアの側からすると、どうみえるのでしょうか。まずキエフ・ルーシがあって、これはロシアにとっても、ウクライナにとっても共通の先祖です。その中心がモンゴルの襲撃によりウラディーミルに移り、その後モスクワが台頭してモスクワ中心の国となり、それがロシアと呼ばれるようになって、次第にユーラシア大陸に拡大してゆきました。その二十世紀にロシア帝国はロシア革命で崩壊しますが、ほぼ同じ領域にソヴィエト連邦が建国されます。そのソ連解体後に成立した現在のロシア連邦は、かつてのソ連には及ばないものの、依然として広大な領域を保っているわけです。つまり、ロシアの側からすれば、民族の歴史はキエフ・ルーシからモスクワ大公国、ロシア帝国、ソ連、ロシア連邦と一本でつながっていることになり、キエフとその周辺地域、すなわちウクライナの歴史はロシアの歴史に含まれるのだ、という見解が主流を占めてきました。これはいわば、地域重視の歴史観ではなく、系統重視の歴史観といえるでしょう。

自らのルーツであるキエフ・ルーシの中核地域であるウクライナの地をロシアからみると、モンゴル襲来によりルーシの中心が北に移動し、ウクライナを放棄せざるを得なくなったものの、その後中心となったモ

スクワがどんどん領土を広げ、十八世紀末になってその領域をようやく「回復」したことになります。以後、ロシア帝国からソ連になっても、ロシアはウクライナの地をずっと保ち続けていたのです。ところがソ連が崩壊したとき、ロシアは、自らの歴史に含まれるべき地であるウクライナを再び失うことになったのです。

ロシア人にとって、ウクライナは自らの民族の最初の国家が成立したところであり、しかも十八世紀以降ずっと支配してきた地域です。従って、当然ロシアに属すべき領域であると考えるわけです。そのウクライナが西側にすり寄り、ＥＵを主導する西欧側に組することは、現実的・軍事的な観点でも当然ですが、歴史的な経緯をみても絶対に認められない。自らの一部であり民族の歴史的な出発点であるキエフ・ルーシが存在した地を失うことはあってはならない、という思いがロシア側にはあるのです。

しかしウクライナの側からは、いうまでもなく、それとは異なるみえ方をしています。ウクライナにはウクライナ固有の歴史や文化があり、ウクライナ人が自らの手で治めるべき領域であり、決して自分たちはロシアの一部ではない。よって、ロシアがウクライナを支配する正当性を否定します。国際法の上でも、また国際社会も、この主張を正当なものとして認めています。

歴史的な観点からロシア・ウクライナ戦争を考える際、ロシアにはロシアなりの論理があり、一方のウクライナにもウクライナの論理があるということが、こうした経緯からおわかりいただけるかと思います。

コラム 私の視点

ウクライナ国民のアイデンティティ

　ウクライナ・アイデンティティは昔からあったわけではありません。四方を海で囲まれている日本とは異なり、周囲と陸続きであり、また長らく国家をもたなかったウクライナでは、二十世紀初頭まで、現在の国の領域に住む人々が一つの国民としてまとまる必然性があったとは必ずしもいいきれず、また、人々のアイデンティティも複合的でした。二十世紀初頭にロシア革命が起こり、その結果、ロシア帝国時代の行政区分である「県」を単位として、「ウクライナ人」とみなし得る人々の広がる複数の県を領土とするウクライナ人民共和国が成立します。その国は数年で崩壊するものの、この革命前後の一連の出来事を通じて、ウクライナ人としてのアイデンティティが明確になっていったといえるのではないでしょうか。その後のソ連成立後も、連邦構成国としてのウクライナが存在し、人々はソ連国民としてのアイデンティティをもつと同時に、程度の差はあれ、ウクライナという単位を常に意識することになりました。

　ウクライナには様々な人が住み、ロシア系の住民も多く存在しています。特に一九九一年のソ連崩壊以降、現在の領域的主権国家の枠組みにおいては国家には排他的な主権があり、構成員は国民として扱われるため、教育などを通じてウクライナ国民としてのアイデンティティがかれこれ三〇年あまりかけて形成されてきたことになります。

　三〇年という時間は、長い歴史のなかではほんのわずかではありますが、それでも三〇年も経つと、独立国家としてのウクライナで生まれて育った人が人口のうちの三分の一あまりを占めるようになるわけで、これはかなりの割合です。ですからウクライナ国民としてのアイデンティティは、独立した国家ができて以降にかなり固まっていったという側面があると思います。これは私の個人的な見方ですが、ロシアのプーチン大統領は、ウクライナには、西欧への接近によりロシアとの関係がたちきられることを不安に思う人々が多くいて、ロシアが入っていけば喜んでロシアに協力する人たちがいるだろうと、多少甘く考えていたのではないでしょうか。つまり独立後の三〇年は「たかが三〇年、されど三〇年」ともいうべき時間で、プーチン大統領が考えていた以上にウクライナでは、ウクライナ国民としてのアイデンティティが形成されていた、と考えるべきなのかもしれません。

第2講

キエフ・ルーシ
――ロシアとウクライナの分岐点

三浦清美

はじめに　――ロシアとウクライナ、分岐への淵源

私は大学で主に中世ロシアの文学、歴史を教えています。ここではロシアとともにウクライナ、ベラルーシという三つの国の共通の祖先である東スラヴ人が九世紀に建国した、共通の起源ともいえるキエフ・ルーシを中心にお話しししていきたいと思います。

本論に入る前に、少し前置きをさせていただきます。現代の世界は、どの国もいわゆる国民国家が前提になっています。イギリスやドイツ、日本などもかつては帝国を指向していましたが、第二次世界大戦後に、国民国家へと生まれ変わることに成功したのだと思います。しかし、ロシアについてはソ連崩壊後に国民国家を目指そうと努力したにもかかわらず、どうもその枠からはみ出してしまう、国民国家になり切れない淵源のようなものがあるのではと考えていました。それをまとめたのが、拙著『ロシアの源流』（講談社メチエ、二〇〇三年）でした。

この著書から導かれる結論として、ロシアには三段階の淵源があると私は考察しています。第一段階はここでお話しするキエフ・ルーシが九八八年、ウラジーミル大公の下でコンスタンティノープル（ビザンツ帝国）からキリスト教を受容したことです。ロシアやベラルーシで多数派を占めるロシア正教、ウクライナのウクライナ正教などの元になる出来事でした。

第二段階は十三世紀前半のモンゴルの襲来です。特にひどかったのは一二三〇年代で、このときキエフ・ルーシはモンゴルに滅ぼされ、国家として完全に滅亡したといっていい状況でした。これをきっかけに、十四世紀から十五世紀にかけてロシア、ウクライナ、ベラルーシの三つの国が生じていくことになります。そのなかでキエフ・ルーシを継承したのが「キエフならびに全ルーシ府主教座」を自らに引き寄せて保護したモスクワで、これがロシアの原型となります。またウクライナ、ベラルーシでも、それぞれ独自の正教文化が花開きました。

その後、ウクライナはポーランドの支配下に入っていくわけですが、そのあたりは小山哲先生が詳しくお話ししてくださると思いますのでここでは省略いたします。ただベラルーシについてだけ付言しておくと、ベラルーシは主にリトアニアの支配下にありました。現在のリトアニアは四国と九州を合わせたほどに過ぎない小さな国ですが、中世のリトアニア大公国はかなりの大国で、その支配下にあった東スラヴ人がつくった国がベラルーシということになります。

一方、ロシアでは一六一三年のロマノフ朝の成立以降、ロシア正教を基軸に国をつくろうとしますが、十七世紀末に現れたピョートル大帝（一世。在位一六八二〜一七二五）が、地理的な位置関係から西欧文化を早くから受け入れたウクライナ、ベラルーシの知識人の影響の下、西欧化改革を推し進めてヨーロッパの列強になっていきます。この十八世紀が第三段階の淵源です。このロシア帝国の統治のなかで、ロシアとウクライナ、ベラルーシの間には緩やかな連帯がありました。

キエフ・ルーシの黎明期

ルーシとは、九世紀から十三世紀の三〇年代まで存在した東スラヴ人国家の名称です。東スラヴ人は現在のロシア、ベラルーシ、ウクライナ共通の祖先で、この三カ国にまたがる地域に広く分布していました。ルーシの中心都市がキエフ（キーウ）だったので、キエフ・ルーシと呼ばれています。建国期には母体である東スラヴ諸族が内紛を繰り返していたことから、ノルマン系のヴァイキングの首領であるリューリク（在位八六二頃〜八七九）を指導者として招聘したと、わが国の『日本書紀』にあたるこの地の最古の年代記『過ぎし年月の物語』では伝えられています（リューリク招聘伝説）。リューリクの出身部族がルーシ部族だったことから、それが国名になったとされています。

10世紀末のキエフ・ルーシ

ここで指摘しておきたいのは、キエフ・ルーシがユダヤ教やローマ・カトリック、ギリシア正教、イスラームといった一神教世界の端境に位置していた、という点です。

リューリクの跡を継いだイーゴリ（在位九一三頃〜九四五）はオリガという女性と結婚します。イーゴリはその後、貢税の取り立てに出向いたところ、ドレヴリャーネ人に殺されてしまいます。妻のオリガは復讐でドレヴリャーネ人を滅ぼした勇敢な女性ですが、それ以上に重要なのは彼女がコンスタンティノープルでビザンツ帝国の皇帝から求婚された際に、キエフ・ルーシの貴顕で初めてキリスト教の洗礼を受けたことでした。

イーゴリとオリガの子スヴャトスラフ（在位九四五頃〜九七二）の治世でキエフ・ルーシの版図は大きく増え、ヨーロッパの大国といえる規模になります。そしてスヴャトスラフの跡を継いだウラジーミル（在位九八〇頃〜一〇一五）の代に、キエフ・ルーシをキリスト教に改宗させるのです。ウラジーミルはこのため聖公と呼ばれています。ウラジーミルの死後、権力を握ったのが息子のヤロスラフ（在位一〇一九〜五四）で、ヤロスラフ賢公と称されるように、キエフ・ルーシの全盛期を現出させました。ここまでが黎明期のキエフ・ルーシの歴史です。

カトリックと東方正教の違い

ここで特に、キエフ・ルーシが受け入れたキリスト教について詳しく考えてみたいと思います。日本でキリスト教というと、多くの方がローマ・カトリックやプロテスタントの諸教会をイメージされると思うのですが、キエフ・ルーシが改宗したキリスト教はそれらとは異なる、ギリシア正教、東方正教などと呼ばれるビザンツ帝国のキリスト教でした。

ご存じの通り、キリスト教はかつてのローマ帝国で国教化されたあと、ローマ帝国が西ローマ帝国、東ローマ帝国に分割されてから東西で少しずつ違いが出てくるようになります。ローマ帝国の時代はローマとコンスタンティノープルのほか、アンティオキア（シリア）、アレクサンドリア（エジプト）、イェルサレムの五つの教区がありましたが、七世紀にイスラームが成立すると、アンティオキア、アレクサンドリア、イェルサレムがムスリム（イスラームの信徒）の手に落ち、残ったのはローマとコンスタンティノープルだけになっていました。

ローマとコンスタンティノープルは八世紀から九世紀にかけてのイコノクラスム（聖像破壊）を契機として別々の道を歩むようになり、一〇五四年に最終的に分裂することになります。今回のロシア・ウクライナ戦争がなければビザンツ帝国、コンスタンティノープルのキリスト教をルーツとするウクライナやロシアの正教世界に関心をもつ方は少ないと思いますので、ローマとコンスタンティノープルのキリスト教がどのように異なるのか、という点から考えてみたいと思います。

ロシアをはじめとする東方正教の世界観と西欧キリスト教の世界観の違いについて、①世界構造の理解、②過去への姿勢、③暦のあり方、④キリストのとらえ方、⑤言語への態度という五つの点でみてみましょう。

「①世界構造の理解」についてまず考えると、東西キリスト教どちらも、宇宙の頂点に三位一体（父と子と聖霊）の神がいるという点では共通しています。ところが、その天上の構造を地上に下ろしてくる際に、地上世界における「神の代理人」が誰なのかという点が異なっています。西のキリスト教では、「神の代理人」は宗教的権威であるローマ教皇です。つまり西欧キリスト教世界では宗教的権威と世俗の権力が明確に分離されており、社会は教権と俗権という二つの中心をもつ楕円的構造をしているのです。

それに対して東方正教世界では、「神の代理人」の位置づけは「天上の神」（パントクラトール）の「地上における代理人」（アウトクラトール）である皇帝となります。従って史上最初のアウトクラトールは、歴代ローマ皇帝のなかでキリスト教を初めて信仰したコンスタンティノス大帝です。皇帝は宗教的権威であるコンスタンティノープル総主教を配下に置く存在で、世俗権力が宗教的権威を兼ね備える格好でした。

ルネサンスがなかったロシア

この違いに深く関わるのが「②過去への姿勢」です。東方正教世界では、過去を遡ろうとすると、どうしても史上最初のアウトクラトールであるコンスタンティノス大帝までとなります。中世ロシアの思想家たちも、キリスト教の黎明期にその教義を確立した教会教父たちの著作を熱心に読み、さかんに引用していますが、プラトンやアリストテレスといったキリスト教教父時代の著作家に言及することはほぼありません。

一方で西欧世界では、中世期にアリストテレスの分類整理の方法が導入され、それがスコラ哲学の発展に寄与するなど、過去に対する態度が東方正教世界に比べて開かれていました。同様に、西欧世界では十三世紀後半から知的活動の中心が大学となり、神学部のほか哲学や法学、医学などの学問が宗教から独立していくプロセスをたどったのに対して、ビザンツ帝国では基本的に知的活動の中心が修道院のままで、宗教から学問が独立していくプロセスをたどることはありませんでした。

その違いの最も象徴的な出来事は、古典古代、ギリシア・ローマの文化遺産への回帰によって西欧世界で起こったルネサンスと、その刺激によって生じた宗教改革です。西欧がルネサンスと宗教改革によって「宗教」を相対化していったのに対して、ビザンツ帝国はルネサンスを経験することなく滅亡してしまいますし、ロシアではルネサンス、宗教改革そのものが起こりませんでした。ただ、ウクライナは西欧世界の一角であるポーランドの支配を受けた関係でポーランドを経由してルネサンスが入ってきたのですが、十分に開花したとはいえない状況でした。

それから「③暦のあり方」、これも大きな違いがあります。西欧では日本でもおなじみのキリストの生誕年（とされる年）を元年とするいわゆる西暦であるのに対し、ビザンツ帝国では旧約聖書『創世記』の冒頭にある天地創造があった年（西暦の紀元前五五〇九年九月一日から五五〇八年八月三一日のどこか）を元年とする、天地創造暦、天地開闢暦とも呼ばれるいわゆる「ビザンツ暦」が使われていました。そのため一年の始まりは九月からになります。ちなみにこのビザンツ歴はロシアではピョートル改革たけなわの西暦一六九九年、すなわちビザンツ暦でいう七二〇七年まで使われており、その後、ユリウス暦に基づくキリスト生誕暦に変わりました。つけ加えると、ローマ・カトリック教会ではそのおよそ一世紀前の一五八二年からより地球の公転との差が少ない、現在でも使われているグレゴリオ暦が用いられるようになっています。ロシアでそれが導入されたのはロシア革命後の一九一八年です。ただ、ロシア正教会の教会では現在でもユリウス暦が用いられています。

ムスリムから批判されたビザンツのイコン崇敬

「④キリストのとらえ方」と「⑤言語への態度」は特に重要なので詳しくみていきたいと思います。

世界にある三つの一神教、ユダヤ教・キリスト教・イスラームのうち、イエス・キリストを神としてとらえているのはキリスト教だけです。ユダヤ教ではキリストは神ではないし、新約聖書も聖典ではありません。イスラームでは旧約聖書、新約聖書も聖典（啓典）とは認めるものの「格下」という扱いで、コーラン（クルアーン）こそが最高の根本聖典とされています。イスラームにおいてキリストは神の言葉を預かる預言者の一人ではあるものの、あくまで人間であって神ではありません。しかも、最高預言者のムハンマドの下に位置づけられています。

キリスト教において、キリストを「完全な神であり、完全な人間」であるとしたのは、四五一年のカルケドン公会議（公会議とはキリスト教の教義や教会の規律などを審議決定するために招集される教会代表者らによる公式の集会）で決議されたカルケドン信仰箇条です。ここでイエス・キリストとは「神性において完全であり、人性において完全である」と定義されたのですが、この「キリストが神であり、なおかつ人間である」という二重性がポイントです。

その後七世紀にイスラームが成立すると、キリスト教におけるキリストの二重性はたちまちムスリムの糾弾を受けることになります。イスラームは東西からキリスト教世界を挟み撃ちにするよう一気に勢力を広げ、六四二年にはビザンツ帝国に侵入してシリアとエジプトを奪い、その後コンスタンティノープルを包囲しますが、かろうじてビザンツ帝国はムスリムの侵攻を退けました。

一方、北アフリカからイベリア半島に上陸したムスリムはピレネーを越えて進軍します。フランク王国のカール・マルテル（カール大帝の祖父）が、トゥール・ポワティエ間の戦いでムスリムを撃退し、イスラーム勢力の拡大は東西で食い止められはしましたが、東のビザンツ帝国ではむしろ精神的にいっそう深い爪痕を残しました。ムスリムがキリスト教の信仰のあり方の根幹を批判したのです。この批判の意味を理解するには、時間を巻き戻す必要があります。

そもそも黎明期のキリスト教では、神の像を描くことはとても遠慮されていました。例えば迫害時代にキリスト教徒が隠れて神に祈ったカタコンベの絵では、イエス・キリストの姿は羊飼いや鳩、牧者、ぶどうの枝などとして、象徴的かつ遠慮がちに描かれています。「イエス・キリスト、神の子、我々の救世主」のギリシア語の頭文字をつなげるとイクテュス（魚）となるため、魚として描かれる場合もありました。

ところが、六世紀のユスティニアヌス帝の時代あたりからキリストの像が堂々と描かれるようになり（イコン崇敬）、ビザンツ帝国領内のサン・ヴィターレ聖堂（ラヴェンナ）では、皇帝として君臨するユスティニアヌスと巻物をもつキリスト像とが重ね合わされています。イスラームは偶像崇拝を厳しく禁じていたため、ムスリムはこれらキリスト教世界の聖画像を「人間には不可知である尊い神を絵に描くとは何事か」と痛烈に批判したのです。

イコノクラスムで変わった「キリストのとらえ方」

ムスリムからの厳しい宗教的批判はその軍事侵攻よりも衝撃的であり、ビザンツ帝国内で激しい議論を巻き起こし、帝国を二分する激しい軍事衝突にまで発展しました。エリート層はこの批判の意味を理解し、一部の皇帝は神の像を軒並み破壊しています。これらの動きがイコノクラスム（聖像破壊）です。しかし、ビザンツ帝国はかつて人間の彫像が盛んに造形されたギリシアの地にあって人々のかたちあるものへの愛着も強く、たちまちイコン擁護派が巻き返しました。

イコン擁護派の中心は、ダマスコのヨハンネスに代表される修道士たちでした。ヨハンネスは、「聖像への崇敬はその原像に帰す」とする神学者・大ヴァシレオスの言葉を引用しながら聖画像の正当性を主張しています。武力闘争にまで発展したイコン破壊派・擁護派の対立、イコノクラスムは七八七年の第二ニカイア公会議（第七回全地公会議）でイコン崇敬の正当性が再確認されたあと、再び勅令として聖像禁止令（八一五年）が出され、それが八四三年に廃止されるという経緯をたどってようやく終結しました。ビザンツ帝国で、イコン崇敬は単なる偶像崇拝ではないという結論に至るまで、膨大な人々の血が流されたのでした。

どのように解決したのかというと、キリスト教の原点に立ち返ったのです。キリストを「神性において完全であり、人性において完全である」としたカルケドン信仰箇条に基づき、「神」としてのキリストを描くことはできないが、「人間」としてのキリストは描くことができるし、むしろ積極的に描くべきであるという結論に達しました。その結果、東方正教会の教会はキリストや神の御母マリア、聖人たちの画像で埋め尽くされることになります。ここで重要なのは、東西キリスト教の世界観における「④キリストのとらえ方」が、この事態を契機に変わったという点です。

思考の上ではキリストは神であり、同時に人間であるわけですが、感性の上では、壁一面にキリストや神の御母マリア、聖人たちが描かれた聖堂にいると、否が応にも「キリストが人間である」ことが迫ってきます。イコノクラスムを経て、神であるキリストの「人性」を再確認したことが、ビザンツ帝国のキリスト教を微妙に変質させたのではないかと私は考えています。

ビザンツ皇帝とローマ教皇の対立

ビザンツ帝国のイコノクラスムに対し、西欧はどう対応したのでしょうか。当初から、ローマ教皇は聖画像の破壊について、はっきりと反対を表明していました。なぜなら、その頃ローマ教会が推し進めていたゲルマン人への布教にあたって、キリストやマリアの聖画像だけでなく、立体の彫像まで積極的に用いていたからです。

ところが、ムスリムとの対決を経験したフランク王国の神学者たちは、イスラームからの批判に一定の理解を示し、ローマ教皇とは異なり、ビザンツ帝国のイコン擁護派の主張には不服だったらしく、積極的な賛意を示しませんでした。そうなると、ローマ教皇側も自らの政治的立場を強化するためフランク教会の立場を重んじざるを得ないため、イコン擁護派が勝利したビザンツ帝国の動向をフランク王国もローマ教皇も手放しで喜ぶわけにはいかなくなります。

キリストの「人性」、つまり神であるキリストが人間になったという恩寵を強調するビザンツ側にとっては、西欧キリスト教の煮えきらない、肝心な点を曖昧にする姿勢が不満でした。それはキリストが「神でありなおかつ人間である」ことこそが、キリスト教をユダヤ教、イスラームと区別する最重要な点だったからです。

こうしたすれ違いから、ローマ教皇とビザンツ皇帝の亀裂は深まっていくことになります。

このすれ違いは、ビザンツのキリスト教がキエフ・ルーシに入っていくと、さらに深刻なものになっていきます。十一世紀のキエフ府主教イラリオンによる『律法と恩寵についての講話』などの説教にみられるように、キエフ・ルーシではキリスト教の教説が説かれる際に、ますます熱をおびてキリストの人性がフォーカスされていきました。

ビザンツ帝国が聖像画の是非をめぐる論争によって席巻された八世紀は、西欧においてはローマ教皇とフランク王国のカロリング朝との蜜月が始まる時期でもありました。トゥール・ポワティエ間の戦いでムスリム勢力を破ったカール・マルテルの子ピピン三世は七五六年、ランゴバルド人を討ってその所領であるラヴェンナをローマ教皇に献上しました（ピピンの寄進）。八〇〇年のクリスマスには、ローマ教皇レオ三世が、ピピン三世の子であるフランク王カールをローマ皇帝として戴冠させています。ここで宗教的権威と世俗権力という二つの中心をもつ楕円構造の西欧の社会機構ができあがったわけです。

文明的には西欧よりもはるかに先を進んでいたビザンツ帝国はムスリムへの対応、イコノクラスムをめぐる騒乱によって、遅れをとってしまいましたが、聖画像論争に決着をつけた九世紀半ば、失地を回復するように新しい施策を打ち出します。それが、当時まだキリスト教に改宗していなかったスラヴ人に対する、スラヴ言語の聖典による伝道でした。聖書を「蛮族」の言葉に「翻訳」するという発想は、この時代にあっては普通に考えるとほとんどありえないような、不敵なほど大胆な施策でした。

スラヴ世界への伝道

ここから、東西キリスト教の世界観についての「⑤言語への態度」、いいかえれば聖書の翻訳に寛容であっ

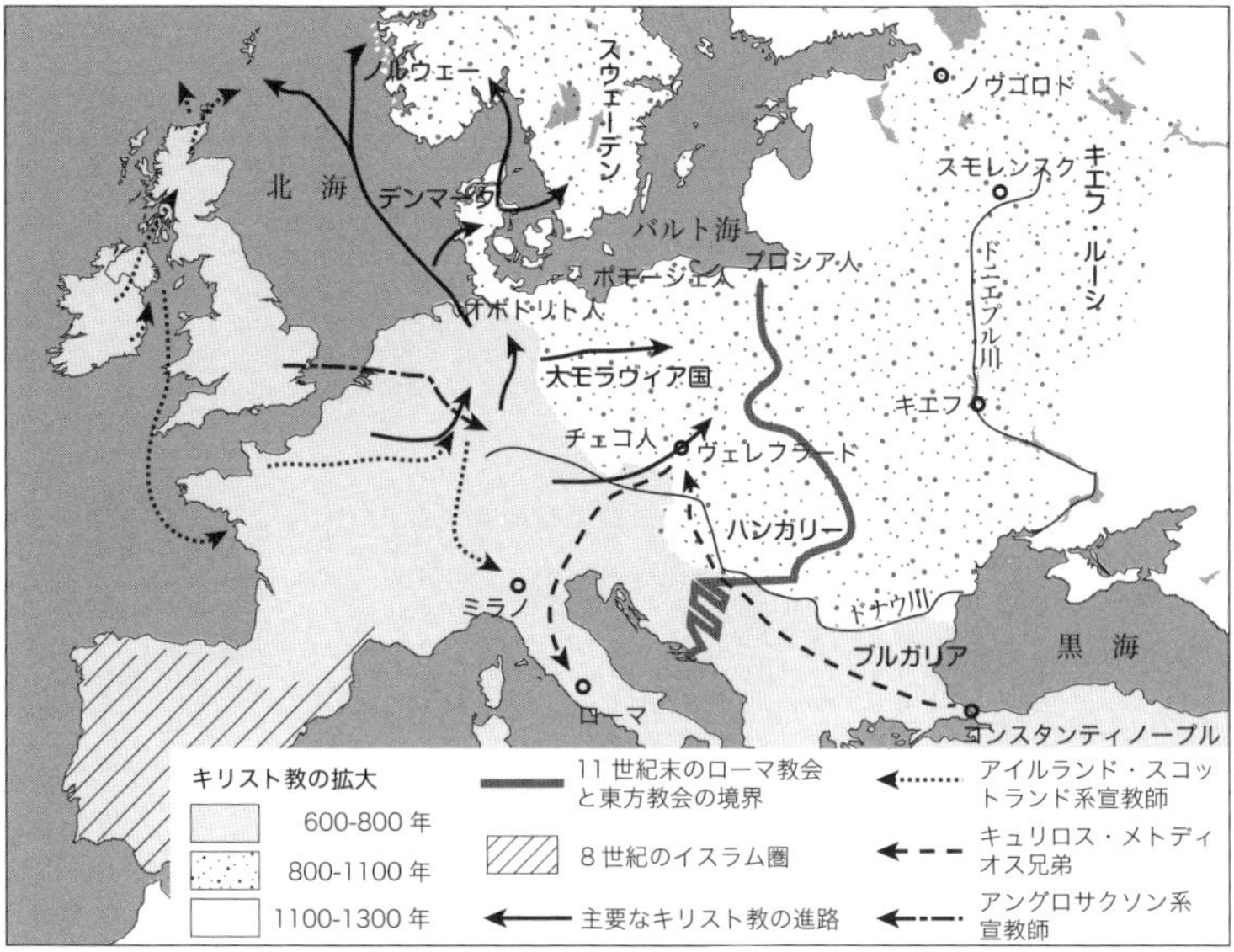

キリスト教世界の拡大

たか否かという点についてみていきます。

　そもそも旧約聖書はヘブライ語で書かれていましたが、その後ユダヤ人が地中海世界の各地に離散していき、ギリシア語を共通語（リンガ・フランカ）とするヘレニズム世界が成立する頃にはヘブライ語がわからないユダヤ人も増えていました。そのため紀元前一世紀頃までにギリシア語の旧約聖書が編纂され、新約聖書もギリシア語で書かれることになります。迫害時代をへてキリスト教がローマ帝国の国教となった四世紀にラテン語訳聖書（ウルガタ）が編纂されて以降、ローマ・カトリックにおいては基本的に聖書はヘブライ語、ギリシア語、ラテン語でしか語られてはならないものとされていました。なぜそうしたのかというと、聖書が様々な言語に翻訳されていく過程で異なる解釈が生じ、それが異端として発展していくリスクをローマ・カトリック教会が抑え込みたかったからです。つまり西欧キリスト教世界は宗教界唯一の共通言語であるラテン語と、諸国の民族語（世俗日常語）がバラバラに存在していたかたちで、その統制が破られたのは十六世紀前半、民衆が民族語で聖書を読み、神と直接つながるべきだと説いて聖書をドイツ語に翻訳したルターの宗教改革によります。

それだけ厳しく言語を管理していたローマ・カトリックに比べると、ビザンツ圏のキリスト教は非常に寛容で、言語によって各民族の教会を統制することはありませんでした。

先に触れた聖画像をめぐる混乱が収まった頃、ビザンツ帝国の周辺にはゲルマン語系でもラテン語系でもない言語、スラヴ語を話す人々が、キリスト教へは未改宗の状態で残されていました。モラヴィア（チェコ東部とスロヴァキア西部）の侯ラスティスラフの要請を受け、その地のスラヴ人へのキリスト教布教のためにビザンツ皇帝ミカエル三世はテッサロニケ出身のギリシア人で、ギリシア語とスラヴ語のバイリンガルだったキュリオス（コンスタンティノス、死の直前に修道士となってキュリロスに改名。以降キュリロスとする）とメトディオスの兄弟に白羽の矢を立てます。この二人がスラヴ人にキリスト教を宣教するために、スラヴ語の文語（古代教会スラヴ語）をつくりだし、聖書をスラヴ語に翻訳したのです。

ところが、神の言葉である聖書は神聖な三つの言語（ヘブライ語、ギリシア語、ラテン語）で語られるべきとする「三言語主義」の強い西欧キリスト教世界で、とくに東フランク王国のドイツ人聖職者らはキュリロス・メトディウス兄弟を攻撃しました。八六六年、兄弟はモラヴィアからローマに出発します。これはローマ教皇にドイツ人聖職者の攻撃から庇護してもらう目的だったと思いますが、ヴェネツィアでキュリロス・メトディオス兄弟はスラヴ語でのキリスト教伝道に断固反対するローマ・カトリック側の聖職者たちと激しい論争をしています。

キュリロスの雄弁

キュリロスの聖者伝（『コンスタンティノス伝』）に、そのときの論争が詳しく書かれています。現代の倫理観に抵触する表現がありますが、古い時代の作品のため、あえてそのまま引用します。

彼がヴェネツィアに行ったとき、あたかも一羽の鷹に刃向からあまたのカラスのように、ローマ教会の司教たち、修道士たちが、彼に対抗して彼のもとに集まった。彼らは三言語主義の異端を提起してこう言った。「人よ、我々に説明してもらいたい。あなたはどのようにしてスラヴ人のために文字を作り、そしてそれを教えているのか。それらの文字は、かつてほかの何人も見つけることができなかったものだ。使徒たちも、ローマの教皇も、神学者グレゴリオスも、ヒエロニムスも、アウグスティヌスも。我々は、文字において神をたたえる言葉を三つしか知らない。すなわち、ヘブライ語、ギリシア語およびラテン語である。」

すると、哲人（筆者注・キュリロス）は彼らに向かってこう答えた。「神の降らせたまう雨は、万人の上に等しく降り注がないだろうか。また、太陽も同じく、万人の上に照り輝かないだろうか。また、我々はすべて等しく、空気を呼吸していないだろうか。それなのに、あなたがたは三つの言葉だけを神の言葉と見なし、ほかのあらゆる民族や種族が、盲であり、つんぼであることを望んでいる。あなたがたはどうしてそれを恥ずかしいと思わないのか。私に説明してもらいたい。あなたがたは神を、ほかの民族に自分の文字を与えることができないほど、無力であるとするのか。それとも、それを望まないほど、ねたみ深いものとするのか。」（木村彰一、岩井憲幸「〈翻訳〉コンスタンティノス一代記：訳ならびに注（２）」『スラヴ研究』32号、一九八五年、二〇七－二〇八頁。キュリロス、メトディウスの宣教については、そのほか、以下の

記述を参照。服部文昭『古代スラヴ語の世界史』白水社、二〇二〇年）

このキュリロスの言葉は本当にすばらしいと思います。私はこの言葉に感動します。神の前で、言語、民族に貴賤はないと高らかに宣言しているからです。キュリロスの言葉は、この時代のヒューマニズムでもありました。

キュリロスの雄弁はローマ教皇をも動かし、スラヴ語による伝道はローマ教皇によって許可されます。しかし、その矢先にキュリロスは病で亡くなってしまい、兄メトディオスが引き継ぎました。スラヴ語によるキリスト教伝道はモラヴィアでは根づかなかったものの、彼らの弟子たちによってブルガリアでスラヴ語によるキリスト教が根を下ろします。

話が長くなりましたが、「⑤言語への態度」をまとめると、聖書の翻訳について厳しい統制を行っていたカトリックに比べ、ビザンツ圏のキリスト教は非常に寛容であり、言語によって各民族の教会を統制することはせず、むしろスラヴ語を用いるスラヴ人に対しては、民族語を尊重する態度をとりました。寛容であるというより、人道的であるといった方がふさわしいかもしれません。

劣等感と「二一の刻の改宗者」

東西キリスト教の世界観の開きが大きくなっていくなかで、ビザンツ帝国のキリスト教はどのようにキエフ・ルーシへと受容されたのでしょうか。

南のバルカン半島に位置するブルガリアでスラヴ語典礼が普及していた頃、北では、興味深い社会経済上の現象が起こっていました。ヴァイキングの活躍です。彼らはスカンディナヴィア半島を拠点として、バルト海、地中海で交易と、それが不首尾に終わると海賊活動に転じるという生活を送っていました。

　この地には、北のバルト海に注ぐ川と、南の黒海に注ぐ川が上流でわずか十数キロに近づく地点があり、そこでヴァイキングたちは船を陸に揚げ、引っ張って、バルト水系と黒海水系を結び交易路を開拓していきます。この交易路は、バルト海で産出する宝石の琥珀を地中海世界に運んだことから、「琥珀の道」と美しい名称で呼ばれていますが、実際の主要産品は「奴隷」でした。英語のslaveやフランス語のesclave、ドイツ語のSklave、つまり「奴隷」の語源が「スラヴ人Slavs」であるというのは決して俗説ではなく、英語でもフランス語でもこの「琥珀の道」が活性化した十一世紀頃から用いられています。この「琥珀の道」をたどって、ブルガリアで根づいたスラヴ語のキリスト教文明がルーシに到達したのです。キリスト教の伝道のために創られた古代教会スラヴ語は紆余曲折を経てキエフ・ルーシに入り、東スラヴ人たちの言語となりました。

　スラヴ語でのキリスト教伝道には、神のもとでは、人間はすべて平等であるというほとんど革命的な発想の転換があり、そこには温かい人道的な博愛主義がありました。ビザンツ帝国のキリスト教は、西のキリスト教とは異なり、自分の土着の言葉によって祈りを捧げることを許す寛容さ、さらにいえば慈悲深さがありました。ローマ教皇の影響力が及ばず、キュリロス、メトディオスの偉業の恩沢を受けたキエフ・ルーシには、自分たちは遅くキリスト教に改宗した未開の民族であるという劣等感と、であるがゆえに神の特別な恩寵を受けた、改宗するのに間に合った特殊な存在であるという優越感が入り混じる不可思議な民族意識が生じていました。

　それを象徴的に表しているのが、「一一の刻の改宗者」という言葉です。一一の刻とは聖書時代の時間の数え方で、現在の午後五時くらいを指します。これは、『マタイによる福音書』二〇章でイエス・キリストが話す「ぶどう園の労働者」のたとえ話を踏まえています。ぶどう園の主人は一日一デナリオンの約束で労働者を雇い、朝や昼、夕方に雇っても同じ一デナリオンを支払いました。朝から働いた労働者は不平等だといって抗議するのですが、雇い主はこう答えます。「友よ、あなたに不当なことはしていない。あなたは私と一デナリオンの約束をしたではないか。私は最後の者にも、あなたと同じように支払ってやりたいのだ。それとも、私の気前のよさを妬むのか。このように、後にいる者が先になり、先にいる者が後になる」。

つまり、「一一の刻の改宗者」とは日没間際に雇われた労働者のように、キリストが生きた一〇〇〇年後にキリスト教に改宗した者が、信仰において他に秀でるということを示唆し、ほかの「蛮族」に比してキリスト教を受容するのが遅かった東スラヴ人の気分にぴったりと合うものだったようです。東スラヴ人たちは、遅く改宗した「蛮族」であるという自意識に悩まされながらも、遅く改宗したがゆえに、特別に神の寵愛を受けているという誇りをもっていました。

アウトクラトール ——現代ロシアに引き継がれる統治者観

ビザンツのキリスト教では、先ほど述べた教会スラヴ語の制定にもみられたとおり、神の恩寵ということを強調しています。神であるキリストが人間になられたという恩寵は、雨が万人に降り注ぐように、太陽が万人に照り輝くように、万人のものにならなくてはならないと考えるのです。そのためには、神の恩寵に応える努力を、人間の側もしなくてはなりません。「神がキリストにおいて人間になられた以上、罪深い人間も自らの救済のためにキリストの真似び（『キリスト〈＝真〉に『似る』』という正教特有の精神をあえて『真似び』と表現しています）をして神になる努力を惜しんではならない」と考えるのです。これが「テオーシス」という考え方です。

その一方で、すでにお話ししたようにビザンツ帝国のキリスト教の世界では、この世は天上世界の支配者であるパントクラトール、慈悲深いイエス・キリストの地上における代理人アウトクラトールたる皇帝が支配しなくてはならないという考え方も存在していました。

テオーシス思想と東方正教の世界での統治者概念であるアウトクラトール概念は、じつはコインの裏表のように表裏一体です。地上における神の代理人である皇帝は、統治という神への勤めを引き受け、自らの罪深さをキリストの真似びによって克服しなくてはならないという考え方が、キエフ・ルーシからロシアに連綿と流れています。この統治者観は、選挙で大統領を選ぶ現代ロシアにも脈々と息づいており、国民には、絶対的な力をもつ神の代理人を求める意識が受け継がれていると私は考えています。

このロシアの統治者観のすべてを否定しなくてはならないと、私は考えてはいません。統治者がイエス・キリストのような善の化身ならば、問題は生じないからです。私たちは経験則から、人間というものが善の化身としては生まれついていないことを知っています。にもかかわらず、身を削る努力によってキリストに近づかなくてはならないと、ロシアのキリスト教は教えてきました。現に、十七世紀後半を生きたピョートル大帝の父、ロマノフ朝第二代皇帝のアレクセイ・ミハイロヴィチ（在位一六四五〜七六）は、まさに神の代理人として「古いロシア」と「新しいロシア」の間に立ち、国の安定と人々の融和のために超人的な努力をしています。

余談ですが、究極として目指すべき神の像が、慈悲深いものであればいいのです。しかし、これが突如として怒れる神に変わってしまうことがあります。そこに、この統治者概念の本当の難しさがあるのではないかと思います。目指すべき像が慈悲深い神から怒れる神に変わってしまった事例が、ロシア史のなかにしばしば見いだされますが、その典型は十六世紀のイヴァン雷帝だと思います。イヴァン雷帝の場合も、統治の前半は、ほとんど善政といってよいほど成功裡に統治が行われていたのですが、その後半はテロルの連続でした。不幸なことに、今回のロシア・ウクライナ戦争でも、統治者像のこの転換が起こっているのではないかと思われます。

キエフ・ルーシのつつましさ　――ビザンツ世界の序列

キリスト教を受容したウラジーミル大公、その子で賢公と称されるヤロスラフが病死する一〇五四年までがキエフ・ルーシの全盛期で最も安定した時代でした。ところがヤロスラフ賢公の死後、キエフ・ルーシは混乱の時代に入ります。それまで領土は公一家の共有の財産で一族の長が統括し、一族の最長老がキエフの公、以下年齢順に兄弟間で支配する都市が割り当てられる仕組み（年長者継承制）だったのが、地方の台頭とともに領土が公一統の共有財産であるという意識が薄れ、領地は特定の公とその家族一門に属する私有物とされ、親子間での相続（長子相続制）に変わっていきました。そのため、兄弟、従兄弟にあたる各地の公の間で壮絶な領地の奪い合いが起こるようになったのです。

キエフ・ルーシはノルマン系からチュジ、メリャのようなフィン・ウゴール系、ボリャーネ、スロヴェネなどの東スラヴ系、ホルヴァチのような南スラヴ系からなる多民族共生国家でした。その統一を担保するために、キエフ・ルーシの君主や聖職者たちは、権力の正統性について腐心せざるを得なかったのですが、そこで重要だったのが、ビザンツ帝国の東方正教の世界観である、唯一の天上の神の「地上における代理人」という権力者の位置づけでした。

ヤロスラフ賢公はコンスタンティノープルの意向に反してルーシ出身のイラリオンをキエフ府主教に据えました。キエフ府主教イラリオンがヤロスラフを前にして行った説教『律法と恩寵についての講話』では、キリスト教がすべての民族を救済するという主題とともに、キエフ・ルーシをキリスト教に改宗させたウラジーミル大公を、ローマ帝国皇帝として初めてキリスト教を信仰した人類最初のアウトクラトール（神の代理人）、コンスタンティノス大帝になぞらえて賛美しています。

ところが、これでもかとウラジーミルをコンスタンティノス大帝になぞらえるものの、ウラジーミルをアウトクラトールであると宣言することは慎重に回避しています。なぜなら、コンスタンティノープルには本物のアウトクラトールであるビザンツ皇帝がいるからです。おそらくイラリオンの世界秩序観には「天上の神→地上におけるその代理人（アウトクラトール）＝ビザンツ皇帝→キエフ大公→分領の諸公」という序列が確固としてあったのだと思います。この時代、ビザンツ帝国の威光はまだ燦然と輝いていたからです。

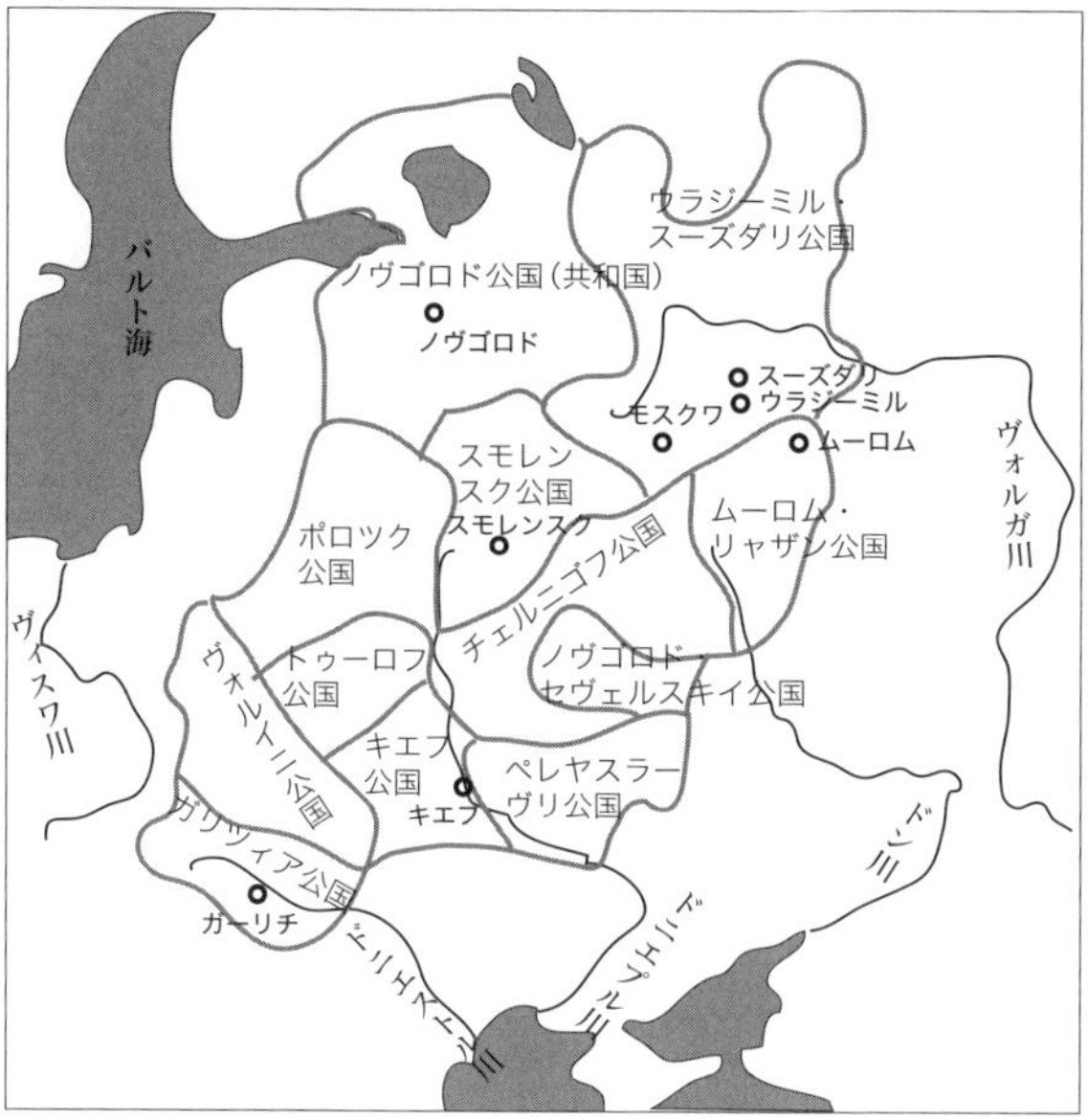

キエフ・ルーシの分裂

改革と保守の狭間で――モンゴルの襲来

混乱のなか、キエフ・ルーシ中興の祖ともいえる、ヤロスラフ賢公の孫ウラジーミル・モノマフ（在位一一一三～二五）は親族間での領土の奪い合いを嘆き、年長者継承制と長子相続制を調整することで再びキエフ・ルーシをまとめあげて中興を達成しますが、彼の死後、混迷の様相はますます深

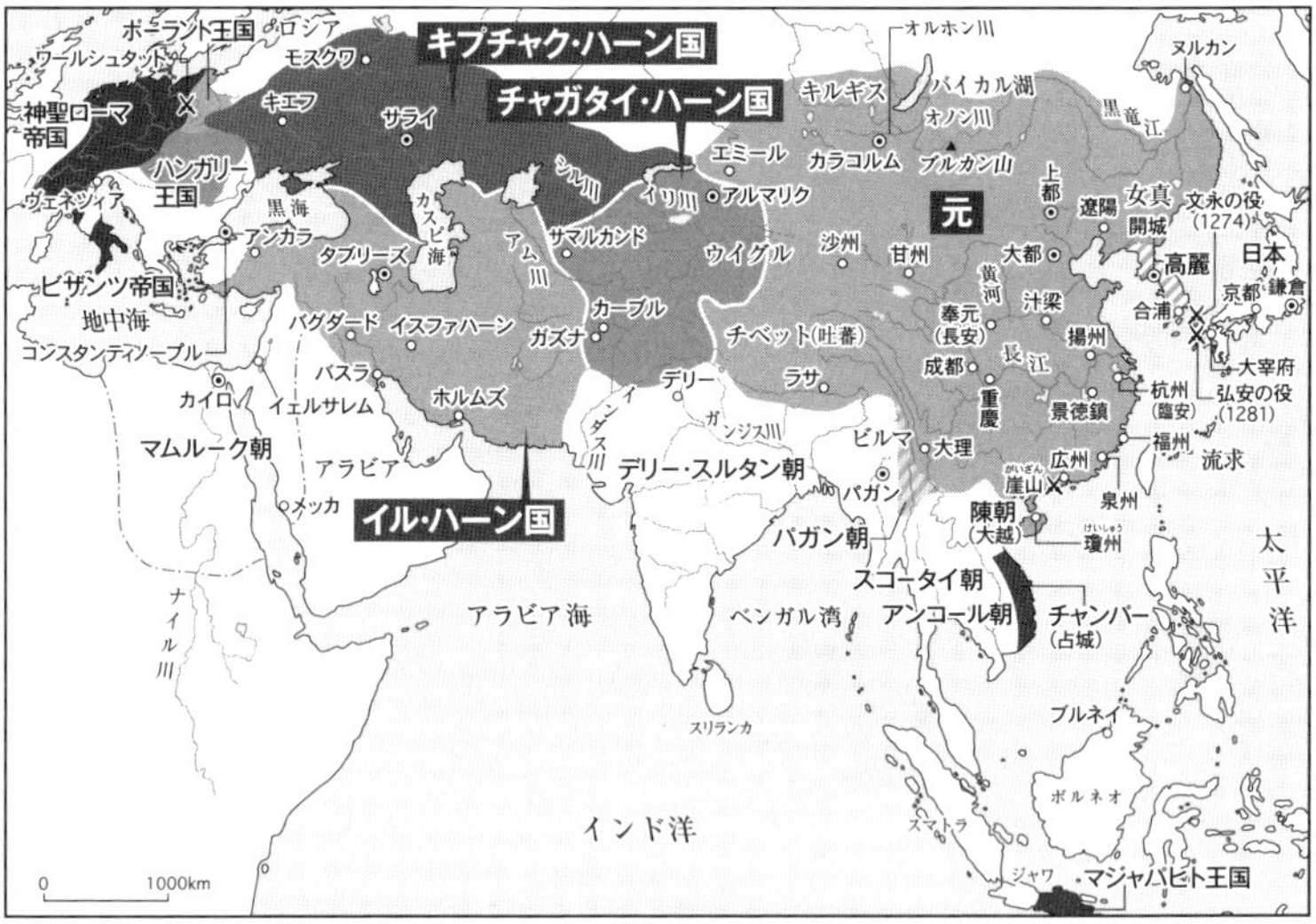

モンゴル帝国の最大領域（13世紀）

まることになります。キエフ・ルーシは分裂し、外国勢力であるポーロヴェッツ人勢力と同盟するなど、戦国状態の収拾がつかなくなっていきました。

　こうしたなかで、二つの方向性が出てきます。一方は保守的で、ビザンツ世界のヒエラルキーに親和的であり、その枠内で神の救済を得ようとする立場でした。その代表格はキエフ・ルーシの宗教思想家であるトゥーロフ主教キリルです。これに対し、ビザンツ世界のヒエラルキーを超えてまで中央集権化を実現させようという動きも出てきます。その代表者ともいえるのが、ウラジーミルを建都して北東ルーシに君臨したアンドレイ・ボゴリュプスキイ（在位一一五七〜七四）でした。

　アンドレイ公が目指したのは自らが「地上における神の代理人」（アウトクラトール）となって政教一致のビザンツ的政治体制を実現し、キエフ・ルーシを再統一することでした。アンドレイ公は北東ルーシの森のなかに一一五七年、新しい首都のウラジーミルを造営し、キエフからここに都を移そうとします。ビザンツ帝国の政治体制を模倣するかのように自らの腹心である聖職者フェオドルをキエフ府主教に据えようとしただけでなく（コンスタンティノープル総主教に莫大な贈り物をしますが望みはかなわず、フェオドルはロストフ主教に叙聖されましたが）、コンスタンティノープル教会の許可をとらずに祝日を制定し、一一六九年にはキエフを襲って破壊・略奪すらしています。

こうしたアンドレイ公の実力主義に対して真っ向から批判したのがトゥーロフの聖職者キリルでした。キリルは、アンドレイ公とフェオドルに『人間の魂について、肉体についての講話』という書簡を送っています。もちろん直接的に論難すれば命はありませんから、寓話の形式をとりながら、最高権力者と最高位聖職者の協働による権力の再編を目論むアンドレイ公とフェオドルを見事に、遠回しに批判する内容です。この書簡がきっかけになったかは不明ですが、アンドレイ公とフェオドルはその後仲たがいし、フェオドルは舌を切られて言語を絶する苦しみのなかで死亡し、アンドレイ公も中央集権化を嫌う配下の貴族によって殺害されました。

ルーシ権力者のアウトクラトール化による権力再編、中央集権化の試みはここで崩壊し、十二世紀後半の行き詰まりのままで十三世紀半ば、キエフ・ルーシはモンゴルの襲来を受けることになります。バトゥ率いるモンゴル軍によってノヴゴロドを除くルーシのすべての都市は灰燼に帰し、老若男女を問わず多くの人々が殺戮されるという文字通りのカタストロフとなりました。これにより、キエフ・ルーシは完全にゼロにリセットされたといっても過言ではないでしょう。

おわりに　――キエフ・ルーシ以後の展開

歴史にイフはありませんが、アンドレイ公のビザンツ化による北東ルーシを中心とした権力の再編、中央集権化が成功していたら、モンゴルの侵略を跳ね返すことができたのではないかとすら思います。その意味で、アウトクラトールを志向するアンドレイ公を、神への畏れを忘れた所業であると許容しなかったトゥーロフのキリルに代表されるキエフ・ルーシの考え方、世界観には限界があったということかもしれません。

このモンゴルの襲来によって、キエフ・ルーシはロストフやスーズダリ、ウラジーミル、ノヴゴロドの諸地方からなる北東ルーシと、ガリツィア（ハールィチ）、ヴォルイニ、ペレムィシリ、ズヴェニゴロドの地方からなる南西ルーシの二つに明瞭に分かれました。北東ルーシの一角であったウラジーミルのアンドレイ公の試みは、それ自体が「ロシア」の萌芽であったといっていいでしょうし、その後モスクワが北東ルーシの盟主となり、一四五三年のコンスタンティノープルの陥落でビザンツ帝国が滅亡すると、モスクワ大公国がビザンツ帝国に代わる正教勢力の中心としてロシアが形成されていきます。

一方、ウクライナへの流れは南西ルーシを源流とし、十六世紀あたりからカトリックであるポーランド＝リトアニアの支配下で、その支配に反発した正教徒たち（独立武装農民）が南ロシアの平原につくったコサック集団の連合体（ヘトマン国家）がウクライナの母体となります。

十四世紀以降のロシアが戦闘的ともいえるほどの反カトリック的傾向、いわば宗教原理主義的な傾向を強めていったのに対して、地理的に西欧と隣接するウクライナやベラルーシの東方正教はロシアに比べると柔軟な態度でした。

今回のロシア・ウクライナ戦争でも、ロシア正教の総主教であるキリルがプーチン大統領を翼賛している姿がニュースとなり、驚きをもって受け止められた方も多いのではないかと思います。ですがここまでみてきたように、ローマ帝国皇帝としてはじめてキリスト教を信仰し、東方正教世界史上最初のアウトクラトール（地上における神の代理人）となったコンスタンティノス大帝にウラジーミルがなぞらえられて以来、ヤロスラフ、イヴァン雷帝、ピョートル大帝、レーニン、スターリンと、ロシアには強権によってばらばらになりがちな多民族集団を束ねる強力な指導者への渇望が脈々と息づいています。つまりアウトクラトールであるビザンツ皇帝のようなプーチン大統領と、ビザンツ皇帝の下僚であったコンスタンティノープル総主教のようなロシア正教会総主教キリルの構図は、実は一〇〇〇年前からあまり変わっていないとみることもできるのではないでしょうか。

コラム　私の視点

キエフ・ルーシとナショナリズム

私は一九九〇年代前半にロシアのサンクトペテルブルクに留学のため滞在したことがあります。ソ連邦の崩壊直後、国民生活もかなり混乱していた時期で、そこから曲がりなりにも安定を勝ちとった経緯がありますから、まさかその安定を捨ててこのような戦争に突き進むことになるとは夢にも思っていませんでした。不覚でした。

お話ししてきたようにロシアはキリスト教の国ですが、今回の戦争でロシア正教の最高位聖職者である総主教キリル一世がプーチン大統領をほめたたえたり、ロシアの聖職者が核兵器を祝福するなど、怪奇な側面にばかりスポットが当たっています。それは仕方のないこととはいえ、ロシアには神を信じて正しく生きている人々も多くいます。プーチン大統領への国民の支持率が八〇%を超えたなどというニュースも聞くのですが、それだけの人々が本心からこの戦争を支持しているかというと、決してそうではないと思います。

このロシア・ウクライナ戦争が一刻も早く終わって欲しいという願いと、多くのロシア人の抱えている苦しい胸の内が理解してもらえたらという思いから筆をとったのが『ロシアの思考回路』（扶桑社新書、二〇二二年十一月刊）という本です。大学の世界史などでも、ロシアの歴史として扱うのはもっぱらピョートルの西欧化改革以降で、それ以前の歴史は日本ではあまりなじみがないかもしれません。そのため、できる限り古い文献に遡り、ピョートル改革までの歩み、つまりキエフ・ルーシからロシア、ウクライナ、ベラルーシへの歩みをたどりつつ、歴史的にみてこの戦争がどういう基盤から起こっているのかを説き起こした本になっています。今回の戦争を理解する一助になるのではないかと思いますので、お手にとってみてください。

ウクライナの学者のなかには、キエフ・ルーシはウクライナの祖先であって、ロシアの祖先ではないと主張する人もいます。客観的にみれば、キエフ・ルーシはロシア、ウクライナ、ベラルーシそれぞれの共通の祖先なのですが、そこにナショナリズムが入ってくると、とたんにそのような議論になってしまいます。そうした状況の一つの現れが、今般のロシア・ウクライナ戦争につながっているのではないかとも思います。

第3講

リトアニア・ポーランド支配の時代

――十四～十八世紀の近世ウクライナ地域

小山　哲

はじめに　――ウクライナ知識人ヴィンニチェンコの日記から

私の専門は近世ポーランドの歴史ですが、この時代のポーランドはウクライナの歴史ととても深く結びついています。そういう事情があるため、近世ウクライナのリトアニア・ポーランド支配の時代についてお話しさせていただきます。ここで扱うのは中世後期から近世、十四世紀から十八世紀にかけての時代ですが、この時代が地域としてのウクライナの長い歴史のなかでどのような意味をもつのかを、最初に大枠としてつかんでおきたいと思います。

二十世紀のウクライナの知識人がこの時代をどう認識していたかということの一例として、ウクライナの作家、ヴォロディミル・ヴィンニチェンコ（一八八〇～一九五一）が、ミハイロ・フルシェフスキーというウクライナの歴史家による『ウクライナ・ルーシ史』を読んで、自身の日記に書き残した感想を引用します。

ウクライナの歴史を読むには、鎮静剤が不可欠だ。読んでいると、ものすごい痛みと、嫌な気持ちと、苦さと、悲しさを覚える。不幸で、追いつめられ、引き裂かれた民族が、その国家として存在する（より正確には、半ば国家として存在する、というべきかもしれない）すべての時代をつうじて、全方位からの攻撃に対して自らを守る以外のなにもしていないのだ。ポーランド人に対して、ロシア人に対して、タタール人に対して、スウェーデン人に対して。その歴史の全体が、絶えることなく続く蜂起と、戦争と、災禍と、飢饉と、襲撃と、軍事クーデタと、陰謀と、いさかいと、策謀だ。

ヴィンニチェンコが読んだ『ウクライナ・ルーシ史』は全一〇巻に及ぶ大著で、近代的なウクライナ国民史の基礎となった記念碑的な歴史書ですが、この本に書かれているのは、前回三浦先生がお話しされた中世のキエフ・ルーシの時代から十七世紀後半までの歴史です。タタール人やスウェーデン人が出てくることから、ヴィンニチェンコの感想は、おそらく近世ウクライナについて書かれた部分を読んでのものでしょう。

中世後期から近世にかけてのウクライナは、その大部分がリトアニア大公国とポーランド王国の領域に含まれていました。この時代を一言で表現するなら、それは言語的・宗教的・文化的に多様な社会集団・国家が、近代とは異なる、近世的な秩序の下で交錯する時代でした。一方が他方を支配したり、植民を進めたりしていくなかで、異なる文化に属する集団同士が影響を与えたり（文化的浸透）、他方では様々な対立・抵抗も生じました。しかも、交わり合う諸集団の間には、単に東西軸の対抗関係だけではとらえられない、多様な動きがありました。それゆえにヴィンニチェンコは、「全方位からの攻撃」というイメージを抱いたのではないかと思うのです。

引用したヴィンニチェンコの感想だけを読むと、とてもつらく苦しいことばかりがあった時代だと思われてしまいますが、もちろんそれだけではありません。この時代は近世的な社会構造・政治制度のなかから、「自由」や「市民」「民族」といった、近代以降に大きな意味をもつようになる新しい意識・理念が生み出された時代でもありました。

ポーランド＝リトアニアの勢力拡大

ポーランド＝リトアニアが十四世紀から十七世紀半ばにかけ、現在ウクライナと呼ばれる地域へどのように勢力を拡大していったのかについてお話する前に、その地にあったキエフ・ルーシの展開に少し触れておきましょう。

キエフ・ルーシは十世紀末に東方のキリスト教を受け入れ、十一世紀前半にキエフ（キーウ）が繁栄しますが、その後政治的に分裂していきます。中心であったキエフが次第に荒廃していくなか、とどめを刺したのが十三世紀前半のモンゴルの侵入でした。その結果、黒海の北岸には遊牧民国家であるキプチャク・ハン国（ジョチ・ウルス）が誕生し、宗教的にはイスラームが支配的になります。彼らは、その後の展開に重要な役割を果たすことになります。

キエフ・ルーシが分裂していくなかで、現在のポーランドに近い西ウクライナの地にハルィチナ・ヴォルィーニ公国ができ、ここがひとつの政治的・文化的中心勢力となりました。しかし、十四〜十五世紀にハルィチナ・ヴォルィーニ公国はやがてポーランド＝リトアニアに征服され、その支配下に組み込まれていくことになります。

現在のリトアニアはバルト三国の南側に位置する小さな国ですが、中世後期にこの国の前身であるリトアニア大公国はバルト海と黒海という二つの海を結ぶ地域に勢力を拡大し、巨大な支配領域を誇っていました。

その過程でリトアニア大公アルギルダス（オルゲルド）が一三六三年にキエフを征服するなど、現在のウクライナの中部から東部にかけてのかなりの部分が、リトアニア大公国の領土に含まれることになります。また、リトアニア大公国の西側に位置していたポーランド王国も、十四世紀に現在のウクライナ西部の中心都市となっているリヴィウ周辺地域に勢力を拡大し、リトアニアと並んでウクライナの歴史と深く関わることになっていきました。

このような十四世紀の後半に、リトアニア大公国とポーランド王国が一つに結びつくという出来事が起こります。なぜそうなったかは非常に複雑なため、ここでは省略しますが、一三八六年にリトアニア大公だったヨガイラ（ヤギェウォ。在位一三八六〜一四三四）がリトアニア大公の地位を保ったままポーランド王に即位するというかたちで両国が結ばれ、ここからヤギェウォ朝が始まりました。この間に、宗教的な面からみて非常に重要なことが起こっていました。リトアニア大公国の支配層は、長くキリスト教を受け入れずに土着の宗教を保っていました。キリスト教の立場からすると異教徒になるわけですが、その支配がウクライナ地域に拡大していくと、この地域に住んでいた正教徒であるルーシの人々を異教徒のリトアニア人が支配するという状況が生まれました。このリトアニア大公国が、

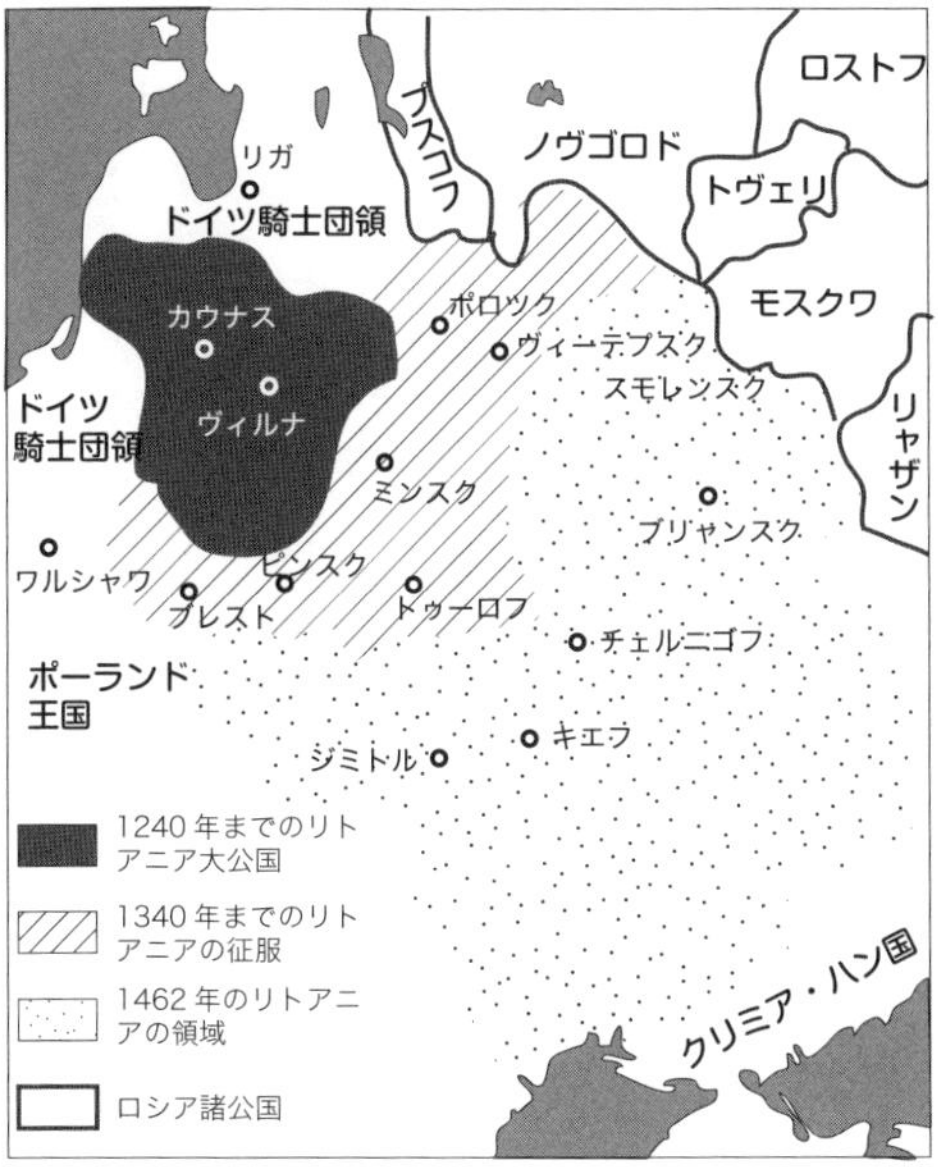

リトアニアの伸長

ローマ・カトリックを受容していたポーランド王国と合同する際に、リトアニア大公ヤギェウォはカトリックに改宗し、ポーランド王国の女王と結婚してポーランド王兼リトアニア大公となりました。つまり、リトアニアの支配者は一三八六年にキリスト教化されたということになるわけです。

こうして、ウクライナ地域を支配下に置いたポーランド王国の君主や貴族層（シュラフタ）はローマ・カトリックの信徒であり、リトアニア大公国の支配層は異教からカトリックに改宗し、その支配下にあったウクライナ地域の都市民・農民はキエフ・ルーシ以来の正教徒である、という状況が生まれました。また黒海北岸にキプチャク・ハン国をつくったタタール人はイスラームを信仰し、ウクライナ地域にはキエフ・ルーシの時代からユダヤ教を信仰するユダヤ人もいました。バルト海と黒海の間に挟まれたこの地域は、このように多くの宗教が共存する、非常に複雑な社会構成をもっていたのです。

ポーランド王国がウクライナ西部に行政区画（ルシ県・ポドレ県）を設置してその支配を強化していく十五世紀に、黒海北方のステップ地帯に新しい社会集団が登場することになります。これがウクライナ・コサックと呼ばれる人々で、最初にその記述が文献に登場するのは一四九二年、ちょうどコロンブスがアメリカを発見した年でした。

ルブリン合同の歴史的意義

そうした状況下で迎えた十六世紀に、この地の歴史において大きな節目となる出来事がありました。それが、ヤギェウォ朝の下で結ばれたポーランド王国とリトアニア大公国の関係を新たなかたちにするための「ルブリン合同」と呼ばれる取り決めです。リトアニア大公ヤギェウォがポーランド国王を兼ねるかたちで両国の関係が始まったことはすでに触れましたが、その後、両国の君主はヤギェウォ家出身者によって継承され

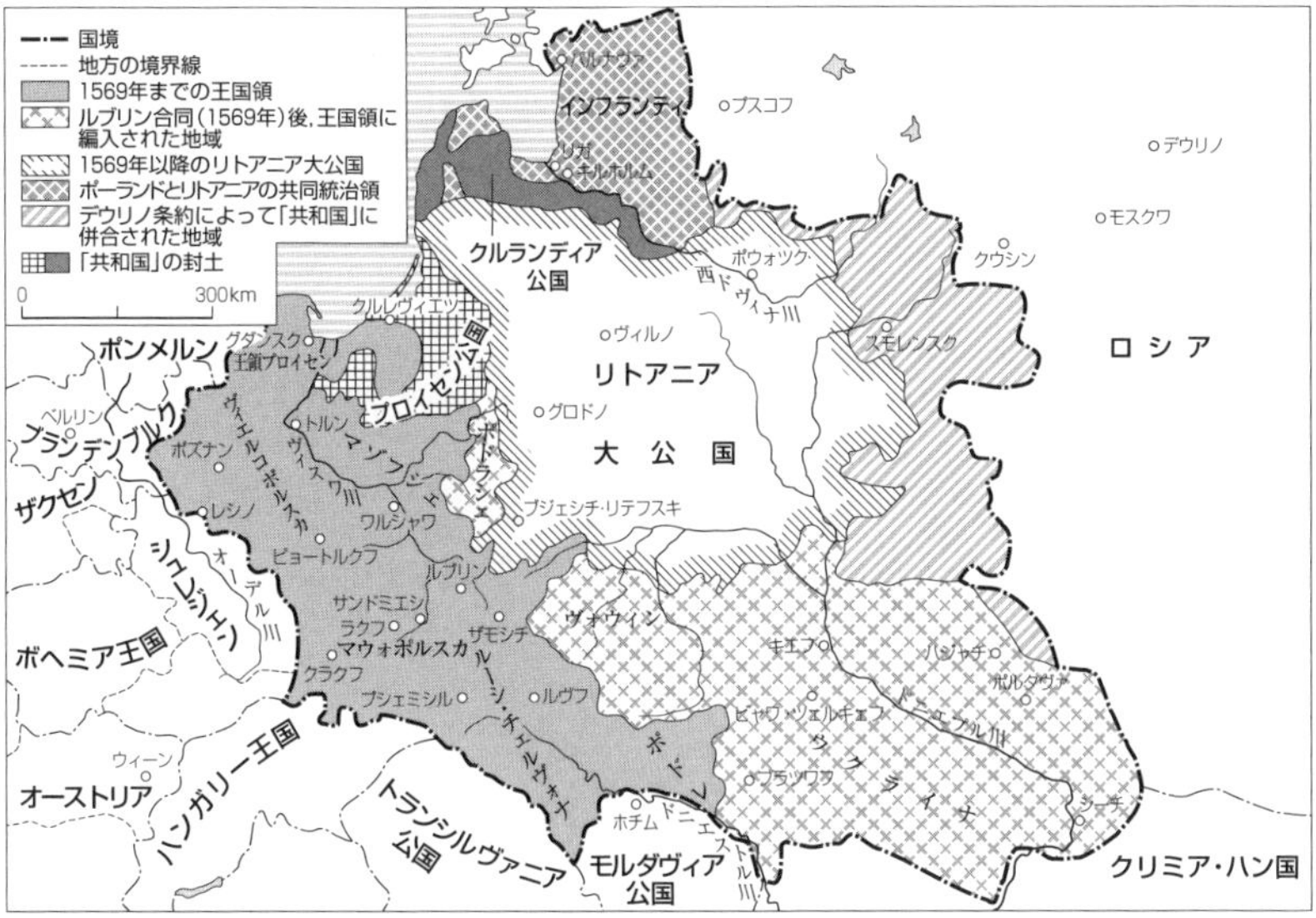

ポーランド王国の伸長

ていました。ところが十六世紀半ばに即位したジグムント二世アウグスト（在位一五二九、一五四八～七二）に子どもが生まれず、ヤギェウォ朝の断絶がはっきりしたため、その後の両国の関係をどうするのかという問題が浮上します。そこでポーランド東部の都市ルブリンに両国の貴族らが集まって議会を開き、取り決められたのが一五六九年のルブリン合同です。ここで決められた重要なことは、両国の貴族が合同で議会を開催することと、ヤギェウォ朝断絶後は両国の貴族が合同で選挙を行って君主を選出する、というものでした。

　このルブリン合同でもう一つ、重要な変化がありました。両国の領域を比べると、ルブリン合同までは、リトアニア大公国の方が広大な領土をもっていました。そこには、今日のウクライナの大部分が含まれていました。しかしこの合同の際に、リトアニア大公国が支配していたウクライナ地域のかなりの部分がポーランド王国に編入されることになったのです。その結果、国土の面積としては、リトアニア大公国よりもポーランド王国の方が上回ることになりました。

この領土の変更が重要なのは、現在のウクライナとベラルーシの国境線の起源に、このルブリン合同の際の領土の移動が関係しているからです。リトアニア大公国が領有していた東部・東南部の諸地域（ポドラシェ、ヴォウィン、ウクライナ）の帰属をポーランド王国に変更した際に、ルーシを南と北に分割する線が東西方向に引かれ、それがのちにベラルーシとウクライナを区分する境界になっていったのです。ルブリン合同によって引き直されたポーランド王国とリトアニア大公国の境界線を現在のベラルーシとウクライナの国境と重ね合わせると、ほぼ同じ地域を境界線が走っていることがわかります。当初は、言語的、宗教的にはこの境界線に重要な意味はなく、近世に引かれた行政区分に過ぎなかったものが、近代以降になって、「民族」の境界線として、新たな意味を帯びるようになったのです。

ウクライナの歴史にとって、ルブリン合同は転換点の一つとなりました。ルブリン合同によって、ポーランド王国とリトアニア大公国との関係は、従来のヤギェウォ家による「王朝連合」から、両国の貴族同士で議会と国王選挙を共有する「貴族連合」に転換しました。その結果として成立した連合体を、当時の人々はポーランドとリトアニアから成る「二国民の共和国」と呼びました。もう一つの意義は今お話ししたように、その共和国の東部から東南部、現在のウクライナの大部分にあたる地域がポーランド王国領になり、ルーシを南北に分割する線が引かれた点です。こうして近世のウクライナの歴史は、ほぼポーランド王国領下の歴史となります。

この時期の宗教・言語の状況に簡単に触れておくと、十六世紀半ばの段階では、ポーランド＝リトアニアの西部にカトリック、東部に正教徒、中央部はカトリックと正教徒が入り混じって暮らしているような状況でした。しかもこの頃には宗教改革の影響が及んできて、北部や東部にはプロテスタント（ルター派、カルヴァン派など）が多い地域も生まれます。

言語の分布は、宗教の分布と深い関係がありました。現在のポーランド共和国の公用語はポーランド語で、ほぼ一国一言語ですが、近世のポーランド＝リトアニアは多言語国家でした。東方ではルシ語が多く用いられました。近代以降にルシ語はベラルーシ語とウクライナ語に分かれていきますが、十六世紀の段階では、両者の違いはそれほどはっきりしていなかったと思われます。またバルト海沿岸にはラトヴィア語、リトアニア語、ドイツ語を母語にする人々がいるなど、言語的・宗教的にかなり複雑な地域であったことがわかります。

コサックとタタールの勢力拡大

こうして十六世紀にポーランド王国に組み込まれていくウクライナ地域で、二つのコントロールしにくい社会集団が勢力を伸ばしてきます。一つは、クリミア・タタールと呼ばれる人々です。彼らは、モンゴルの進出の結果クリミア半島から黒海北岸の地域に建てられたキプチャク・ハン国の後継国家として、クリミア・ハン国（十五世紀半ば〜一七八三年）を建国しました。この国は宗教的にはイスラームで、一四七五年にオスマン帝国の宗主権の下に入りました。その結果、黒海北岸では、クリミア・ハン国の背後に強大なオスマン帝国が控えているという関係が生まれます。

もう一つは、ウクライナ・コサック（ザポリージャ・コサック）と呼ばれる人々でした。コサックとは元来「群れを離れた人々」という意味で、抑圧を嫌い、自由を求めて逃げてきた人々が黒海北方のステップ地帯に集まって独自の社会をつくっていきました。その大半は逃亡農民だったと考えられていますが、内情は多様なものだったようです。

コサックは宗教的には正教徒で、ドニプロ川中洲に本拠地（シーチ）を築き、そこから遠征して略奪を行いました。彼らは陸でも海でも自由自在に移動し、チャイカとよばれる船を操ってドニプロ川を下り、黒海を横断してイスタンブルをはじめとするオスマン帝国の都市を襲撃したりもしました。そのため、コサックの存在は、ポーランド王国だけでなく、クリミア・タタールやオスマン帝国にとっても脅威だったのです。

クリミア・タタールとコサックは系統も宗教も異なりますが、共通する点もあります。生業はともに農業・牧畜・漁業・商業で、それに加えて略奪を行うことで暮らしを立てていた点も共通しています。また多くの場合、クリミア・タタールとコサックは対抗関係にありましたが、似た境遇で生き抜いてきたことから模倣し合う関係でもあり、特にコサックはクリミア・タタールから多くを学んでいます。時には両者が同盟関係を結ぶこともあり、ポーランドにとっては大きな脅威になりました。

ポーランド王国はこの二つの勢力に対処するために、コサックを自らの体制のなかに組み込もうとしました。そのために導入されたのが、コサックの登録制度です。コサック集団の、特にエリートと目されるような一部の人々を選び出し、彼らについては租税を免除するなど、準貴族的な特権を認めるという方法で取り込もうとしたのです。ポーランド王権の狙いは、登録制度で取り込んだコサックを軍事力として活用することでした。クリミア・タタールやオスマン帝国と戦う際にコサック軍団の存在は重要で、実際に大きな勝利を収めた戦いもあります。

こうしてコサックの登録制度はポーランド王国にとって重要な制度であった一方で、コサックの社会にも大きな影響を及ぼしました。登録されれば特権的な待遇を受けられるため、登録を望むコサックは大勢いましたが、その数を増やすとポーランド王国側としては税を徴収できなくなります。ポーランド側は登録コサックを当初の三〇〇人から八〇〇〇人にまで増やしますが、コサック側はさらなる増加を求めました。他方で、そもそもコサックは束縛を嫌って逃げてきた人々で、平等を重んじる集団だったことから、登録コサックと非登録コサックの間で待遇の差が大きくなると不満が拡大し、それが様々な問題を生じさせることになります。

ローマ・カトリックと東方正教――対抗・合同・模倣

ポーランド支配下のウクライナ地域で起こったもう一つの問題は、宗教上の対立です。ポーランド王国は王権、貴族も含め、多数派はローマ・カトリックの信徒でしたが、支配される側のウクライナの住民の多数派は正教徒でした。ローマ・カトリック教会は、正教徒の多いウクライナ地域でその勢力を拡大していこうとします。この背景には、宗教改革の波を受けてプロテスタント勢力に奪われてしまった信徒を取り戻すというモチベーションも働いていました。

カトリックの東方への拡大・進出のなかで起こるのが、ブジェシチ（ブレスト）教会合同（一五九六年）という出来事でした。カトリック教会が東方正教会に対し、典礼についてはそのまま保ちながら、ローマ教皇の権威を認めるよう働きかけた結果、様々ないきさつがあったものの、ルーシ地域の正教会聖職者らがそれを認めることになったのです。その結果として、ポーランド＝リトアニアの東部に生まれたのが合同教会（ギリシア・カトリック教会）です。合同教会はローマ教皇の権威を認めることでカトリック教会に組み入れられつつ、典礼については東方正教のやり方を維持しました。

ところが、もともとはポーランド＝リトアニア領内で分裂していた東と西のキリスト教会を一つにしようということで合同を意図したものでしたが、それに反発する正教徒が現れます。その結果、正教会は合同教会派と反合同派正教会に分裂し、ウクライナ地域に新たな宗教的な対立を生み出すことになりました。十九世紀以降にはウクライナ地域の東部をロシア帝国、西部はオーストリア・ハプスブルク帝国が支配しますが、ロシア帝国は合同教会を認めず、他方でオーストリア・ハプスブルク帝国は合同教会を認めました。そのような経緯から、合同教会の信徒は、現在のウクライナでも、ポーランドに近い西部地域にその多くが暮らしています。

ここでもう一つ重要なことは、ローマ・カトリック教会が、ポーランド＝リトアニアの東方に勢力を拡大していくための手段として、学校教育を活用したことです。その中心となったのが、十六世紀に誕生した修道会であったイエズス会でした。イエズス会は教育に力を入れ、それまで学校というものがなかった地域も含めて、ポーランド＝リトアニアの全土に、中等教育を行う学校（コレギウム）をつくっていきます。統一されたカリキュラムの下に水準の高い学校教育が行われたため、特に貴族の家では宗派を問わず、正教徒の家系であっても、男子はイエズス会の学校に入れるようになりました。そうすると、コレギウムではカトリック的な教育がラテン語で行われるわけですから、正教徒の子弟であっても次第にカトリックの教えが内面化されていき、最後はカトリックに改宗するケースがしばしば生じるようになりました。

こうした状況に危機感をもったのが正教会です。カトリックの浸透に対抗するため、一六三一年に、ペトロ・モヒーラという聖職者が中心となって、キーウに正教会の学校を創設します。このキーウ（キエフ）・モヒーラ学院はイエズス会のコレギウムをモデルにした、いわば正教会版のコレギウムです。正教会にはそれまで学校をつくった経験がなかったため、モヒーラはあえて敵対するカトリックの学校を模倣してカリキュラムを作りました。キーウ・モヒーラ学院はのちの十八世紀初頭にキーウ・アカデミアと改称され、紆余曲折を経ながら現在もその系譜をひく大学（キーウ・モヒーラ・アカデミー国立大学）がキーウに存在します。

重要なことは、このキーウ・モヒーラ学院が、正教徒の社会にとって西ヨーロッパからの文化的な影響の窓口となっていったという点です。十八世紀前半にロシアでピョートル大帝による西欧化改革が進められた際に、その改革の担い手となった知識人の一部は、このキーウ・モヒーラ学院の卒業生たちでした。その意味では、この学校の影響は、ポーランド＝リトアニアだけの問題ではなく、正教世界にとって大きな意味をもつ出来事だったということになります。

「もう一つのインド」としてのウクライナ

ここで視点を変えてみましょう。ルブリン合同でポーランド王国領に組み込まれたウクライナ地域は、ポーランド側からどうとらえられていたのでしょうか。

十六世紀後半から十七世紀前半にかけて、ポーランド王国の貴族たちが東方へと進出していきます。その背景の一つは人口密度の問題でした。ポーランド＝リトアニアの当時の人口分布をみると、西側が人口密度が高く、東側が低い「西高東低」の状況でした。このため、東の方にはまだ手つかずの土地が広がっていると認識されていたのです。特にウクライナ地域の、黒海北方のドニプロ川流域はとても肥沃な土地で、当時のポーランド貴族は農場経営が主たる生計手段でしたから、それは大きな誘因になりました。この頃、西ヨーロッパ諸国は大航海時代で、海を渡ってアメリカ大陸や東アジアへと進出していくのですが、同じ時期に、ポーランド貴族は陸伝いに植民活動を展開していくのです。その意味で、近世のポーランド貴族にとってのウクライナ地域は、西欧諸国にとっての「インド」と同じ、植民地空間としての「もう一つのインド」でありました。

一五六四年に刊行された『ラテン語－ポーランド語辞典』（ヤン・モンチンスキ編）は十六世紀のポーランドで使われた辞典ですが、ここに「ルテニ」（ルテニア人）の項目があります。ルテニとは「ルーシの人々」、つまり現在のベラルーシ・ウクライナの人々を意味しています。そこには例文として「ポーランド国王に服する『ルテニア』公領は、穀物、魚、牛、蜜、蝋、馬、河川によって、驚くほど肥沃である」と書かれています。当時のポーランド人からみてルーシ、ルテニアは「蜜の流れる地」というイメージがあったことがわかります。

また、同じ辞典には「コロニア」（植民者・植民地）という項目もあり、そこには「ポドレに植民者を送る」という例文について、「ポドレに居住してタタールから守らせるために、相当数の軍勢を送って住まわせること」と説明されています。ポドレ（ポジーリャ）は今日のウクライナ南西部を指す地名で、この地域をポーランド人が「植民地」であると認識していたことを物語っています。

ここで紹介したいのは、ポーランドの著述家ピョートル・グラボフスキが一五九六年に著した『ポルスカ・ニジナあるいはポーランドの入植地』という題名の書物です。ポルスカ・ニジナは「低地ポーランド」という意味で、現在のウクライナ東部、ドニプロ川の左岸地域を指します。そこにポーランド貴族が入植し、植民地にするべきだという主張の本です。その一部を引用します。

　貴族の家に生まれながら、パンのために自らの貴族の威信を捨て、あるいは都市民の、あるいは農民の、あるいはこれらと同類の隷属的な地位を受け入れ、たいへんな貧困のなかでぼろを身にまとって暮らしたり、やくざ稼業に糧を求めたりする者は数多い。没落して、そこから這い上がるすべをもたない者は、たくさいんいる。（中略）このような人々はみな、このポルスカ・ニジナに赴くであろう。そしてそこで、より誠実に、より満ち足りて、より喜ばしく、より敬虔に生涯を送ることができるであろう。

貧窮化するポーランド貴族のための「無人の土地」

貴族の家でも兄弟が多いと、その所領を兄弟間で分割するため、世代を重ねるごとに所領が小さくなっていきます。特に次男や三男は食べていくことすら難しくなり、貴族に生まれても貧困に喘ぐ人々が多くいました。彼らが新天地を求めてドニプロ川の東に行けば、豊かな生活ができるとグラボフスキはいうのです。引用を続けます。

> 人は住んでいないが肥沃な土地は、共和国のなかにきわめてたくさんある。（中略）国境の向こう側にも、占領するのに容易な地域が存在する。このような気概をもった王国民たちを、働き手と、敵に対抗する武力とともに、これらの人の住んでいない土地に導き入れ、そこにポルスカ・ニジナを設置すれば、それによってタタールに対する不断の守りを固めることができる。（中略）東方には、無人の土地や、零細な領主が住む土地がインドに至るまでたくさんあり、そこに、望みをもってやって来る人々を入植させることができる。

つまり、グラボフスキは、ポーランド＝リトアニアの国境の向こう側にも潜在的な植民地空間が広がっており、中世の騎士身分の系譜を引くポーランド貴族が入植して農場を経営することで、クリミア・タタールの脅威にも対抗できると考えたのです。しかも、陸伝いに東へと進めばインドまで行けるし、その間にいくらでも入植地があるというわけです。

このテキストからわかるのは、ポーランド王国の貴族たちが「植民地」をイメージするときに、ウクライナ地域がその対象として強く意識されていたことです。ウクライナへの植民は、単に入植して農業経営するだけでなく、クリミア・タタールやその背後のオスマン帝国のようなイスラーム勢力に対する軍事防衛と密接に結びついていました。あわせてウクライナ地域は、貧窮化するポーランド貴族層が直面する社会問題を解消することのできる、豊かで未開な空間としても認識されていたわけです。グラボフスキがウクライナ東部をポルスカ・ニジナと、ポーランドの一部としての地域名で呼ぶこと自体が、植民地主義的な発想であるといえるでしょう。

引用を読まれた方はお気づきになられたかもしれませんが、ここでウクライナはまるで無人の土地であるかのように描かれています。実際には、この地には多くの正教徒の農民やコサックが暮らしていたにもかかわらず、彼らの存在は視野の外に置かれています。現実には、ポーランド貴族たちはウクライナ地域に入植すると、現地の正教徒の農民を賦役で酷使して農場を経営するなど、カトリックであるポーランド貴族が正教徒の農民を搾取するという関係になっていったのです。

「コサックの共和国」の出現

こうしたポーランド貴族の進出は、ウクライナ地域の住民たちの不満を高め、抵抗を呼び起こしていくことになります。それが爆発したのが、十七世紀半ばのことでした。

ウクライナ・コサックがポーランド王国の登録制度に組み込まれつつも、登録コサックと非登録コサックの不平等性にコサック側が不満を強めていたことはすでにお話ししました。コサックによる反乱が起こるたびにポーランド側は鎮圧していたのですが、一六四八年に「フメリニツキーの蜂起」と呼ばれる大規模なウクライナ・コサックの反乱が起こります。この反乱を率いたフメリニツキーはたいへん有能な人物で、コサック集団の指導者になっていきます。彼は今でもウクライナ史の歴史的英雄の一人で、ウクライナの紙幣に肖像が描かれています。

フメリニツキーの反乱はポーランド＝リトアニア東南部の辺境で始まり、コサックが西方へと攻め上ってウクライナ西部リヴィウの辺りにまでその勢力を広げていきます。ポーランド側はこれを鎮圧することができず、コサックを中心とする「ヘトマン（ヘーチマン）国家」と呼ばれる準国家的な秩序が、この地域に誕生することになります。コサックは集会を開いて選挙で指導者を選ぶのですが、その指導者をヘトマン（頭領）と呼んでいました。

フメリニツキーをヘトマンとするヘトマン国家は、ポーランドの支配から自立したとはいえ、単独で自治・独立を維持する力がなかったため、周辺の様々な勢力との同盟を模索しました。その過程でフメリニツキーが接近したのが、当時ポーランド＝リトアニアの東方にあったモスクワ大公国でした。モスクワ大公国はかつてのキエフ・ルーシの系譜を引く国のひとつで、宗教的にもコサックと同じ正教徒です。こうしてヘトマン国家とモスクワ大公国は一六五四年にペレヤスラウ協定を結びました。ウクライナ・コサックの自治を保つという前提でモスクワに臣従するという内容の協定でした。

ボフダン・フメリニツキー

現在のロシアの歴史学やプーチン大統領の歴史観においては、このペレヤスラウ協定により、ウクライナ・コサックのヘトマン国家は自ら望んでモスクワの支配のもとに服した、それによってモスクワ中心のルーシの伝統に復帰した、とされています。しかし、実際の歴史はそれほど単純ではありません。ヘトマンは世襲ではなく選挙で選ばれて代替わりするの

ヘトマン国家（1750年頃）

で、フメリニツキーとは異なる考え方をするヘトマンも出てきます。現にフメリニツキーの後にヘトマンとなったイヴァン・ヴィホウスキーは、モスクワではなくポーランドと同盟を結ぼうと考え、コサック指導部とポーランドとの間で一六五八年、ハジャチ（ハダャーチ）合同という取り決めを結んでいます。

ポーランドとリトアニアがルブリン合同で、両国の貴族同士で議会を開いて国王を決める「二国民の共和国」となったことはすでに触れましたが、この枠組みのもとで従属的な地位に置かれていたウクライナ・コサックが、自立を画策するほど強い勢力となってしまったわけです。そこでポーランド＝リトアニアの貴族たちは、ウクライナの支配層を第三の国民に格上げすることを考えました。ポーランド王国とリトアニア大公国に加えて、ウクライナ・コサックによるルーシ大公国を創設して、これらの三つの国の協力関係にもとづく「三国民の共和国」に組み替えようというのがハジャチ合同です。

しかし、このハジャチ合同は、ポーランド＝リトアニアの議会で決議されるところまではいきましたが、実現しませんでした。この動きに対してモスクワとの同盟を重視する勢力が反発し、ウクライナ・コサックが内部分裂を起こしてしまうのです。ハジャチ合同を発案したコサックの有力者ユーリー・ネミリチは殺害され、ポーランド寄りの政策を主導したヴィホウスキーはヘトマンの地位を奪われます。その後、ポーランドとモスクワのあいだでアンドルソヴォ休戦条約（一六六七年）が結ばれ、左岸ウクライナ（ドニプロ川東岸）とキーウがロシア領となり、ウクライナは東西に分割されることになりました。

ロシア史学とウクライナ史学の歴史解釈をめぐる対立

フメリニツキーの蜂起に始まる一連の出来事はこのように複雑な経過をたどりましたが、ウクライナがロシアに臣従したペレヤスラウ協定をどう考えるかという点が、十九世紀以降の歴史学にとって重要な争点となりました。十九世紀のロシア史学では、ペレヤスラウ協定はロシアによるウクライナの併合であると解釈されていました。先ほども少し触れたように、現在のロシアの政権、プーチン大統領の歴史観に近いロシア史学の立場では、キエフ・ルーシが分裂してロシアとウクライナに分かれていたが、ペレヤスラウ協定で再び結合してルーシ世界の一体性が回復されたと解釈しています。他方で、現在のウクライナ史学は、ペレヤスラウ協定はポーランドから自立するための一時的な同盟、複数の選択肢のなかの一つに過ぎなかったと解釈し、ロシア史学と対立しています。私個人としては、その後のハジャチ合同のようにポーランドと結ぼうとした経緯も踏まえると（ロシア史学は実現しなかったハジャチ合同を重要視していません）、ウクライナ史学の解釈の方が実際の歴史の経緯に即していると思いますが、これは議論が分かれているところです。

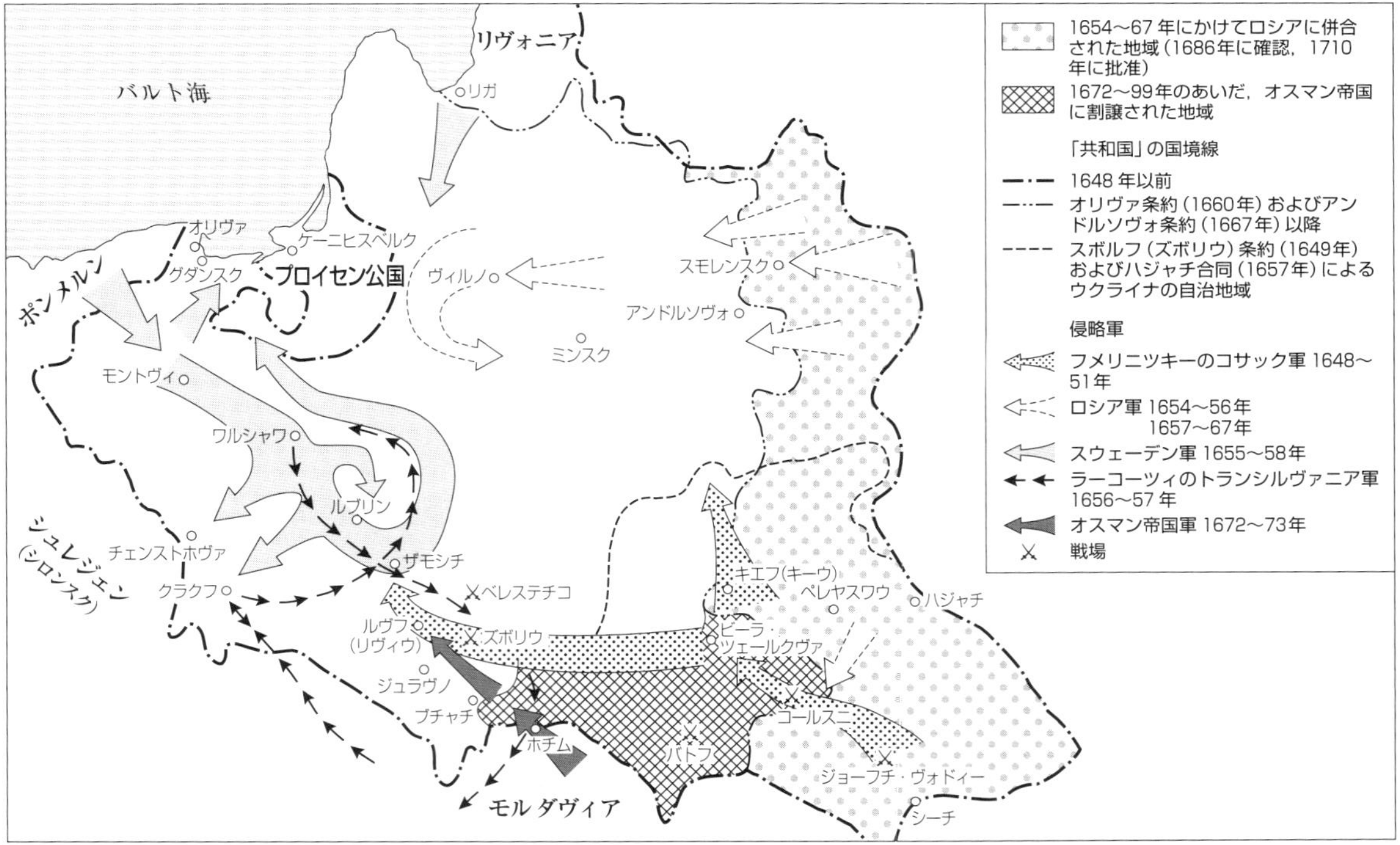
バルト海
リヴォニア
リガ
オリヴァ
ケーニヒスベルク
グダンスク
プロイセン公国
ポンメルン
ヴィルノ
ミンスク
スモレンスク
アンドルソヴォ
モントヴィ
ワルシャワ
ルブリン
シュレジエン
(シロンスク)
チェンストホヴァ
クラクフ
ザモシチ
ベレステチコ
ルヴフ
(リヴィウ)
ズボリウ
ジュラヴノ
ブチャチ
ホチム
モルダヴィア
バトフ
キエフ(キーウ)
ペレヤスワウ
ハジャチ
ビーラ・
ツェールクヴァ
コールスニ
ジョーフチ・ヴォドィー
シーチ
1654〜67年にかけてロシアに併合された地域(1686年に確認，1710年に批准)
1672〜99年のあいだ，オスマン帝国に割譲された地域
「共和国」の国境線
1648年以前
オリヴァ条約(1660年)およびアンドルソヴォ条約(1667年)以降
スボルフ(ズボリウ)条約(1649年)およびハジャチ合同(1657年)によるウクライナの自治地域
侵略軍
フメリニツキーのコサック軍 1648〜51年
ロシア軍 1654〜56年
1657〜67年
スウェーデン軍 1655〜58年
ラーコーツィのトランシルヴァニア軍 1656〜57年
オスマン帝国軍 1672〜73年
戦場
17世紀半ばの東ヨーロッパにおける諸勢力

このように、この時代はウクライナ地域をめぐり、ポーランドとロシアの間で外交の綱引きが行われるという図式、すなわち東西軸による見方で語られがちですが、正確にはそれでは十分ではありません。例えば、オスマン帝国も南方からウクライナ地域に勢力を拡大しようとしていたからです。一六七二年、オスマン帝国が大軍を率いてポーランド領に侵入し、ポーランドが屈服してポドレなどウクライナ南部の地域を割譲しました（ブチャチ講和）。ヨーロッパ諸国を圧迫していたオスマン帝国は第二次ウィーン包囲（一六八三年）で撃退されると、その後ヨーロッパ諸国による神聖同盟に押し返されて一六九九年に講和のためのカルロヴィッツ条約が結ばれます。これによりポーランドはポドレを回復しますが、こうした領土帰属の変化は、ポーランドとロシアの関係だけでは説明できません。

また、十八世紀の前半では、北方のスウェーデンの関与が重要になってきます。当時のスウェーデンはバルト海の覇権を握る強国でした。これに対抗するロシア（当時のモスクワ大公国）が挑戦するかたちで両国が衝突したのが、十八世紀初頭の北方戦争（一七〇〇〜二一年）です。スウェーデンは東へと進軍してモスクワを陥れようと考えましたがそれはできず、「北方」という言葉とは裏腹に南下していって、ウクライナ地域がこの戦争の戦場になりました。

このとき、ロシアの支配下に置かれていたドニプロ川左岸のウクライナ・コサックのヘトマン、イヴァン・マゼーパは、ピョートル大帝の忠実な臣下という立場から反旗を翻し、独立のためにスウェーデンと結んでロシアと対抗する立場に転じました。このときに起こったのが、ポルタヴァの戦い（一七〇九年）でした。マゼーパ率いるコサックとカール十二世指揮下のスウェーデンの連合軍は、ロシア軍とウクライナ中部のポルタヴァで会戦し、ロシアに敗北しました。高校の世界史教科書などでは、北方戦争はバルト海の覇権を握っていたスウェーデンがロシアに敗れて、ロシアがヨーロッパの大国として台頭していくきっかけとなった戦争として位置づけられますが、ウクライナ地域にとっての北方戦争は、ウクライナ・コサックがロシアに敗北した結果、さらにロシアへの従属を強めて自由を失っていく大きな節目になる出来事としてとらえられることになります。

近世ヨーロッパ東部の「二つの民主主義」――シュラフタとコサック

こうして十八世紀にウクライナ・コサックはロシアの支配の下に組み込まれていくことになりますが、興味深いのは、それに先立つ時代のヨーロッパ東部に、二つの「民主主義」が存在していたという点です。

一つはポーランド貴族たちがもっていた独特な政治文化で、「シュラフタ民主主義」とも呼ばれます。シュラフタとはポーランド＝リトアニアの貴族身分を指します。彼らは議会を開いて国政を運営し、国王も世襲ではなく、貴族たちによる選挙によって選出され、代替わりをしていくユニークな政治制度を築いていました。同時にシュラフタは、「自由」を非常に重視しました。彼らのいう「自由」とは、近代的な市民的自由とは異なり、近世の身分制的な社会を前提にした、シュラフタの身分的特権としての「自由」です。彼らは大きな「自由」を享受しつつ、身分内での「平等」も重視しました。先ほど紹介したグラボフスキのウクライナ植民論にあったように、実態としては貴族のなかにも大きな貧富の差があったのですが、建前としてはポーランド＝リトアニアのシュラフタはみな平等であるという考え方です。

シュラフタには、自分たちが「自由な共和国」をつくっているという意識がありました。つまり、シュラフタは国王の命令に一方的に服従するのではなく、選挙で選んだ国王と統治契約を結び、国王の権力をコントロールする政治的権利を保障されて、国政に能動的に参加する「市民」であるという感覚をもっていたのです。もちろん、ここでいう「市民」も近代的な市民ではなく、特権身分としてのシュラフタに限定されたものですが、近世的な秩序を前提としたこのようなシュラフタ民主主義が、ウクライナを支配するポーランド王国の側にあったということです。

他方、ポーランドに支配される側であったウクライナ・コサックたちにも、独自の「民主主義」がありました。彼らはポーランドなどの支配を嫌って逃げてきた人々であるため、基本的に「自由」やコサック間の「平等」の意識が重視されており、集会（ラーダ）を開いて指導者を選び、集団としての意思決定を行う慣習を有していました。このような政治文化は「コサック民主主義」とも呼ばれます。それが文字として書き表されたものの一つが、一七一〇年の「ザポロージェ軍の法と自由に関する諸協定」というテキストです。これは北方戦争でポルタヴァの戦いに敗れたあと、ロシアの支配を嫌ってモルダヴィア（モルドヴァ）に逃れたコサック集団がつくった取り決めです。そこでは、コサックの構成員は「市民」とされ、「市民」の「自由」が保障されます。選挙で選ばれた指導者としてのヘトマンは、有権者であるコサック「市民」と契約を結ぶ関係としてとらえられていました。

この一七一〇年の協定は「ウクライナ最初の憲法」とも呼ばれますが、文書としては残ったものの、実際に制度として実現するには至りませんでした。しかし、これだけのものを起草できるほど、十七世紀後半以降のウクライナ・コサックが政治的に成熟していたことを示す記録として貴重な史料です。

ウクライナ地域がポーランド支配の下にあった関係性においては、「シュラフタ民主主義」と「コサック民主主義」は対立する関係にありました。しかし、この二つの勢力が指導者を選挙で選び、統治契約を結ぶという発想を共有していた点は非常に興味深いところです。コサック側がシュラフタ民主主義を模倣した可能性があり、ウクライナの歴史家もある程度、それを認めています。

近世に生みだされたこうした政治意識・政治文化が、十九世紀以降のポーランド、ウクライナにも継承され、彼らが近代的な自らの歴史意識・政治文化を構築していく際の足がかりの一つとされていくのです。

取り戻されたネーション

ここで、この時代のウクライナ地域に暮らしていたユダヤ人の状況についても触れておきましょう。ユダヤ人はポーランド＝リトアニアのすべての地域に存在し、いずれの地域においてもマイノリティでした。ユダヤ人の多くは、シュラフタの農場経営において、現地の管理人や農場内の居酒屋の主人として重要な役割を担っていました。このため、ポーランド貴族に従属する正教徒のコサック・農民らの不満や反発が、領主のポーランド人ではなく、ユダヤ人に向けられることがしばしばありました。フメリニツキーの反乱時には大規模なユダヤ人に対する虐殺が起こり、一万四〇〇〇～二万人のユダヤ人が犠牲になったといわれます。ウクライナにおけるユダヤ人の状況は、十九世紀後半から二十世紀前半に至って、さらに深刻なものになっていきます。

十八世紀後半は、ウクライナ地域の歴史にとって大きな転換点となりました。ロシア支配下にあったドニプロ川左岸地域では、ヘトマン職とその政府が廃止されます。その結果、ヘトマン国家は消滅して左岸ウクライナはロシアの直轄領になり、小ロシアと呼ばれるようになります。黒海北岸のクリミア・ハン国も、オスマン帝国とロシアの戦争をへて、オスマン帝国が宗主権を放棄した結果、ロシアに併合されてしまいます。他方、ポーランド＝リトアニアもロシアの保護下に入ることとなり、ロシアとプロイセン、オーストリアの周辺三国による三度にわたるポーランド分割によって領土を奪われ、消滅してしまいました。この時期に、バルト海と黒海の間に成り立っていた近世の秩序、つまりヘトマン国家とクリミア・ハン国、ポーランド＝リトアニアが完全に解体していくのです。同時にウクライナ地域は、こうした一連の変化をへてオーストリアとロシアによって分割・支配されることになり、十九世紀を通じてこの状況が続くこととなります。

ウクライナもポーランドも国家を失いますが、そのような状況のもとで、言語や宗教、習俗、政治理念や歴史的記憶などを含む文化を共有する集団＝ネーションは存続するという意識が生まれ、ウクライナ・ネーション、ポーランド・ネーションがそれぞれ形成されていくことになります。

このようなネーション形成のプロセスを象徴するのは、今日歌われているポーランド国歌とウクライナ国歌です。それぞれの国歌の最初の部分の歌詞を日本語に訳すと、次のようになります。
ポーランド国歌（作詞一七九七年）

ポーランドいまだ滅びず
我らが生きているかぎり
異国の暴力が我らから奪ったものを
我らはサーベルで取り戻そう
進め、進め、ドンブロフスキ
イタリアの地からポーランドまで
あなたの指揮下で
我らは再び国民と結びつこう
ウクライナ国歌（作詞一八六二年）

ウクライナの栄光も自由もいまだ滅びず
若き兄弟たちよ
我らに運命はいまだ微笑むだろう
我らが敵は
陽光の中の雫のごとく滅びるだろう
兄弟たちよ
我らは我らの地を治めよう
我らは自由のために
魂と身体を捧げよう
そして兄弟たちよ、我らが
コサックの氏族であることを示すのだ

どちらも、自分たちの国を失っていた時期につくられた歌です。共通するのは歌詞の出だしに「ポーランドいまだ滅びず」（ポーランド国歌）、「ウクライナの栄光も自由もいまだ滅びず」（ウクライナ国歌）と、国家が消滅してもネーションは滅びない、いつかは自分たちの国を取り戻すのだというメッセージがこめられていることです。そこで彼らが復活させるべき国家としてイメージするものは、近世の歴史的経験に根ざした国家です。ポーランドの場合には、ポーランド分割で滅びる前のシュラフタ民主主義的な国家をもう一度取り戻すのだと歌われます。ちなみに歌詞に出てくるドンブロフスキとは、ナポレオンの下でイタリアで結成されたポーランド軍団の指揮官でした。

ウクライナの国歌も同様に、かつてのコサックの伝統に言及します。「兄弟たちよ、我らは自由のために魂と身体を捧げ、我らがコサックの氏族であることを示すのだ」。これはまさに近世のウクライナ・コサックが生み出し、やがてロシアに征服されることで奪われていった「自由なコサックの国」をもう一度取り戻そうという意思表示であると考えると、近世のウクライナ地域の歴史的な経験は、十九世紀以降のこの地域の歴史にも、非常に大きな遺産を残したといえるのではないでしょうか。

コラム
私の視点

ナショナル・ヒストリーの難しさ

ウクライナ・コサックが自治を保ちつつモスクワへの臣従を認めたペレヤスラウ協定（一六五四年）について、現在のロシア史学とウクライナ史学の間で解釈をめぐる対立があるという話をしました。それにつけ加えるなら、ウクライナ・コサック側はこの協定をどうとらえていたのか、という問題があります。

モスクワからの使節と交渉する際に、ウクライナ・コサック側は、この取り決めを君主（モスクワ大公）とウクライナ・コサックとの契約関係としてとらえました。これは、ポーランドの支配下に長くとどまっていたことから、ポーランドのシュラフタ民主主義的な考え方、つまり選挙で国王を選び、選ばれた国王と貴族の間で契約を結ぶような関係が念頭にあったのだと考えられます。ポーランドのシュラフタ民主主義の考え方では、もし選ばれた君主が契約に違反して統治した場合には、服従を拒否してよいことになっていました。ですからウクライナ・コサックも、それと似た感覚でモスクワ大公との関係を考えていたのではないかと思います。

他方で、モスクワ大公国の側では、ポーランドのような君主と貴族の契約関係などまったく想定していませんでした。あくまでも、この取り決め（ペレヤスラウ協定）によって、ウクライナ・コサックは「朕に服すべし」というのが、モスクワ大公のとらえ方であったと考えられます。この時点で、すでに大きな政治文化の違いがあったのです。

であるがゆえに、次のヘトマンであったヴィホウスキーは、モスクワへの臣従をやめてポーランドと結び直した方がいいと判断するわけです。ただ、その後のポーランドとのハジャチ合同が実現に至らなかった事情にも、無理もないところがあります。ポーランドの支配下で散々嫌な思いをしてきたから大きな反乱（フメリニツキーの反乱）を起こしたわけで、ポーランドと結ぶことに反発するコサックも多かったのです。そういうジレンマをコサック集団は抱えていたということです。

そうした歴史的事実の解釈がロシアとウクライナで異なっていく背景には、それぞれの国の国民史（ナショナル・ヒストリー）の存在があります。ウクライナ人にとっての国民史、ロシア人とっての国民史がそれぞれ書かれ、それぞれで解釈が異なる歴史になっていて、それを前提に学校教育も行われています。

異なる国民史どうしを擦り合わせるのは、とても難しい問題です。冷戦終結後、それぞれの歴史を擦り合わせようという努力がヨーロッパ東部でも行われ、特にポーランドとウクライナの歴史学者たちは、二十世紀に両民族間で起こった虐殺の問題に踏み込んで、話し合いの場をもってきました。また、ポーランドとドイツの間では共通の歴史教科書をつくろうという動きがあって、実際にヨーロッパ史の共通教科書がつくられました（それが学校で実際に使われているかはまた別の話になりますが）。しかし、ウクライナとポーランドの間では、共通の歴史教科書をつくるところまではいっていません。

ロシアのウクライナ侵攻が始まって、多くのウクライナ人避難民をポーランドは受け入れています。こうしたことをきっかけに、ポーランドとウクライナの歴史をめぐる対話のあり方も、これから大きく変わっていくかもしれません。

第4講

帝国支配の時代
――ロシア帝国、ハプスブルク帝国下のウクライナ

青島陽子

はじめに ――覇権国家の登場とナショナリズムの発展

本章では、十八世紀から二十世紀初頭にかけて、現在のウクライナの領域を諸帝国が分割していた時期のことをお話しします。それ以前のウクライナには、ポーランド＝リトアニア「共和国」、モスクワ国家、コサック集団、クリミア・ハン国など、多様な勢力が影響力をもっていました。しかし、近代にさしかかると、ヨーロッパ東方では、二つの帝国――ロシア帝国とハプスブルク帝国――が、ポーランド＝リトアニア、コサック集団、クリミア・ハン国などの近世の多様な政治体を飲み込むことによって、覇権を握ることになります。

ここでいう帝国支配の時代とは、ヨーロッパにおいて、長年にわたる諸国家間の勢力争いのなかから巨大な覇権国家が生まれてくる十八世紀から二十世紀初頭のことを念頭に置いています。ヨーロッパ東方では、十八世紀の転換期に、ヨーロッパ辺境モスクワの小国が列強として台頭し、ハプスブルク帝国がオスマン帝国を抑えて領域を拡大したことが帝国支配時代の始まりであり、十八世紀末に近世の大国ポーランド＝リトア

ニアを、新興国家プロイセンとともにハプスブルク帝国とロシア帝国が分割したことがその完成となったといえるでしょう。十八世紀末以降、ヨーロッパ西方の諸国は、一方で帝国の中核をネーション（民族／国民）の原理で、他方で海外に拡大する領土を植民地として再定義していくことになりました。同じ頃、ヨーロッパ東方の諸国では、西方からのネーション理念に影響されつつも、中核と植民地の境界が曖昧なまま、地続きで領土を拡大させることになりました。ポーランド＝リトアニアの分割によって諸帝国の覇権が確立しましたが、それ以降、その内部で多様な諸民族が帝国の境界を跨いで、複雑なかたちでナショナリズムを発展させていくことになりました。ウクライナ系住民もそうした民族の一つだったといえます。

十七世紀半ばまでのヨーロッパ東方の国際情勢

まず、帝国支配の時代に入る前のヨーロッパ東方の状況をみていきましょう。十六世紀半ば以降、バルト海東岸は、スウェーデン、デンマーク、ポーランド＝リトアニア、モスクワ国家との間の絶え間ない争いの場でした。十七世紀半ばには、三十年戦争などの様々な戦争を有利に進め、デンマークを抑えることに成功したスウェーデンがバルト海沿岸全体を制圧し、覇権を握りました。さらに東方では、北東ルーシ諸公国のなかで台頭したモスクワ国家が、十六世紀半ばに東に向かって支配を広げました。モスクワ国家は、西にも野心をもち、十六世紀半ばにリヴォニア（現エストニア南部とラトヴィア北部）に侵入しますが、その試みは失敗します。のみならず、十六世紀末から十七世紀初頭にリューリク朝が断絶すると、混乱に乗じて西からスウェーデンやポーランドによる侵入を受けることにもなりました。ロマノフ家から新しくツァーリを選出したことで、十七世紀半ばまでに徐々に国家を再建しましたが、まだ辺境の弱小国に留まっていたといえます。ポーランド＝リトアニアは、十六世紀にはプロイセンやリヴォニアなども勢力下に置く強国でしたが、十七世紀に入るとスウェーデンの侵攻を受けてリヴォニアを失い、次第に弱体化していきました。

他方、南方では、ポーランド＝リトアニアもモスクワ国家も、オスマン帝国を後ろ盾とするクリミア・ハン国からの脅威に晒されていました。クリミア・ハン国に接するドニプロ川沿岸には、コサックが集住して独自の軍事集団となり、十六世紀末から十七世紀初頭、黒海沿岸地域で略奪を繰り返していました。ポーランド＝リトアニアはこのコサック集団をクリミア・ハン国などの南方への防波堤に利用しようと考え、十六世紀半ば過ぎには一部のコサックを「登録」させて手当を払い、免税の特権を与えることで統制しようとしました。しかし、次第にポーランド＝リトアニアでの扱いに不満を抱くようになったコサック集団は反旗を翻すようになります。

一六四八年、コサック頭領ボフダン・フメリニツキーは、クリミア・タタールと連合し、ポーランド＝リトアニアに対して蜂起します。しかし、イスラームのクリミア・タタールやオスマン帝国との信頼関係構築は難しく、カトリックのポーランド＝リトアニアとの戦いが続くなか、フメリニツキーは宗派が同じ正教のモスクワのツァーリに支援を求めました。これを機にモスクワ国家軍がポーランド＝リトアニアに侵攻し、さらに北と西からもスウェーデンらの外国勢力が介入します（ちなみにクリミア・タタールはモスクワに対抗するためにポーランド側に転じます）。長く続く戦乱のなかでポーランド＝リトアニアは疲弊し、結局、プロイセン公国の宗主権を失い、モスクワ国家に対してドニプロ川左岸とキーウの領有を認めるなど、弱体化が進むことになりました。コサックの動向を契機として、ポーランド＝リトアニアの勢力は後退し、代わって、モスクワ国家は強国化の道を進むことになりました。

大北方戦争とイヴァン・マゼーパ

十七世紀末から十八世紀初頭、バルト海の覇権を握るスウェーデン、左岸ウクライナを得て強国になるモスクワ国家、コサックの反乱を制御しきれずに弱体化しつつあるポーランド＝リトアニアが対峙していました。再び衝突が始まります。スウェーデンに領土を奪われたデンマーク、ポーランド、モスクワは同盟を結び、一七〇〇年にスウェーデンに対して戦争を仕掛けました。当初、若きスウェーデン国王カール一二世はデンマーク、モスクワを撃破し、さらにポーランド＝リトアニアに侵入すると、国王選挙にも干渉しながらしばらくその内戦に関与していました。その間、ピョートル一世はバルト海沿岸に新都市サンクト・ペテルブルクを建設し、新しい徴兵・徴税制度を導入して戦時体制を整備しました。一七〇七年からカールはモスクワ国家領内に進撃を始めますが、態勢を整えたピョートルの焦土作戦に阻まれます。そこでカールは、軍を立て直すために南進を余儀なくされます。

このとき、カールと内通していたのが、コサック頭領のイヴァン・マゼーパでした。マゼーパは、ポーランド＝リトアニア領時代のドニプロ川左岸の貴族として生まれました。キーウ・モヒーラ・コレギウムやワルシャワのイエズス会系学校で学んだ知識人であり、ポーランド王の下で外交・軍事の勤務にも就いていました。十七世紀末には、モスクワ国家の勢力下に入った左岸のコサック国家に逃れ、ヘーチマン（ヘトマン。頭領）となります。当初、マゼーパとピョートルの関係は良好であり、それぞれに関わる権力闘争の際には互いに互いを支援しました。したがって、ピョートルにとってマゼーパの裏切りは驚きだったでしょう。しかしマゼーパからすれば、自分たちの権利の保護のためにピョートルと連携したにも関わらずピョートルが過酷な戦時動員を強要するのに反発を強め、スウェーデンと手を組みコサック国家の独立を目指すことにしたのです。これに対し、ピョートルは機先を制してマゼーパの居城であったバトゥーリンを住民もろとも壊滅させました。その後、ピョートルとマゼーパは住民の忠誠をめぐって争いを続けますが、一七〇九年、左岸ウクライナの中央部ポルタヴァでスウェーデン軍とモスクワ軍が対峙したとき、コサックの多くはモスクワ国家側に与し、マゼーパとスウェーデン軍についたのは数千のコサックのみだったといわれます。カールとマゼーパはオスマン領に敗走し、マゼーパは翌年死去しました。カールは五年後に辛うじて本国に帰るものの、戦争の趨勢はすでに決していました。

一七二一年、大北方戦争の和平が結ばれ、ピョートルはバルト海東岸を手に入れました。バルト海の覇権を握っていた大国スウェーデンを倒したことで、ヨーロッパ東方の辺境国家が一躍ヨーロッパの表舞台に躍り出ることになります。実際、この勝利を機にピョートルは「皇帝（エンペラー）」の称号を得ることとなり、モスクワ国家は、バルト海沿岸の新都サンクト・ペテルブルクを首都とする「ロシア帝国」へと変貌していくことになりました。一方でポーランド＝リトアニアはさらに弱体化していき、コサック国家も次第に自律性を失ってロシア帝国の直轄領となっていきました。ここでもまた、コサック集団の動向が契機となってヨーロッパ東方の趨勢が大きく変化しました。

十七世紀半ばから二十世紀初頭のウクライナの歴史的概略

ここで改めて、現ウクライナ領という枠にスポットを当て、十七世紀半ばから二十世紀初頭にいたるまでの歴史的変遷を概観してみたいと思います。十七世紀の半ばのフメリニツキーの乱によって、ポーランド＝リトアニア統治下にあったコサック集団が自律性を高め、キーウを含むドニプロ川の両岸一帯に「ヘーチマン国家」ができあがります。一方で、この乱の最中、一群の住民が当時のモスクワ国家領に逃れ、現在のハルキウ周辺に、モスクワ国家に管理されつつも、コサック社会に類似する比較的自律した社会を構築します。

この地域はスロボダ・ウクライナと呼ばれます。さらに、フメリニツキーの乱の過程で、ヘーチマン国家はモスクワ国家との提携を模索します。それに伴うモスクワとポーランド＝リトアニアとの戦争の結果、アンドルソヴォ講和条約（一六六七年）が結ばれ、ヘーチマン国家は、左岸とキーウがモスクワ国家の統制下へ、右岸はポーランド＝リトアニア領に残るかたちで、左岸と右岸に分割されることになりました。

こののち、ヘーチマン国家の自律的な政治体制は、ポーランド＝リトアニア領内の右岸ではまもなく消滅し、モスクワ国家支配下の左岸ではしばらく維持されたものの、エカチェリーナ二世時代の一七六四年についに廃止されます。その後、左岸はしばらくロシア帝国内で特別行政区として扱われますが、一八五六年にはロシア帝国の内地扱いになります。

一方、南ウクライナにあたる黒海の北岸一帯とクリミア半島については、十八世紀末の露土戦争により、ロシア帝国領となります。かつてのモスクワ国家はクリミア・ハン国からの襲撃に対して防御する立場でしたが、ロシア帝国はオスマン帝国からクリミア・ハン国の宗主権を奪ったのち、直轄領化していきます。この地域はロシア帝国にとってのフロンティアという位置づけで、ロシア帝国内外から多様な民族が植民し、経済的に発展していきました。この地域もロシア帝国内の特別行政区から、一八七四年には内地扱いとなっています。

右岸はしばらくポーランド＝リトアニア領に残りましたが、十八世紀末のポーランド＝リトアニア領の分割・併合の過程でロシア帝国領に吸収されていくことになります。この右岸ウクライナはウクライナ系住民が多数を占めるもののエリート層はポーランド系貴族であったため、ロシア帝政末期までキーウ総督府という特別行政区が維持されました。

現在のリヴィウを中心とする西ウクライナは、ポーランド＝リトアニアの分割に参加したハプスブルク帝国が獲得して、東ガリツィアとしてその支配下に置かれます。この東ガリツィアが最終的に現在のウクライナ領域に入るのはずっと後になります。ロシア帝国の崩壊後、独立したポーランド領にいったん入ったあと、第二次世界大戦期にスターリンに占領され、ウクライナ・ソヴィエト社会主義共和国に組み込まれるという経緯をたどりました。

こうしてできあがってきた現代ウクライナの中心となるのは、古くからの正教の府主教座やヘーチマン国家が置かれていたドニプロ川の両岸一帯の地域です。この地域は、モスクワ国家・ロシア帝国領に組み込まれて以降、「小ロシア」と呼ばれました（この「小ロシア」という呼称には必ずしも差別的な意味があったわけではありませんが、北東の地域を「大ロシア」と呼ぶために、後にロシアからみた蔑称だとみなされるようになっていきます）。このドニプロ川沿岸を中心とする「小ロシア」の地域主義は、ウクライナ・ナショナリズムの基盤になると同時に、ロシア帝国の側からは、その中核となる文化の一角を担うともみなされるという両義的な意義がありました。

モスクワ国家・ロシア帝国に併合されるなかで、コサックたちのなかには旧ヘーチマン国家の自治的権利を守りたいと考える者もいましたが、他方で帝国の貴族層に入っていく者も多数いました。キーウから来た聖俗のエリートは、ポーランド＝リトアニア時代に西欧文化の影響を受けて体系化された正教文化をモスクワ国家やロシア帝国の中心にもたらしました。さらに彼らは、十八世紀初頭にはピョートル一世が取り入れた世俗の西欧文化に馴染んで、やがて西欧の言語を操る西欧的なエリートになっていきました。アレクサンドル・ベズボロドコ、ピョートル・ザヴァドフスキー、ヴィクトル・コチュベイ、ドミトリー・トロシチンスキーなど、一部のウクライナ・エリートは帝国のトップにまで上り詰めました。例えば、ベズボロドコは、左岸ウクライナのコサックの出自ですが、エカチェリーナ二世とパーヴェル一世期に宮廷の高官として外交政策を主導し、露土戦争の講和に関わって黒海北岸とクリミア半島の領有を認めさせ、さらにポーランド分割によって右岸ウクライナをロシア帝国の版図に引き入れました。ベズボロドコ本人のアイデンティティがどのようなものであったにせよ、彼がドニプロ沿岸地域の出身でありながら、ロシア帝国のエリートとして振る舞い、この地域を帝国に引き入れて、帝国をヨーロッパ列強の地位に押し上げる中心的役割を担ったことは間違いありません。このようにドニプロ沿岸地域のエリートたちは、新しい帝国の中枢に入り、帝国に西欧文化を吹き込みながら超民族的な帝国イデオロギーを支えると同時に、そこにドニプロ川沿岸の正教文化を東スラヴ諸民族のある種のナショナルな文化として組み込む役割も果たしたのです。

三帝国によるヨーロッパ東方の分割支配

つぎに、ウクライナ領域にとって、十八世紀から二十世紀初頭はどのような時代であったのか、その歴史的背景を概観してみたいと思います。

十八世紀というのは、帝国支配の始まりの時代です。すでに触れたように、それまでヨーロッパの辺境国家に過ぎなかったモスクワ国家が、大北方戦争を勝ち抜き、「帝国」としてヨーロッパの国際舞台に躍り出ます。同時期に、かつてポーランド＝リトアニア支配下の公国であったプロイセンは一七〇一年に王国となって存在感を高めます。ハプスブルク帝国は、オスマン帝国との長年の争いを制して優位に立ち、バルカン半島に向けて版図を広げて巨大な領域を支配するようになっていました。この三つの国家がヨーロッパ東方の覇権を握ることになる象徴的な事件が、十八世紀末のポーランド＝リトアニアの分割です。ロシア、プロイセン、ハプスブルクの三つの国家は、この近世の大国を分け合うことで、さらに強国化します。同じ頃、クリミア・ハン国もロシア帝国に吸収され、コサック国家もロシア帝国領で自律性を失います。こうして、バ

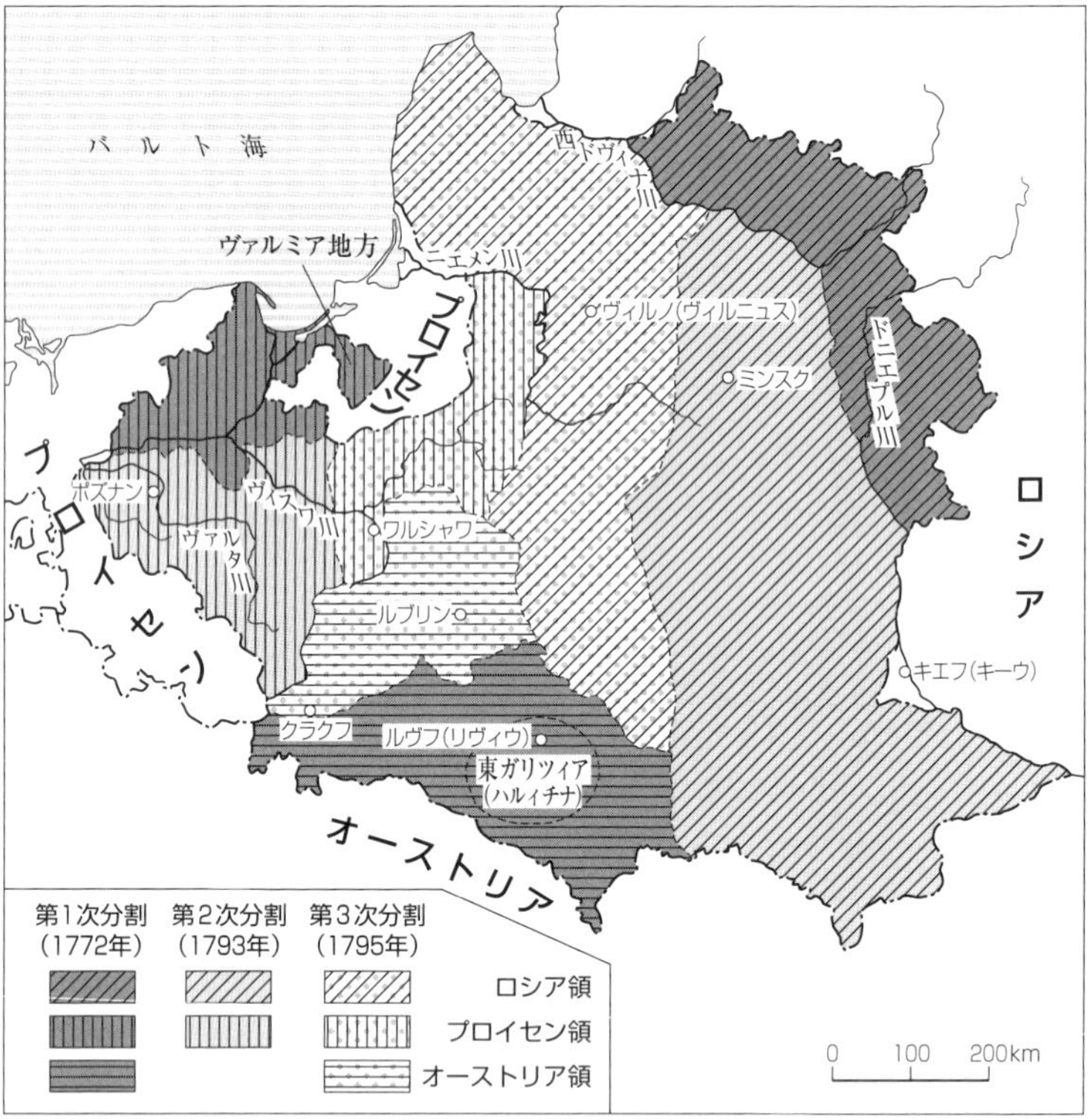
バルト海
ヴァルミア地方
プロイセン
プロイセン
ロシア
オーストリア
西ドヴィナ川
ニエメン川
ヴィルノ(ヴィルニュス)
ミンスク
ドニエプル川
ポズナン
ヴィスワ川
ワルシャワ
ヴァルタ川
ルブリン
キエフ(キーウ)
クラクフ
ルヴフ(リヴィウ)
東ガリツィア
(ハルィチナ)
第1次分割
(1772年)
第2次分割
(1793年)
第3次分割
(1795年)
ロシア領
プロイセン領
オーストリア領
0
100
200km

ポーランド分割

ルト海から黒海にかけてのヨーロッパ東方の地域は、近世の諸国家が消滅し、巨大な帝国の辺境、境界地域に変貌していきます。

　ポーランド＝リトアニアを分割した三帝国は、その後も領域内に組み込まれたポーランド系エリートの動きを抑え込まなくてはなりませんでした。この分割以来の三帝国のいわば共謀に基づく同盟的関係は、十九世紀初頭の神聖同盟、ウィーン体制、さらには三帝同盟として継続していきます。この三帝の同盟的関係が一八九〇年のドイツ帝国宰相ビスマルクの引退とともに名実ともに崩れると、やがて第一次世界大戦が起こります。そして、この大戦のなかで三帝国がすべて崩壊すると、ポーランドとリトアニア、そして一時期とはいえ、ドニプロ沿岸ウクライナもまた、再び独立を取り戻すことになるのです。

　このように、ヨーロッパ東方における「長い十九世紀」（エリック・ホブズボーム）は、ポーランド＝リトアニアの分割により始まり、その犠牲の上に成立した巨大帝国が均衡を保つことで一定の安定が維持された時代だということもできます。他方で、ポーランド＝リトアニアの分割の結果としてそれぞれの帝国内に組み込まれたポーランド系、ウクライナ系、ユダヤ系などの多様な住民たちをどう統合していくのかが、諸帝国の内政上の大きな課題となっていきます。

　本章でいう「帝国」とは、主に近代ヨーロッパ地域に現れた覇権国家——広大な領域を支配し、その内部に多様な宗教・言語の文化集団を包含する政治体——のことを指しています。したがって、領域内の住民の平等な権利やその住民の意思に基づく政治を行うシステムは整備されず、しばしば王朝などの超民族的な象徴的中心が多様な地域をまとめる役割を果たしました。ヨーロッパ西方では次第に中核地域がネーションの原理で統合されていきますが、ヨーロッパ東方では、中核と辺境の差異が不明確であったため、中核のネーション化が進みにくかったのも一つの特徴です。

ロシア帝国とハプスブルク帝国の統治形態

十八世紀の間は、王朝の神聖性や象徴的力が地域のエリート層を引き付ける求心力をもちました。この点も踏まえながら、ウクライナを分割したハプスブルク帝国とロシア帝国の統治法に焦点を当ててみましょう。この両国の目指した統合の方法は特徴が異なっていました。

ハプスブルク家が支配する国家は、複合国家の伝統を有しており、歴史的な境界やアイデンティティをもつ諸地域が、相続や婚姻を通じて「集塊」しながらできあがってきた国家でした（中澤達哉）。帝国のエリート層はラテン語を操り、神聖ローマ帝国から連なるハプスブルク家の歴史的伝統の威光を受け入れていました。

それに対してロシア帝国は、ハプスブルクと比較すると「塊」が明確ではなく、境界がはっきりしない領域を多く含みます。そのためロシア帝国は歴史的諸地域の結合というよりは、各地域のエリート層を懐柔しながら、彼らがロマノフ王朝に対して忠誠を誓う限りにおいて彼らを保護するというかたちで広大な地域をまとめていました。ゆえに、ロシア帝国の場合は、帝国全体が不可分の一体であるという考えが強くなる傾向がありました。帝国のエリート層は、軍事的成功を収め、西欧文化を取り入れて国をヨーロッパの強国へと導いたロマノフ朝に従いました。彼らは、フランス語やドイツ語などのヨーロッパの言語を普遍的な言語として操りました。十九世紀初頭の皇帝アレクサンドル一世がロシア語よりフランス語の方が得意だったのは有名です。

しかし、法の前での平等や国民主権の考えが広がり始める「長い十九世紀」に入ると、次第に民衆を含む幅広い層の住民を統合する新しい統治方法を模索せざるを得なくなっていきます。さらに十九世紀の後半に入ると、諸帝国間の競争は次第に先鋭化し、諸帝国は自らの維持のために周辺地域を搾取する、世界分割を行うようなグレート・パワーへと変化していきます。その過程で、帝国内部で住民の動員力を高めていく必要もまた、ますます高まります。しかし、民衆層は言語や慣習などの文化がエリート以上に多様に分岐しており、彼らをどのように帝国のシステムに結びつけていくのかは、帝国の指導者たちにとって難しい問題でした。

ロシア帝国は、この問題に対する有力な対応策の一つとして、中核となるような民族を創出するというアプローチをとろうとします。十九世紀末の時点で、北東ルーシ系の大ロシア人だけだと帝国全体の四六％程度でしたが、これに小ロシア人（ウクライナ系）と白ロシア人（ベラルーシ系）を加えた東スラヴ系三民族を一つの民族だと考えると、帝国の六七％を占めることになります。そうした背景もあり、この時代のロシア帝国では東スラヴ系三民族は一体なのだという考え方が有力なものとして出てきます。それに伴って、現在の右岸ウクライナやベラルーシといったポーランド分割で獲得した土地は、ポーランド人にしばらく支配されていたものの元々はロシアのナショナル・テリトリーなのだ、という考えも前面に出てくることになります。

一方、ハプスブルク帝国では、帝国の中核を担うドイツ系の人々の割合が低く、二三％程度に過ぎませんでした。したがって、ドイツ系住民が帝国内で安定的に中核民族の役割を果たすことは難しく、王朝が多様な民族の権利を認めながら、個々に帝国との協力関係を構築するという政治的戦略をとることになりました。

十一月蜂起（一八三〇～三一年）――ポーランド系エリートへの疑念

十八世紀のロシア帝国は、すでにお話ししたように、地域エリートの忠誠心を王朝に引きつけながら統合している帝国でしたが、その体制に深刻な挑戦を突きつける出来事が十九世紀前半に起こります。それは、一八三〇～三一年と、一八六三～六四年の二度にわたって起こった、ポーランド系住民が先導する蜂起でした。これらは伝統的に「ポーランド蜂起」と呼ばれてきましたが、リトアニアやベラルーシでも蜂起が起こっていることを踏まえ、ここでは、十一月蜂起（一八三〇～三一年）と一月蜂起（一八六三～六四年）と呼ぶことにします。

最初に起こった十一月蜂起は、エリートに依拠するロシア帝国の統治を揺るがすものでした。蜂起前までは、旧ポーランド＝リトアニア領の地域統治は、変わらずポーランド系の貴族に任せていましたが、帝国政府はこの方法に不安を覚えるようになります。そこで、より中央集権的な、近代官僚制に基づいた統治を広げていこうとする一方、帝国を統合するための核となるような、「ロシア」ナショナリズムの必要性が認識されるようになります。ただし、このとき、「ロシア」ナショナリズムが何を指すのかについて具体的な像があったわけではなかったことは留意する必要があります。

十一月蜂起以降のロシア帝国の対応をみてみましょう。蜂起が起きた地域のなかでも当局が特に警戒したのは、ポーランド＝リトアニア分割で獲得した西部諸県（リトアニア、ベラルーシ、右岸ウクライナ）です。この西部諸県の中心地は北部のヴィルニュス（当時のロシア名はヴィリナ、ポーランド名はヴィルノ）でした。現在のリトアニアの首都ですが、かつてはポーランド＝リトアニアの北東部（リトアニア大公国領）の中心地であり、近代ポーランド文化の揺籃の地でもありました。地域一帯の教育と学術の中心的な役割を担っていたのは、ヴィルニュス大学です。ロシア領となった後の十九世紀初めまで、ロシア帝国はヴィルニュス大学に西部諸県全域の中初等教育を主導させていました。

ところが十一月蜂起を受けて、ロシア帝国はヴィルニュス大学を閉鎖してしまいます。そして、新たに西部諸県南部のキーウにキーウ大学（当時のロシア名は聖ヴラジーミル大学）を開設しました。ロシア帝国としては、ポーランド・カトリック文化が強い北部よりも、キーウ・ルーシ（キエフ・ルーシ）とコサック国家の伝統、正教の伝統が強い「小ロシア」の方が安全だと考えるようになったためです。そして、この聖ヴラジーミル大学をポーランド文化と闘う「ロシア性」推進の最前線に位置づけ、新しい「ロシア性」を発展させる人材育成と歴史研究の場としようとしたのです。それ以前、「小ロシア」の文化研究の拠点はハルキウ大学（当時のロシア名はハリコフ大学）でしたが、キーウへと中心が移ることになりました。

宗教でも同様の動きがありました。旧ポーランド＝リトアニアはカトリック国でしたが、その東部（後のロシア帝国西部諸県）には、多くの正教徒の住民が居住していました。ポーランド＝リトアニアはこの地域の正教会を、教会での典礼の方式は変えないまま、カトリック教会に組み込むことにしました。このときにできた教会は合同教会またはユニエイト教会（あるいはギリシア・カトリック教会）と呼ばれます。しかし、この地域がロシア領に入ると、ロシア帝国はこのユニエイト教会をポーランド支配下で歪められた正教会と考え、一八三九年にユニエイト教会を廃止し、正教会に吸収（ロシア帝国の主張では「再合同」）します。

こうして、十一月蜂起以降、ポーランド系エリートへの信頼が薄らぐと、ポーランド貴族の力が強い西部諸県でポーランド貴族を抑え込むために、キーウを中心とする「小ロシア」をポーランド文化から「ロシア」文化を守る最前線の砦ととらえるようになったのです。

しかしそうであるからこそ、帝国政府は、この「小ロシア」が独自のアイデンティティを強化することを警戒するようにもなりました。一八四五年（〜四六年）、キーウでドニプロ川両岸地域の文化的・政治的自律性を目指す政治結社キリロ・メフォディ団がつくられました。これを主導したのは、コサック国家時代の研究を専門とするヴォロネジ（現ロシア連邦領）出身の歴史家ミコライ（ミコラ）・コストマーロフや、キーウ出身でウクライナ語文学の祖となるタラス・シェフチェンコなど後のウクライナ・ナショナリズムの中核となる文化を生み出した人々でした。これに対し、当局は主要なメンバーを逮捕し、流刑にしています。しかし一方で、彼らがポーランドと同盟して反乱者側に回ることを恐れ、参加者の多くを厳罰には処しませんでした。

ロシア帝国の指導層は、ドニプロ沿岸地域の文化やそれを振興しようとする者たちを、ポーランドの影響力と戦う上での同盟者として期待する一方、彼らが離れることで西部境界地域の守りが失われることへの不安も同時に感じていたのです。

一月蜂起（一八六三〜六四年）——西部諸県の脱ポーランド化へ

この十一月蜂起からおよそ三〇年後、再びポーランド系住民が主導した大規模な蜂起、一月蜂起が起こります。この蜂起がもたらしたインパクトは前回よりさらに大きなものでした。問題はエリートの忠誠心だけではなく、彼らが支配する農民などの大衆の忠誠心を、帝国と反乱エリートのどちらが握るのかということにも関わるからです。

その背景として重要なのは、ロシア帝国が一八六一年にいわゆる農奴解放を行ったことです。それ以前に地主貴族の所有物とみなされていた農民たちは、貴族の支配から人格的に解放され、農民もロシア帝国の臣民として扱われるようになりました。そうなると、帝国政府の側には、彼らを教育し、一人前の帝国臣民にするという課題も生まれます。他方、一八六三年蜂起の際に、反乱を起こしたポーランド系貴族やカトリック司祭は、地域のベラルーシ系やウクライナ系の農民層を蜂起に引き入れるために、大衆教育を組織的に展開しようとしていました。このことは帝国当局を動揺させました。そうした事態を放置すれば、当地の農民層が忠実な臣民とならないばかりか、ポーランド化して反乱に加担することになりかねないからです。

帝国当局は、西部諸県の徹底的な「脱ポーランド化」を図るようになりました。そのために、西部諸県の北部に居住するベラルーシ系農民や南部に居住するウクライナ系農民らを「ロシア化」する政策を推し進めます。もともと東スラヴ系三民族は同じ民族だったが、ポーランドに支配されている間に彼らの言語が歪められてしまった、しかし彼らを正しいロシア語で教育すればロシア人に戻ると考えたのです。

帝国当局はそれまで西部諸県を「ポーランドから返却された土地」という、ロシア内地とは少々異質な土地というニュアンスを含む表現で呼んでいましたが、この一月蜂起以降は、「古来ロシアの地域」と呼ぶようになります。そして、学校や行政など公共空間でのポーランド語使用を全面禁止とし、ポーランド系貴族やカトリック司祭を公職から追放していきました。

この一月蜂起が起こったときのロシア帝国官僚の受け止め方を典型的に示しているミハイル・ムラヴィヨフという人物の言葉を引用してみたいと思います。ムラヴィヨフは一月蜂起後に西部地域北部のフロドナ・ミンスク・ヴィルニュスの総督を務め、徹底的に反乱者を弾圧した人物です。以下の一節は、ムラヴィヨフが当時の国有財産相アレクサンドル・ゼレノイに送った手紙のなかの一部です。

ついに我々は目覚め、この地域（筆者注・西部諸県）は太古からロシアの地域であったし、そうあり続けなければならないと確信する時だ。さもなくば、ロシアは西部地域を永遠に失い、モスクワ国家に戻ってしまうだろう。ポーランド人やヨーロッパの大部分がロシアをそこに戻そうと望んでいるのだ。

一月蜂起に直面したロシア帝国官僚が、この西部諸県に対していかに強い執着を覚えるようになったかを、この手紙の一文は端的に示しています。

ドニプロ地域主義——帝国の同盟者か、帝国秩序の破壊者か

西部境界地域でのポーランド系住民が先導する二度の蜂起の後、帝国官僚らは「小ロシア」の地域主義の

扱いに頭を悩ませていました。彼らは、ポーランド・カトリック文化圏に対して東スラヴ・正教文化圏を対抗させ、ドニプロ地域の文化的価値や歴史的経験をポーランド・カトリック文化との戦いにおける橋頭堡としようとしました。しかしその一方で、「小ロシア」主義がポーランドの勢力に利用され、ウクライナ系の農民を「ロシア」から切り離してしまうのではないか、と恐れてもいました。また、彼らがポーランド系住民やユダヤ系住民に過度に敵対する場合には、多民族で構成される地域の秩序を脅かすのではないかと不安を感じる官僚もいました。

一八三〇年代初頭の十一月蜂起以降、キーウはキーウ・ルーシやコサックの伝統を重視するドニプロ地域主義の拠点となりました。一八四〇〜五〇年代にはキーウ総督ドミトリー・ビービコフのもと、古文書収集委員会が設置され、古代キーウの遺跡の発掘や、正教会に関わる史料の収集が進められました。この古文書収集委員会では、ポルタヴァ出身のミハイル（ミハイロ）・マクシモヴィチ（初代キーウ大学学長）や同じくポルタヴァ出身のミハイル・ユゼフォヴィチ（キーウ考古学委員会長）らが活動しました。同じころ、キリロ・メフォディ団の構成員だった者によって政治・文化ネットワークのフロマーダが創設され、ウクライナ語とロシア語による雑誌『オスノヴァ』が創刊するなど、ドニプロ沿岸地域の歴史・文化・言語の知識を広めようとする地域の文化人の活動も盛んになりました。ウクライナ語の辞書を編纂し、ウクライナ文学を推奨し、日曜学校でウクライナ語を教えるといった彼らの活動に対して、当局は一方で恐れつつも、他方で支援するか、黙認するという姿勢をとっていました。

一八六三年からの一月蜂起以降、脱ポーランド化の強化のためにドニプロ沿岸地域の歴史・文化振興活動が活性化した側面もありました。一八六〇〜七〇年代には、右岸出身の歴史家で考古学者のヴラジーミル（ヴォロディミル）・アントノヴィチがキーウ総督府付きの古文書収集委員会の主幹として地域の文書を収集したり、ヴィタリー・シュリギン〈カルーガ〈現ロシア連邦領〉生まれだが後に左岸のネージン、さらにキーウに移り住んだ〉が当局からの資金的援助を得て、新聞『キエフリャーニン』を創刊し、地域文化を政府見解に沿うかたちで紹介したりしました。このように当局は、一月蜂起以降も、「小ロシア」の地域主義を利用することを模索していました。一方で、これらの活動は帝国統治に資するだけではなく、ウクライナ固有の文化の発見や発展につながった側面もありました。この時期、アントノヴィチは、ポルタヴァ出身のミハイロ・ドラホマノフとともにウクライナ語民謡を収集・出版するなどの活動も行っています。

しかし、次第に帝国当局は「小ロシア」語の普及によってウクライナ農民が東スラヴ系三民族の団結から切り離され、ポーランドの反乱勢力がこれを利用するかもしれないとの不安を募らせていきます。一八六三年夏には、内相ピョートル・ヴァルーエフは小説以外のあらゆるウクライナ語出版を禁じる、有名なヴァルーエフ指令を出します。ただし、国民教育省はこうした厳しい措置は「小ロシア」の地域主義者をポーランド側に追いやるだけだとして反対しています。それでも、ヴァルーエフの在任中、ウクライナ語の出版は三三から一へと激減したといわれます。

当局の警戒が強まるなか、ドニプロ沿岸地域の文化人たちはポーランドとの敵対を強調して当局からの疑念をかわし、帝国の利益と地域の利益の調和を図りながら、活動を続けました。例えば、ユゼフォヴィチは、一八四〇年代からキーウ地区の教育官僚として勤務し、帝国地理学協会でも活動しながら、雑誌『南西部・西部ロシア報知』を発行しています。ユゼフォヴィチは通常、ロシア帝国の協力者とみられ、ウクライナ・ナショナリズムの推進者からは敵視されてきた人物です。確かに、ユゼフォヴィチは「小ロシア」の農民をポーランド地主やカトリック聖職者、そしてユダヤ人から守るためには、帝国と協力する必要があると考えていました。その一方、ユゼフォヴィチは「小ロシア」地域文化の愛好者でもありました。

しかし、ドラホマノフら若い世代のドニプロ沿岸地域の文化活動家は、ユゼフォヴィチやシュリギンといった前世代の地域の活動家を煙たがり、キーウの帝国地理学協会から排除しようとしました。こうした動きに対して、ユゼフォヴィチは、逆にドラホマノフらは分離主義者であり、帝国の統合にとって政治的に危険だと当局に訴え出たのです。キーウ総督や地域の官吏は大げさだと考えましたが、中央官吏はユゼフォヴィチの告発を深刻にとらえました。こうした流れのなかで、一八七六年に有名なエムス勅令が出されると、フロマーダの活動は違法となり、帝国地理学協会キーウ支部は閉鎖され、ウクライナ語での出版は劇や歌謡も含めて禁止され、出版物の輸入も禁止となりました。ドラホマノフは聖ヴラジーミル大学の職を失ってロシア帝国を去り、ウクライナ民族主義の思想家となっていきます。他方で、こののち、ユゼフォヴィチやシュリギンの息子たちは、強力な帝国の支持者、「ロシア」ナショナリストとして登場することになります。

こうして、ドニプロ沿岸地域の知識人・文化活動家たちは、当初はポーランド文化に対する共闘者、東スラヴ正教文化の推進者として、ロシア帝国当局と利害が一致していた側面もありましたが、当局の締め付けが強化されるにしたがって、次第に分離主義的ウクライナ主義者とロシア帝国支持者という両極へと分離していくことになりました。

ハプスブルク領下のウクライナ系住民 ——ガリツィアのルテニア人

ロシア帝国が「小ロシア」の文化人たちに対する疑念を拭い去れなかった理由のひとつに、ハプスブルク帝国領ガリツィア東部でのウクライナ系知識人の活動の影響がありました。ちなみにガリツィアでは、ウクライナ系住民はルテニア人と呼ばれていました。

ポーランド＝リトアニアの分割でハプスブルクは現在のウクライナ領の西部を獲得しました。ロシア帝国領で起きた十一月蜂起の影響はガリツィアにも及び、一八四六年には大規模な蜂起が計画されましたが、農民層の暴力的抵抗もあって失敗しました。こうしたポーランド系住民の反乱に対抗し、ハプスブルク当局は、ガリツィア東部ではルテニア人の民族運動を支援しました。ポーランド系住民を抑え込むという意味では、ロシア帝国と目的を共有していましたが、対応の仕方は対照的でした。ロシア帝国では中核民族は東スラヴ系民族だと考えられていましたので、「小ロシア」人を独自の民族とは認めませんでしたが、ハプスブルク帝国では中核民族であるドイツ系からみてポーランド系もウクライナ系も文化的に遠かったので、ルテニア人の文化・政治運動を支援してポーランド系住民運動に対抗させようとしました。

一八四八年、ポーランド系住民はハプスブルク当局に対してガリツィア全体の自治権を要求しましたが、これに対してルテニア人は、ガリツィアに居住するポーランド系とウクライナ系という二つの民族の同権を求めました。こうした動きを受けて、ガリツィア全体を統括しようとするポーランド民族評議会に対抗して、ウクライナ系の上級ルテニア評議会が創設されました。その中心になったのは、ユニエイト教会の聖職者たちでした。ちなみにユニエイト教会は、ガリツィアにおいては、ローマ・カトリック教会との対比で、ギリシア・カトリック教会と呼ばれ、一定の敬意が払われていました。彼らは、ガリツィアを東西に分け、それぞれをポーランド系とウクライナ系の自治的行政区にすることや、ウクライナ語の公共の場での使用を求めました。こうした動きのなか、最初のウクライナ語の新聞『ガリツィアの星』が発行されたり、ルテニア学者集会などが開かれて文化教育政策の指針を決めたりするなど、ウクライナ語文化の振興が図られました。また、ロシア帝国領と比べると、ガリツィアでは農奴制の廃止や農民の選挙参加が早期に進んでいたこともあり、ウクライナ系住民がより多様な社会政治的諸権利を得ていたといえるでしょう。上級ルテニア評議会は一八五一年に解散しますが、参加した聖職者たちは、その後も活動を続けました。

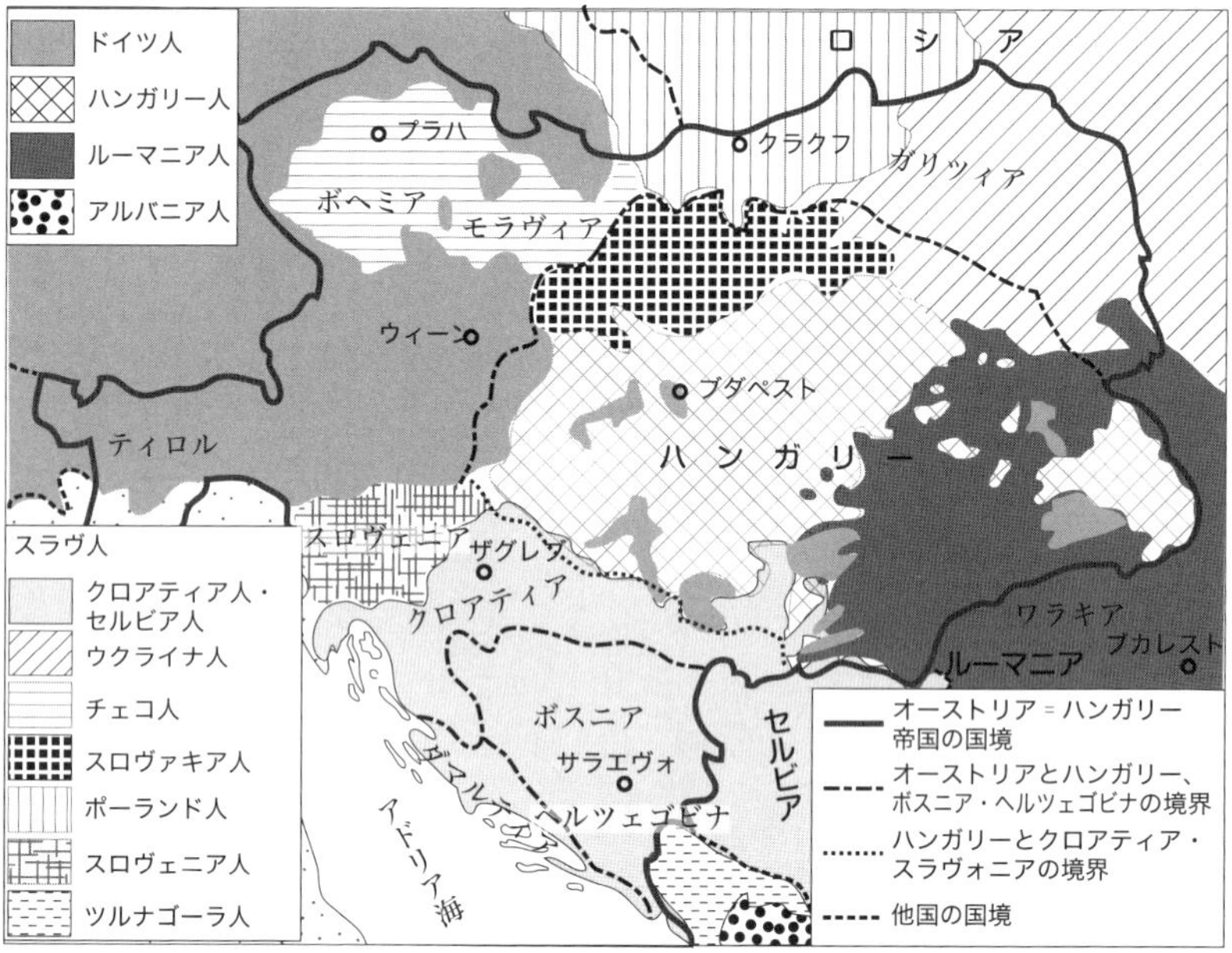

オーストリア＝ハンガリー帝国の民族分布

一八四八年のガリツィアではウクライナ民族が構想されましたが、この民族の内実については議論が分かれました。ロシア領小ロシア人とハプスブルク領ルテニア人を合わせたウクライナ民族を志向するのか、ガリツィアでポーランド系住民と協力するのか、あるいは、より大きなロシア民族（東スラヴ系三民族）の一部だと考えるのか、様々でした。しかし、一八五〇年代のウクライナ語の表記をめぐる論争では、帝国当局とポーランド・エリートがラテン文字の使用を支持したものの、ウクライナ系住民らはキリル文字の使用を選択したことからも、ウクライナ民族主義か、東スラヴ系三民族主義が志向されていたといえるでしょう。

一方で、この時期のガリツィアでのウクライナ文化振興の動きをロシア帝国当局は警戒の目で見ており、一八五九年にはラテン文字を用いたウクライナ語テキストの輸入を禁止しました。一八六三年には、キリル文字であってもウクライナ語で書かれた書物の輸入・出版は制限され、さらに、一八七六年には、すべてのウクライナ語での出版が禁止されました。こうしてロシア帝国の「小ロシア」文化人たちは、ウクライナ文化の歴史的な拠点でありながら活動を禁じられたため、ガリツィアに出版の場を求めることになりました。

一八六七年、ハンガリー王国への「妥協（アウスグライヒ）」によってオーストリア＝ハンガリー帝国が設立されると、各地の優勢な民族への「妥協」が強化されました。その結果、ガリツィア総督府はポーランド・エリートに委ねられ、ガリツィア全体が実質的にポーランド系の自治領域とみなされるようになりました。この措置に幻滅したルテニア人の間には一時期、自らを東スラヴ系三民族主義の一部と考える親ロシア派が増加することになりました。この動きをロシア帝国は支援しますが、それに対してハプスブルクは警戒しこれを弾圧します。一八九二年にハプスブルク当局が、ウクライナ語を標準的な教育言語と認めたことも、ロシア語を標準とみなす親ロシア派をガリツィアから排除することにつながりました。

さらに、一八六八年に設立されたプロスヴィータ協会や、一八七三年に設立されたシェフチェンコ文学学術協会などの活動により、ロシア帝国領とハプスブルク帝国領を跨ぎ、さらにブコヴィナやトランス・カルパチアのウクライナ系住民も含めたウクライナ民族を構想するウクライナ主義が、次第に東スラヴ系三民族主義に対して優位に立っていきました。

こうして、ハプスブルク帝国領とロシア帝国領に分断されたウクライナ系住民は、境界を越えて相互に複雑な影響を与え合いながら、ウクライナ民族のあり方を考えるようになっていきました。

ウクライナ地域の工業化・都市化 ――十九世紀後半

十九世紀後半になると帝国全体で工業化が進展しますが、特にウクライナでの発展は目覚ましいものでした。ウクライナで、一八六〇年に約二三〇〇であった企業の数は、一八九五年には三万を超えました。それに合わせ、雇用者も八万二〇〇〇（一八六〇年）から一九一四年には六三〇万以上となりました。穀物生産も引き続き堅調でしたが、他方、特にキーウとポドリアでは砂糖産業が大きく発展しました。最初の鉄道（オデーサ―バルタ間）が一八六五年に穀物輸出のために建設されましたが、この二二二キロの鉄道は、一九一四年までに一万六〇〇〇キロをカバーするに至っていました。

ウクライナの経済開発には、西欧の資本や技術が大きく関与しました。東部ドンバス地域の開発はその典型です。一つの契機となったのは、クリミア戦争でセヴァストーポリ防衛に関わった、バルト系帝国軍人のエドゥアルド・トットレベン将軍が、ウェールズの企業家ジョン・ヒューズに帝国の鉄鋼業開発を依頼したことでした。ヒューズは、一八七〇年に左岸ウクライナに到着して鉄鋼業を創始します。ここでは現地の労働者が多数雇用されるとともに、西欧からも何百人もの熟練労働者が訪れました。中心となる町はヒューズの名前をとってユゾフカと名づけられ、スターリン、スターリノと改称されたのち、一九六一年にはドネツク（ドネツィク）と呼ばれるようになります。このように、新しく興った産業では、鉄鋼業五〇％以上、石炭業七〇％以上、機械工業に至っては一〇〇％が外国企業によって開発されたといわれます。

こうした産業の発展によって、ウクライナでは都市人口が劇的に増加します。例えばキーウは一八三〇年代には人口二万五〇〇〇でしたが、一九〇〇年には二五万まで拡大しました。オデーサでは一八一四年には二万五〇〇〇程度であったのが、一九〇〇年には四五万まで膨れ上がっています。ドネツィクの人口は一八九七年までの一〇年間で人口が五倍の三万まで増え、一九一七年までに七万に到達しました。こうして増加した都市人口には、ロシア地域からの移住者が多く含まれました。その結果、都市部では、ロシア系住民の割合はウクライナ系住民の割合と同程度まで増加しました。また都市人口に占めるユダヤ人の割合は高く、十九世紀末のドニプロ地域の都市ではユダヤ人が二七％を占めました。ユダヤ人は特定の産業で特に目立って成功しており、例えば一八七二年までに蒸留酒製造所の九〇％を所有したといわれます。ただし、ウクライナ全体でみると一九〇〇年に都市人口は全体の一三％に過ぎなかったので、依然としてウクライナは農業が主となる地域であったことはつけ加えておきましょう。

とはいえ工業化の結果、都市人口の急激な増加と都市空間の劇的な変化が生じたことは間違いなく、そのために特に都市における貧困問題が顕在化していきました。そうしたなかで、労働者を構成する東スラヴ系住民、ブルジョワジーを構成するユダヤ系、エリート層を占めるポーランド系など、階級的格差と民族的差異がオーバーラップし、反ユダヤ主義や民族対立が煽られていくことにもなりました。こうした都市空間の変化が、大衆の利益を守るための社会主義やポピュリズム的国家主義が広がる一つの土壌ともなったのです。

ロシア帝国領のウクライナで工業化が進む一方、ガリツィアはハプスブルク帝国のなかでもっとも貧困な地域でした。ガリツィア東部では、右岸ウクライナに比べて個々の土地所有の規模が小さく、土地も痩せていました。そのため、数多くの人々が、ガリツィアから北アメリカなどへ移住しました。ガリツィアでは後に石油産業が発展しますが、経済的インパクトは限定的でリヴィウ（当時のドイツ名はレンベルク）の人口は一九一四年に二二万程度でした（同じ年、オデーサでは六七万、キーウは六三万まで人口は増加していました）。

大衆政治の時代——二十世紀初頭

十九世紀の間、少数のエリートによって担われていた政治的活動は、徐々に多くの人々を巻き込むようになっていきました。二十世紀初頭には、政治空間は劇的なかたちで拡大することになります。

ロシア帝国でその契機となったのは、いわゆる一九〇五年革命でした。二十世紀の初頭にかけて、帝国各地の地域的エリート層やリベラルおよび左派知識人、学生たちが政治的要求を出すようになっていました。さらに、遥か東方での日露戦争（一九〇四〜一九〇五年）で戦況が悪化すると、労働者や農民が、明確に権威に敵対しながらストライキやデモ、暴動を起こすようになります。特に、西部境界地域では暴動が深刻化し、軍隊による厳しい鎮圧が行われました。

他方で帝国政府は、こうした社会からのプロテストに対して、懐柔政策も出します。一九〇五年十月には、有名な十月マニフェストを出し、良心、言論、集会、結社の自由など、基本的な市民権の付与を認めるとともに、国会の開設も約束しました。諸民族の要求にも譲歩し、民族言語の使用が緩和されていきました。その流れのなかで、一九〇五年前半にはウクライナ語使用や協会設立への禁令が緩和され、それに続いて、一九〇六年には、ウクライナ語の雑誌・新聞の発行、文化協会の設立が一気に拡大していきました。一九〇五年十一月に一つだけであったウクライナ語の新聞は、一九〇六年初めにはすでに一七になっていました。

国会開設に伴って、ウクライナ系の政治団体の活動も活性化します。一九〇〇年には、ハルキウで、フロマーダの学生によってウクライナ革命党が創設されていましたが、次第に、ナショナリズムと社会主義のどちらを優先するかで分裂していきます。そのなかでウクライナ独立派は後退し、その後、ウクライナ系の政党は、大別すると、三つの傾向に分裂していきます。一つは、「スピルカ」（社会民主主義労働者党の支部）などの社会主義系の政党、次に、ウクライナ民主急進党などのリベラル系の政党、最後に君主主義および「ロシア」ナショナリスト系の政党です。

一九〇六年の第一国会の選挙には、社会主義系政党は参加しませんでしたが、民主急進党はロシアのカデット（立憲民主党）と選挙協力をして数十議席を獲得します。ウクライナ地域から九五人の議員が選出されましたが、国会でウクライナの利益を表出する会派には四四人が参加しました。第二国会では社会民主党も参加し、ウクライナ会派は四七人まで拡大しました。

こうした、ロシア帝国におけるウクライナ系の政治活動に影響を与えたのは、ハプスブルク領での政治活動の経験でした。一八九九年にはガリツィア東部のリヴィウでは、ウクライナ国民民主党が創設されました。この政党は、ガリツィアでのウクライナ系政治活動の従来の目標を引き継ぎ、ガリツィアをポーランド自治区とウクライナ自治区に分割するとともに、ウクライナ語の公的使用などの文化的諸権利を要求しました。この政党の設立に関わった者のなかには、リヴィウ近郊の村で生まれた作家・評論家のイヴァン・フランコらのほか、ロシア帝国領ポーランドのヘウム（当時のロシア名はホルム）生まれのミハイロ・フルシェフスキーも含まれました。フルシェフスキーはキーウ大学時代、アントノヴィチの下で学ぶ傍ら、フロマーダでも活動しました。その後、リヴィウ大学で職に就くとともに、シェフチェンコ学術協会の会長も務め、歴史家としては、ロシア史からは明確に区別される、キーウ・ルーシから連なる一貫したウクライナ史を構想しました。フルシェフスキーは、ロシア帝国の第一国会でウクライナ会派がつくられるとペテルブルクに向かい、会派の顧問を務めました。このようなかたちで、ガリツィアでの政治的経験は、ロシア帝国のウクライナ系住民の政治活動に大きな影響を与えました。彼らもまた、より民主化したロシア国家のなかで自治権を得ることを目指し、国会では公立学校へのウクライナ語の導入を提議するなど文化的な諸権利の獲得を求めたのです。

民族化する帝国と「ロシア」ナショナリズム

一九〇五〜〇七年の間、ロシア帝国の政治活動家たちには全帝国に共通する要求を提示する傾向がみられました。例えば、民族を超えて労働者の権利を守ろうとする社会主義派や、民族を超えて自由主義的な諸権利の獲得や諸民族の同権を目指すリベラル派が大きな潮流をつくりだしていました。しかし次第に、民族的な要求や言説が存在感を増すようになっていきます。

一九〇五～〇七年の時期に力をもったリベラル系のカデットはウクライナの自治を認めようとはしなかったため、ウクライナ系政治活動家たちはカデットに不満を感じていました。さらに、カデットが西部境界地域での議席確保を目指して有力なポーランド系政治活動家との連携を試みていたので、そのためにカデットがウクライナ系政治活動家の要求を無視するのではないかという不安も抱いていました。というのも、西部諸県の教育現場では、ポーランド系政治活動家がポーランド語での教育を要求していましたが、その要求は、同じ地域でウクライナ語での教育を求めていたウクライナ系政治活動家の要求と相いれないものだったからです。このように、リベラルな政党が諸民族の同権を訴えたとしても、多様な民族が居住する地域では民族的な要求はしばしば競合してしまい、リベラルなナショナリスト同士の同盟も容易ではありませんでした。

ポーランド系住民とウクライナ系住民の利害の対立は、ガリツィアでもみられました。ガリツィアではポーランド系ナショナリスト政党のポーランド国民民主党が大きな力をもっていました。一九〇七年には、ハプスブルク帝国では初の男子普通選挙が行われましたが、この選挙ではウクライナ国民民主党などのウクライナ系政党はポーランド系政党に敗北を喫し、ガリツィアの政治的主導権をポーランド系政治活動家に握られます。このことでガリツィア東部の自治への希望は潰え、ガリツィアでは激しい民族間の対立が惹起されました。しかしその一方、学校教育におけるウクライナ語教育推進では成功をおさめました。

一九〇七年頃からは、ロシア帝国領で、ウクライナの政治・文化運動が再び締めつけられるようになったこともあって、国家主義的でポピュリスト的な「ロシア」ナショナリズムが席巻を始めます。第一国会や第二国会でリベラル系や社会主義系の勢力が躍進したことを受けて、帝国当局は短期で国会を解散させ、彼らが不利になるよう選挙法を変えます。その結果、第三国会・第四国会では、体制支持政党が大幅に勢力を伸ばすことになりました。この流れのなかで、ウクライナ地域から選出される議員にも、体制支持派、「ロシア」ナショナリスト政党の支持派が躍進することになりました。第三国会では、ウクライナ地域からの選出議員四一人中三六人が「ロシア」ナショナリスト系に分類されます。第四国会では、ウクライナ地域の票の七〇％が「ロシア」ナショナリストに投じられたと言われます。ただし、この場合の「ロシア」とは、必ずしも民族的ロシア人の文化や政治的立場を指すわけではなく、正教や東スラヴ支持、反ユダヤ主義・反社会主義・反資本主義・反リベラル、君主主義など、多様な潮流を含んだ曖昧な概念であったことは、指摘しておく必要があるでしょう。

この時期、「ロシア」ナショナリズムの運動は実際にウクライナ地域の大衆に対して力をもっていました。当時、極右の政治組織ロシア人民同盟の最大の支部が右岸ウクライナのヴォルィーニにあったことはよく知られています。その支持層拡大には正教会の高位聖職者が関与していたとされ、正教を軸とする東スラヴ系民族の団結が訴えられました。また、新聞『キエフリャーニン』は、一九〇五年にヴィタリー・シュリギンからその息子のヴァシーリーに主幹が移動すると、ロシア人民同盟キーウ支部やロシア・ナショナリスト・キーウ・クラブなどの地域に基盤をもつ右派活動の結節点となりました。ユゼフォヴィチの息子のボリスもまた、「ロシア」ナショナリスト勢力拡大の政治運動に力を入れました。このようにみると、ロシア帝国当局が支持した、東スラヴ三民族の中核民族創出構想が成功裏に進んでいるようにもみえます。しかし、ヴォルィーニのロシア人民同盟の政治活動では、ウクライナ語やウクライナ文化が重視され、農民の組織化のために教会での祈祷や出版、宣伝活動もウクライナ語で行われていたことからも、この地域で発展した「ロシア」ナショナリズムには、ドニプロ地域主義の伝統も一つの底流として流れていたと考えられます。「ロシア」ナショナリスト系の政治活動家らは帝国の体制を支持しつつも、地域文化や地域の利益を擁護しており、国会でウクライナ語教育の導入を支持したり、ガリツィアのウクライナ系住民とも連携しようとしたりしています。「ロシア」ナショナリズムの拠点の一つとなった右岸ウクライナが、帝国崩壊後には強固なウクライナ・ナショナリズムの発信地となったことも考えあわせれば、帝国支配下のウクライナ地域における「ロシア」ナショナリズムの活動の表皮の下には、ウクライナ独自文化の振興という潮流もあったといえるのではないでしょうか。

こうしたウクライナ地域で拡大する「ロシア」ナショナリストの動きに対する政府の反応は両義的でした。例えばストルィピン政府（首相在任一九〇六〜一一）は、「ロシア」ナショナリストたちが、一九〇五年革命後の帝国社会を安定させる支柱になりうると考えて支援しました。その一方で、一九〇五年に拡大した諸民族への宥和的政策の多くは継続されました。また、特に境界地域の統治にあたる地方官僚らは、辺境の多民族社会において「ロシア」ナショナリズムに依拠することの危険をよく理解してもいました。ポーランド系住民やドイツ系住民の反感は地域をむしろ不安定化しますし、反ユダヤ主義の爆発は治安を大きく乱し、地域社会が当局の統制が効かないような混乱に陥る可能性があるからです。多民族が居住する広大な領域を統治するロシア帝国は、王朝と身分制の原理に依拠し続けており、帝国官僚は、たとえ「ロシア」民族主義であっても、民族の原理の広まりによって帝国統治のあり方が根本的に変化する可能性を危惧していました。帝国政府の一貫しない対応が続くなか、多様な集団の社会活動は活性化し続けましたが、帝国社会をどういうかたちで統合しうるのかについては混沌としたままでした。

一九一四年になると第一次世界大戦が始まり、ヨーロッパ東方はかつてポーランド＝リトアニアを分割した三つの帝国が争う最前線となりました。戦争のさなか、諸帝国は互いに隣接地域の民族主義を煽りながら戦うことで境界に住む人々の状況を急速に変えていきましたが、やがて戦争が終わる頃には三つの帝国はすべて崩壊することになりました。戦争を遂行する諸国家の戦略によって境界地域の民族主義は先鋭化し、さらに戦後処理で民族自決が謳われたことによって、ヨーロッパ東方では、民族の原理に依拠する新興国家の建設が新しい課題となっていきました。

おわりに ――帝国による分割と跨境民族のイマジネーション

十八世紀から二十世紀初頭における帝国支配の時代、ポーランド＝リトアニア領を分割して統治することで、ヨーロッパ東方で諸帝国が強化され、それらが相互に均衡を保つマクロなシステムができました。同時に、ポーランド系やウクライナ系住民などの境界を跨いで居住する住民をどう統治するのかということが、諸帝国にとっての大きな問題となりました。特に、十九世紀の間に民族の論理が次第に広まり、境界を跨ぐ民族意識が高まると、王朝に対するエリートの忠誠によってつながっていた帝国は深刻な脅威に晒されることになったのです。

両帝国は、分断を克服しようとする反抗的なポーランド系住民を抑え込もうとする点では共通していましたが、対応の仕方は異なっていました。ハプスブルク帝国では、ポーランド系住民への自治を一定程度認めつつ、ウクライナ系住民の民族主義の発展も許容することで二つの民族主義を対抗させようとしました。一方、ロシア帝国では、ポーランド系住民の権利を可能な限り奪いつつ、ウクライナ系住民に東スラヴ正教文化の拡大の先兵としての役割を担わせてポーランド・カトリック文化に対抗させる一方、彼らが東スラヴ系民族一体の意識を離れる独自のアイデンティティを持たないよう、警戒を続けました。

しかし、ポーランド系、ウクライナ系などの跨境民族は、境界を越えた同胞からの新しい知的潮流の影響を受け、境界の向こうの同胞を支援するなかで、むしろ民族のイマジネーションを豊かにしました。その結果、戦争のさなかに諸帝国のマクロなシステムが崩壊すると、それぞれの民族が新しい国家をもつことを目指して、住民と国境の再編成を行うことになります。

コラム 私の視点

ロシア・ウクライナ戦争に歴史はどう影響しているか？

講義の中でムラヴィヨフの手紙を引用しましたが、これを読んで、現在のロシア連邦中枢の誰かの声のようだと思われたかもしれません。十九世紀のロシア帝国と、現代ロシアの統治者たちの世界観はほとんど変わっていないのではないか、今回の戦争は過去の歴史の繰返しなのではないか、そうお考えになる方も少なくないと思います。

実際ロシアの権力者に、現在のウクライナ領域の多くは古来ロシアの領域（つまりナショナル・テリトリー）であるとする考え方があることが、侵略に強く影響したように思われます。その考え方を前提として、ウクライナがロシアの勢力圏にいる、少なくともロシアに敵対的な国家でない限りは大きな問題とはしないが、ウクライナがEUやNATOへ接近する、つまり西側に組するということになると、ムラヴィヨフの手紙にあったように、ウクライナを全面的に失えばかつてのモスクワ国家時代の境界線に戻ってしまう、ロシアは大国の地位を失ってしまう、という恐怖心のようなものが現政権にもあるのだろうと思います。（必ずしも一般のロシア国民がこの考えを共有しているわけではありません。）

ただ、歴史の展開は様々な要因や偶発性によって変化しますので、繰り返すことはありません。したがって、歴史上こういうことが起こったから、ロシアはこうなる、ウクライナはこうなる、という推論はあまり機能しません。では、歴史はどう影響するのでしょう。

未来の見通せない世界で、過去の歴史は現在に対応する指針として参照されます。歴史は将来に向けた想像力の大きなリソースなのです。したがって、まったく起こらなかったこと、関連の低いことは未来のオプションとして想像されにくい一方、現在に資するのであれば、過去の経験は多様なかたちで、選択的に、恣意的に、時に誇張されて想起されます。その意味で、行為者を取り巻く歴史的背景を知ることは、未来の予測には直接つながらないものの、彼らの歴史的想像力の範囲や性質を理解することには寄与します。

第5講

ウクライナ・ナショナリズムと帝国の崩壊（一九〇五〜一九二一年）

村田優樹

はじめに　——ロシア、ハプスブルク両帝国統治下のウクライナ

私は、オーストリアのウィーン大学博士課程に在籍し、近現代ウクライナ史、特にウクライナとロシアの関係を専門に研究をしています。これからお話しするのは、青島陽子先生が解説された帝国時代に続く、二十世紀初頭から一九二一年までの時代です。この時代は、それまでウクライナ地域を統治していたロシア、ハプスブルク（オーストリア）の両帝国が崩壊して、初めて近代的なウクライナ独立国家が成立した重要な時期です。ウクライナ史学では、同時期に起こったロシア革命とは別のプロセスとして、「ウクライナ革命」と呼ばれることもあります。

今回は、この時代のウクライナ地域の歴史を、大きく四つの時期に分けてみていきます。最初は二十世紀初頭の帝政末期です。第一次世界大戦前のロシア、ハプスブルク両帝国でどのようなウクライナ・ナショナリズム運動が起きていたのか、ウクライナ民族主義者が何を目指し、どんな活動をしていたのかをお話しし

ます。

続いて解説するのは、第一次世界大戦下の動向です。当時ウクライナは独立国ではなかったため、国家として大戦に参戦したわけではありません。しかし、地域としてのウクライナはドイツ・オーストリア同盟とロシア帝国との間で戦場になっており、「ウクライナ問題」という言葉が国際的に用いられるようになるほど、大戦で重要な意義をもっていました。

三つ目は、一九一七年のロシア二月革命から一九一九年までの状況です。ロシア革命でロマノフ帝政が崩壊し、同年十月にレーニン率いるボリシェヴィキが革命を起こしてソヴィエト政権が成立します。こうした混乱期に、ウクライナにおいて近代で初めて独立国家が誕生しました。

最後の時期は、一九一九年から一九二一年にかけてです。ウクライナは独立を達成したにもかかわらず、革命と大戦後の混乱を背景に諸勢力が入り乱れる内戦期に入り、最終的にウクライナ民族国家は独立を失うことになります。この一連の過程を、独立国家建設の試みとその最終的な失敗という観点からみていきます。

本題に入る前に、当時のウクライナ地域の行政区分について概観しておきます。十九世紀中頃、現在のウクライナにあたる地域の中央部から東部にかけては、ロシア帝国領となっていました。中心都市であるキーウ（ウクライナ語名。ロシア語でキエフ）をはじめ、ウクライナ中央部を流れるドニプロ川流域の一帯や黒海沿岸部もロシア領に含まれています。他方、ウクライナ西部のガリツィア（ハルィチナ）、ブコヴィナ、ザカルパチアといった地域は、ハプスブルク帝国に属していました。当時の行政的にみると、ガリツィア、ブコヴィナはオーストリア＝ハンガリー帝国となっていたハプスブルク帝国のオーストリア部分、ザカルパチアはハンガリー部分に属していました。ウクライナ人が多く住んでいたのは、オーストリアが支配していたガリツィア東部とブゴヴィナ北部です。

ロシア、ハプスブルク両帝国統治下のウクライナ

ブゴヴィナとザカルパチアもそれぞれ独自の歴史をもつ興味深い地域ではありますが、今回は、ハプスブルク帝国でウクライナ運動の中心となったガリツィアと、ロシア帝国領下にあったドニプロ川流域のウクライナ（以下、ドニプロ・ウクライナ）を中心にみていきます。

ロシア領のドニプロ・ウクライナとハプスブルク領のガリツィアが両帝国の統治に入っていった経緯をまとめた年表をみるとわかるように、ロシア、ハプスブルク両帝国は、十八世紀、特にポーランド分割によってそれぞれ領土の併合をほぼ完了させ、十九世紀を通じて両地域の支配を確立していきました。

両帝国がウクライナ地域についてとった政策は、大きく異なるものでした。ロシア帝国はウクライナ人を独自の民族としては認めず、ロシア人の一部と定義する世界観の下で、ウクライナ語による出版を危険な分離主義運動とみなし、禁止しました。他方のハプスブルク帝国では、ウクライナ人は公的には「ルテニア人」と呼称されていたものの、構成民族として公式に認め

	ロシア帝国統治下ウクライナ	ハプスブルク帝国統治下ウクライナ
1667	ドニプロ左岸ウクライナがモスクワ領に	
1772（～95）	ポーランド分割により、右岸ウクライナがロシア帝国領に	ポーランド分割により、ガリツィアがオーストリア領に
1783	ロシア、クリミアを併合	
1792	露土戦争で南ウクライナ（ノヴォロシア）がロシア帝国領に	
1847	秘密結社「キリロ・メフォディ団」によるウクライナ自治構想	
1849		ブコヴィナがガリツィアから分離
1861		ガリツィア州議会設置
1863	ヴァルーエフ指令（第一次ウクライナ語出版禁止令）	
1867		オーストリア＝ハンガリー帝国成立。12月基本法で「ルテニア人」の言語権保障。ガリツィア自治（ポーランド貴族支配）の確立
1876	エムス勅令（第二次ウクライナ語出版禁止令）	

ロシア、ハプスブルク両帝国のウクライナ統治の確立

られ、政治活動や出版活動などを自由に行うことができました。言語権やウクライナ語による学校をもつ権利なども憲法で保障され、ロシア帝国下とは対照的な状況にありました。なお、両帝国下のウクライナ語話者数の人口比をみると、概算でロシア帝国下に三〇〇〇万人、ハプスブルク帝国下に三〇〇万人が居住していたとされ、一〇対一の比でロシア領側に集中していたことがわかります。

ロシア帝国統治下のウクライナ・ナショナリズム

では、二十世紀初頭から一九二一年までという時代軸と、ロシア帝国領下のドニプロ・ウクライナおよびハプスブルク帝国領下のガリツィアという東西の空間軸を意識しながら、ウクライナ・ナショナリズム運動の展開を見ていきましょう。

初めに、二十世紀初頭のロシア帝国統治下の状況をお話しします。ロシア帝国でウクライナ・ナショナリズム運動が興隆するきっかけとなったの

は、一九〇五年革命でした。この革命では、ツァーリ（皇帝）専制の打倒こそ実現しなかったものの、憲法が生まれ、また部分的ではありましたが市民的自由（言論、結社、集会の自由）も認められます。また、議会（国家ドゥーマ）が開設されるなど、ロシア全体にとても大きな変化をもたらしたという意味で、ロシア史はもちろん、ウクライナ史においても非常に重要な事件でした。

一九〇五年革命はロシア帝国の民族問題にも大きなインパクトを与えます。先ほどお話ししたように、ロシア帝国ではウクライナ人が独自の民族と認められず、ウクライナ語による出版も禁止されていたわけですが、一九〇五年革命によって出版物の事前検閲が廃止されたことで、ウクライナ語の出版禁止令も無効となります。また国家ドゥーマの開設に伴い選挙制度が導入され、政党の結成も合法化されます。ドニプロ・ウクライナでもキーウなどの諸都市でウクライナの名を冠した政党が、社会主義的なものから自由主義的なものまでいくつも結成されて国家ドゥーマに議員を送りだすようになり、選挙活動のための運動などを通してウクライナ民族主義的なアジテーションもある程度は可能になりました。同時にウクライナ語メディアも活況を呈します。代表的なものでは、ウクライナ語で最大の発行部数を誇った日刊紙『ラーダ』が挙げられるでしょう。

しかし、一九〇五年革命の自由化の時代は短期間で終わります。一九〇七年にストルイピンがロシア中央で権力を握り首相になると、ロシアは「反動期」とされる時代に入り、政党の活動は再び禁じられ、ウクライナ地域の政治運動は再び地下に潜ることになります。ただ、一九〇五年以前と違うのは、メディアや文化運動が完全には弾圧されなかったということです。当局が監視しつつも、穏健な文化運動についてはある程度目こぼしをするというのが当時のロシア帝国の状況でした。例えば、日刊紙『ラーダ』も一九一四年まで存続していました。

この頃のロシア帝国領下のウクライナ・ナショナリストが掲げていた目標ははっきりしています。それは、ウクライナ人地域における「民族領域自治」の獲得でした。つまり、独自の自治政府と自治議会をもつ「ウクライナ州」をロシア国家内につくる、ということです。当時のウクライナ地域はいくつかの県に分けられ、「ウクライナ」という単一の行政単位は存在していませんでした。それを、「ウクライナ民族」が治める一つの領域としてまとめあげよう、というわけです。民族領域自治がウクライナ・ナショナリストの最大目標であるとしたら、最低でも獲得すべき目標として彼らが掲げていたのは、ウクライナ語で学校の授業を行ったり、役所や裁判所といった公的機関でウクライナ語を使用したりする権利を認めよ、というものでした。

ただしウクライナ・ナショナリストは、これらの目標の実現を目指す過程において、帝国政府に対しほとんど期待をもっていませんでした。帝国政府やそれを支持する保守勢力は、長年にわたって反ウクライナ運動政策をとっており、ウクライナの民族主義に敵対的であったからです。

そのため、帝国中央で帝政に批判的な自由主義者・社会主義者らの野党や、あるいは同じような民族領域自治を求める他の民族政党、ポーランド人やベラルーシ人、カフカースのグルジア人などの民族主義者など、一九〇五年革命以上の再度の改革を求める勢力と連帯することで、目標達成を目指していました。

ハプスブルク帝国統治下のウクライナ・ナショナリズム

一方、ハプスブルク帝国内のウクライナ人は、すでに十九世紀の段階で帝国中央や州に議会が導入されており、ウクライナ人政党も合法的に活動できるなど、ロシア帝国統治下とは違った状況におかれていました。しかし、ウクライナ人が多く居住するガリツィア州は、ハプスブルク帝国がポーランド分割で手に入れた地域であり伝統的にポーランド貴族の支配が強い地域でした。そのため、ハプスブルク帝国下のウクライナ・

ナショナリストの目標は、このポーランド人支配の切り崩しということになりました。

ハプスブルク帝国では一九〇七年に普通選挙が導入されたことで、それ以前はエリート同士の対立であった民族紛争が大衆レベルに持ち込まれ、オーストリア各地で地域社会全体を巻き込む問題になっていました。もちろん住民全員が民族主義者になったわけではないものの、選挙キャンペーンなどを通じて民族対立が一般民衆にまで浸透しつつあったのです。特にガリツィアではポーランド民族主義とウクライナ民族主義のはげしい対立が起こり、ウクライナ人青年がポーランド人のガリツィア総督ポトツキを暗殺するという事件が起こっています。そうしたなかでハプスブルク帝国のウクライナ・ナショナリストが目指したのは、ウクライナ人が多いガリツィア州東部とブコヴィナ州北部の民族的分割、すなわち「東ガリツィア」と「北ブコヴィナ」を既存の両州から切り離して統一し、帝国内に「ウクライナ州」を設置するというものでした。

また彼らは、帝国政府に期待できないロシア帝国内のウクライナ・ナショナリストとは大きく異なり、目標実現のために積極的にハプスブルク帝政と連携しようとしました。なぜなら民族主義そのものに懐疑的であったロシアのロマノフ帝政と異なり、ハプスブルク帝政は帝国内の様々な民族対立を調停するバランサーのような役割を果たしており、各地で起こるローカルな民族対立に介入していたからです。

帝政との連携が成功した結果、ブゴヴィナでは一九一〇年にブコヴィナ妥協、ガリツィアでは一九一四年にガリツィア妥協が実現しています。具体的には、現地諸民族の間での州議会議席の非領域的な分割、つまり州議会の議席をあらかじめ民族単位で割り振ることが定められました。ポーランド人はいくつ、ウクライナ人はいくつとあらかじめ各民族の議席を決めてしまうことで、選挙時の民族対立の過熱が民族紛争の火種となるのを避けようという狙いです。これにより一定数の議席が確保でき、民族的固有性が認められたことはウクライナ・ナショナリストにとって成果ではあったものの、一方でブコヴィナやガリツィアを分割して

「ウクライナ州」を設置するという領域的目標の達成は遠のくことになりました。

ウクライナ・ナショナリストはなぜ独立を目指さなかったか

こうしてロシア、ハプスブルク両帝国下のウクライナ民族運動の展開をみると、ウクライナ・ナショナリストはどちらかというと帝国内での自治を目指していたことがわかると思います。両帝国からの独立は目指さなかったのだろうか、という疑問を抱く方もいるのではないでしょうか。

少なくとも最終的な目標として「独立」について語った文書は存在します。有名なものにはミコラ・ミフノフスキーの一八九〇年の著作『独立ウクライナ』がありますし、他にも少数の過激派ナショナリズム政党・知識人が独立について言及はしていました。しかし実際は、独立は非現実的な目標として支持を集められず、選挙キャンペーンなどで謳われることはありませんでした。

ここで強調しておきたいのは、二十世紀初頭の帝国の時代において、国をもたない民族のナショナリズムは必ずしも独立国家を目指したわけではなく、むしろそうしたケースの方が例外的だったという点です。ここでナショナリズムを私なりに定義させていただくと、「民族」としての集団性、固有性を主張し、その主張が公的制度に反映されることを求める運動です。「公的制度」が独立国家である場合もありますが、民族のための母語教育や自治で十分な場合もあり、帝政期のウクライナ・ナショナリストが求めていたものは後者であったということは重要なポイントです。

なぜ当時、多くのナショナリズム運動は独立を目指さなかったのでしょうか。まず、実際に独立を目指そうにも、指導者エリートと大衆には政治的関心において大きなギャップがありました。独立を主張するということは属している国家との戦争を覚悟することを意味し、それを可能にする軍事力を動員することは大衆の政治的関心の低さゆえに困難な状況でした。また、分離独立を主張してしまえば外部勢力とのあらゆる交渉が困難になる危険性もありました。独立を掲げない方が、国家への忠誠を保ちながら国家全体への利益をもたらす改革として民族主義的主張を提示することができるため、帝国政府や中央の政党との連携の可能性が広がり、教育での言語権や自治について交渉の余地ができたのです。

しかし、帝国支配が不安定化すれば、この条件は変化します。所与のものである帝国政府それ自体が揺らいでしまえば、それに忠誠を示し続ける必要はなくなるからです。そうした状況の変化をいち早く予見したのが、ロシア帝国からハプスブルク帝国下のガリツィアへ亡命したドミトロ・ドンツォフという人物でした。ドンツォフはオーストリアとロシアの戦争が近いと予期し、ロシア帝国の秩序が戦争で動揺するのを好機として、オーストリアの支援を得ながらロシア領ウクライナ地域を分離独立させようと主張するパンフレットを一九一三年に出版しています。戦争こそがウクライナ独立の可能性を現実的なものとするというドンツォフの主張は、次にみていく第一次世界大戦期に、まさに体現されることになるのです。

第一次世界大戦とウクライナ ——ロシアの状況

一九一四年、イギリス・フランス・ロシアを中心とする協商国とドイツ・オーストリアを中心とする同盟国の間で、第一次世界大戦が始まりました。東部戦線はドイツ・オーストリア軍対ロシア帝国軍という構図になり、両者が接するウクライナ地域は開戦当初からガリツィアの中心都市であるリヴィウなどが戦場となりました。

この大戦中、それぞれの帝国がウクライナ・ナショナリズムに対してどのような政策をとったか、みていきましょう。まずロシア帝国側では、当局がウクライナの民族運動を親ドイツ・親オーストリア運動として警戒し、ストルイピン反動期でも刊行が許されていた日刊紙『ラーダ』を廃刊処分にしたり、文化団体を解散させたりするなど、平時以上の弾圧を行いました。その背景には、ロシア領内のウクライナ運動はオーストリア領内のガリツィアからの支援を受けている、言い換えれば、オーストリア政府がガリツィアのウクライナ運動を意図的に活発化させロシア帝国を不安定化・弱体化させようとしているとの認識が、戦前からロシア側にあったからです。

そのガリツィアは一九一四年八月に戦場となり、ロシア帝国軍が制して占領下に置きました。ロシア側は自国内のロシア・ナショナリストや現地の親露派エリートと協力し、占領体制下で現地のウクライナ語学校を閉鎖したり、ウクライナ人が多かったユニエイト教会の信徒らを正教会に強制改宗させたりするなど、ガリツィアの「ロシア化」を進めようとします。ロシア帝国的世界観では、ガリツィアはロシアの古くからの領土の一部とされたため、長期的には単なる占領ではなく併合することを視野に入れていたのです。

キーウのミハイロ・フルシェフスキー像
（2015年2月27日、著者撮影）

ガリツィアのウクライナ運動指導者の多くはすでにウィーンなどオーストリア国内各地に逃げていましたが、残留していたウクライナ人エリートらは逮捕され、ロシア国内に流刑されています。また、ドニプロ・ウクライナでも民族主義者らが拘束されています。最も有名なのが、ミハイロ・フルシェフスキーの事例です。彼は帝政末期におけるロシア帝国内のウクライナ民族運動の著名な指導者で、大戦前にはガリツィアのリヴィウ大学で歴史学の教授を務めていました。ロシア帝国当局から親オーストリア派とみなされる立場にあったことから、開戦後リヴィウからキーウに帰国した際に逮捕・流刑され、ようやく解放されたのは一九一七年の二月革命のときでした。

こうしてさらなる弾圧が進むなかでも、ロシアのウクライナ・ナショナリストの多くは改革の可能性を期待して、引き続き国内の野党と連携し続けます。大戦中、自由主義者・社会主義者の野党は銃後の社会組織に参加し、帝国の戦争遂行を支援していました。そうした支援活動への参加を通じて戦後の改革を準備していくことが彼らの狙いで、ウクライナ人もそれに加わるべきだというのが野党主流派の考え方でした。この意向を受けるかたちで、ウクライナ・ナショナリストが発行していた『ウクライナの生活』というロシア語雑誌には、戦争を支持する論説が掲載されています。ウクライナ・ナショナリストは他にも、戦地のガリツィアからからキーウに逃れてきた難民を支援する活動も行っていました。

第一次世界大戦とウクライナ——ドイツ・オーストリアの状況

では、ドイツとハプスブルク（オーストリア）帝国のウクライナ政策はどうだったでしょうか。ドイツ・オーストリアはウクライナ運動をロシア帝国弱体化の手段として利用しようとしました。ウクライナ人はロシア人とは違う独自の民族であるというウクライナ・ナショナリズムの主張をロシア解体の根拠とし、ウクライナのロシアからの分離独立を掲げる「ウクライナ解放同盟」「ウクライナ総ラーダ」という組織を支援するのです。「ウクライナ解放同盟」は、先ほど紹介したドンツォフのようなロシア帝国からの亡命者による組織で、オーストリア＝ハンガリーと協力してドニプロ・ウクライナをロシアから分離させることをスローガンに掲げていました。「ウクライナ総ラーダ」は元々ハプスブルクで活動していたウクライナ人の組織で、ハプスブルク内での改革を求めつつ、第一次世界大戦開戦後は「ウクライナ解放同盟」と同様にロシア帝国からのドニプロ・ウクライナ分離を主張するようになりました。

オーストリアで画期的だったのは、ウクライナ人で構成した民族部隊の「シーチ射撃隊」を、正規軍の一部に組み込んで戦争を戦わせたことです。また、ロシア兵捕虜の収容所では、ウクライナ出身のロシア兵らに民族主義的なプロパガンダを行っています。当時の一般兵はウクライナ出身であってもウクライナ民族意識が強くなかったため、民族主義を覚醒させるのが狙いでした。

このようにオーストリアはウクライナ運動を利用しつつも、ガリツィアの将来の処遇についてはポーランド人との間で板挟みの状況に置かれていました。ドイツ・オーストリア・ロシアの三帝国で分割されていたポーランドの戦後処理は重大な国際問題で、開戦後、ドイツ・オーストリアは戦後にポーランドの独立を回復することをすでに約束していたからです。大戦後にこの約束が果たされポーランドが独立した場合、ガリツィアをポーランドに編入するのかという点が実際に焦点になります。結果的に、オーストリアは一九一六年十一月に「ガリツィアの特別地位」という宣言を出しました。これは、ガリツィア自身が自らの帰属を決めてよいとする内容ですが、当地ではポーランド人貴族がまだ支配的地位にあったため、オーストリアによる事実上のポーランド編入容認として受け止められました。これに対してもちろんウクライナ主義者は抗議し、ウクライナ人の多い東ガリツィアの分割要求を継続していくことになります。

こうしてみると、両帝国におけるウクライナ・ナショナリストの主流派は、開戦後も双方の国内政治の枠組みのなかで活動を継続していたことがわかります。つまり「ウクライナ解放同盟」のような一部の少数派を除けば、ロシアでは野党と協力してのちの改革を期待し、オーストリアではガリツィア分割を求めていたのです。

一方で変化もありました。国内で活動するナショナリストは独立運動こそ展開しないものの、戦争で国境線が流動化したことにより、東西ウクライナの統一という目標が現実的になっていったのです。一方ではロシアのガリツィア占領によってガリツィアのロシア編入の可能性が浮上し、他方では、戦争の帰趨によってはドニプロ・ウクライナがロシアから分離してオーストリアに併合される、あるいは併合されないまでもオーストリアの保護国化するのではないかという、いくつかの東西ウクライナ統一のシナリオが現実味を帯びていました。

ロシア革命とウクライナ中央ラーダの形成

第一次世界大戦のさなか、ロシアで二月革命が起こり、帝政が倒される事態が発生します。この革命期の混乱のなかで、ウクライナに近代としては初めての独立国家が誕生しました。その経緯について、これから詳しくお話ししていきます。

革命期は、一九一七年のロシア二月革命から始まります。この二月革命により三〇〇年以上続いたロマノフ帝政が倒れ、当時首都であったペトログラード（現サンクトペテルブルク）に全ロシア臨時政府が成立します。この臨時政府を指導した諸政党は、一九〇五年革命以降にウクライナ・ナショナリストが連携していた野党の自由主義者たちでした。彼らは「ウクライナ民族」の存在と、民族自決の原理を承認します。つまり、ウクライナ人はロシア人の一部ではないこと、またすべての民族が何らかの自決権をもつということを認めたわけです。この時点で、ロシアにおけるウクライナ・ナショナリズムにとって帝政期から状況が大きく変化したことがわかると思います。

ここで問題となったのは、どの程度の権利をどの時点で認めるかということでした。臨時政府は、ロシアのウクライナ・ナショナリストが求めていた民族領域自治をすぐに承認することはせず、民族自決権の定義も当時はあいまいなままでした。憲法を制定するための全ロシア憲法制定会議という重要な会議の開催が予定されており、自治の承認の是非をその前に決めるべきか、憲法制定会議を待ってからにすべきかという問題も生じていました。

いずれにせよ、ウクライナ・ナショナリストは再び公に政治運動が可能となりました。帝政期の当局が行っていた抑圧的政策を二月革命が基本的に撤廃し、市民的自由が実現したからです。こうして一九一七年三月、キーウで「ウクライナ中央ラーダ」という民族組織が成立します。先ほど触れたフルシェフスキーが議長となりました。ウクライナ中央ラーダはロシアのウクライナ民族の代表者を自任し、かねてから求めていた民族領域自治の実現を引き続き目標とします。指導者はインテリ中心でしたが、社会主義的なスローガンを交えて民衆のアジテーションにも成功し、メンバーを集めて数百人単位の大きな組織に成長していきました。

中央ラーダは同年四月に「ウクライナ民族大会」を開催し、「ウクライナ民族全体の意志」として自治の承認を求める要求書を可決。これを臨時政府に提出して承認を迫ります。これに対し臨時政府は当初、中央ラーダそのものが私的な組織で、そのような団体が民族を代表したり、法的な権利を要求したりすることは認められないとして、その要求を拒否しました。しかし、中央ラーダがその後も支持を拡大していくと、その影響力を無視できなくなります。当時はまだ第一次世界大戦下でもあり、特にウクライナ地域の兵士の間で中央ラーダの人気が高まっていくと、武

第1次ウクライナ中央ラーダ事務総局
（1917年7月5日）

器をもつ兵士らが中央ラーダ側に立つ恐れも十分にありました。そのため臨時政府は安定を優先し、大臣をキーウに派遣して交渉を行わせ、最終的に自治を承認するに至ります。

この協定の内容は、中央ラーダを事実上の自治議会とし、ラーダの事務総局を自治政府とする、事実上のウクライナ自治州を成立させるというものでした。協定が結ばれたのは一九一七年六月末から七月上旬でしたが、その後も中央ラーダと臨時政府の間では具体的な権限の範囲をめぐって交渉が続きます。中央ラーダの管轄がいくつの県にわたるのか、ウクライナ自治州の官僚の任命権はどちらにあるのかなどの細かい争点をめぐって対立関係を続けながらも、中央ラーダはロシア臨時政府に従属する「ウクライナ自治政府」として整備されていくことになりました。

ウクライナ自治政府の機構

ここで、ウクライナ自治政府の機構をもう少し詳しくみておきたいと思います。ウクライナ中央ラーダは事実上のウクライナ議会の役割を果たしました。「事実上」とするのは臨時政府と中央ラーダの公的文書でそう明記されていないからですが、中央ラーダ側は自分たちがウクライナ人を代表する議会だと主張していました。この中央ラーダは、おおまかに「総会議」と幹部中心の「小ラーダ」からなります。総会議は民衆層も参加して五〇〇名以上が集まり、定期的に数日間開催されるものでした。総会議開催時以外は、中央ラーダのリーダー格のエリートからなる小ラーダが常設され、小ラーダで議論して出した決議を総会議が形式的に承認するという手続きになっていました。つまり、決議の大筋はエリートがすでに決めているという仕組みです。

そして、一九一七年六月に設置された中央ラーダの執行機関が事務総局で、これが事実上のウクライナ自治政府の役割を果たしました。首相にあたる事務総長の役職についたのは、有名な作家・ジャーナリストで、ウクライナ社会民主党に属するヴォロディミル・ヴィンニチェンコでした。他には教育・経済・軍事・労働などの大臣に相当するポストが置かれ、それぞれの「省」にあたる事務局が整備されていきます。

当初はウクライナ民族の代表者を自任していた中央ラーダですが、臨時政府による自治承認後は、ウクライナに住む非ウクライナ民族の代表者も中央ラーダと事務総局双方に加入することになります。臨時政府によってウクライナという地域全体を統治する機関として認められたことを受けて、そこに住む全民族の利害を代表しなければならなくなったからです。当時のウクライナ地域は決して単一な住民構成をとっていたわけではなく、比較的多数のユダヤ人、ロシア人、ポーランド人などの少数派が住んでいたので、事務総局にもユダヤ局、ロシア局、ポーランド局など民族問題を担当する局が設置されました。また、中央ラーダにも非ウクライナ人民族政党の代表者を加えて、地域全体の公的機関としての制度化を進めていくことになります。

プラグマティックな「独立」——ロシア十月革命とウクライナ人民共和国

こうして臨時政府統治下でウクライナ自治政府の整備が進んでいた一九一七年十月、今度はロシア十月革命、いわゆるボリシェヴィキ革命が起こります。これによってペトログラードでは臨時政府が崩壊し、ソヴィエト政権が成立しました。当然、この革命にどう反応するかがロシア各地で問題になります。中央ラーダはソヴィエト政権を認めませんでした。キーウにもボリシェヴィキの委員会があり、彼らが権力を掌握しようとする動きがあったものの、中央ラーダはそれを抑え込み、十一月初頭に「ウクライナ人民共和国」の建国を宣言したのです。

しかし、これは「独立」ではありませんでした。名称には「人民共和国」とあり独立国家のようですが、意図されたのは独立ではなく、「将来的に形成されるべき連邦ロシア内の自治共和国となる」ことでした。この宣言には、ロシアの解体は一時的なものであって、ロシア各地のボリシェヴィキ権力を認めない諸民族・諸勢力と連携することで、連邦ロシアを再建することができるだろうという展望が反映されていました。

ところがボリシェヴィキ率いるソヴィエト・ロシアは、自身に従わない反革命勢力として中央ラーダに宣戦布告し、赤軍がウクライナ東部から進攻を始めました。ハルキウには人民共和国に対抗するかたちで、ボリシェヴィキが率いる「ウクライナ社会主義ソヴィエト共和国」が成立します。十分な軍事力がないウクライナは、赤軍に対抗するための軍事的支援を模索します。その一環としてウクライナの外交団は、ドイツ・オーストリア同盟とソヴィエト・ロシアとの講和交渉（ブレスト＝リトフスク交渉）に参加することになりました。当初はイギリス、フランスの協商国側との連携を試みたものの成果はなく、結局ドイツ・オーストリア同盟側との交渉が現実的な選択肢になっていたのです。そして、この講和交渉の最中である一九一八年一月九日、独立を宣言しました。独立の目的は、外交交渉の主体となることでした。

この経緯については史料が残っています。ブレスト＝リトフスク講和交渉の場において、ドイツ・オーストリアの外交官がウクライナ外交団に、ウクライナに主権があることの証明を求めます。ウクライナ側は「ウクライナ人民共和国」の建国を表明した十一月の宣言がそれにあたると主張しましたが、ドイツ・オーストリアにとってそれは不十分なものでした。なぜなら、人民共和国は連邦ロシア内の自治共和国であると定義されており、外交権は連邦ロシアにあって、その一部にすぎない人民共和国に外交権はないとみなされたからです。困ったウクライナ側は、外交権を有していると主張するために、「独立」を宣言しました。非常にプラグマティックな理由で独立を宣言したウクライナの例は、実際の史実が、「独立国家」や「独立記念日」といった言葉が喚起する英雄的イメージとは異なる事例として、重要だといえます。

この独立宣言は功を奏し、交渉は成功しました。ブレスト＝リトフスク講和条約が結ばれると、食糧不足に陥っていたドイツ・オーストリアへの穀物輸送と引き換えに、ボリシェヴィキに対抗するための軍事的支援をウクライナが得るという協定が結ばれたのです。

なお、協定締結直前の一九一八年一月、キーウは一時的にボリシェヴィキに奪われていました。しかし、ウクライナ人民共和国はドイツ・オーストリア軍と共にキーウを奪還し、今日のウクライナ全体にほぼ相当する地域にドイツ・オーストリア軍が駐留する事実上の占領体制に入ります。そして、ドイツ・オーストリアは三月にソヴィエト・ロシアとも講和条約を結び、ボリシェヴィキにウクライナの独立を認めさせました。

かつてはロシア国内での自治を求めていた勢力、ロシアへの忠誠をそれなりに誓っていた勢力が、結果的に十月革命という変動のなかでドイツ・オーストリアと協力して独立を達成するという、非常に複雑な経緯があったことがおわかりになるかと思います。

第一次世界大戦末期のウクライナ――ウクライナ国と連携勢力の模索

独立を果たしたウクライナ人民共和国の内実をみると、指導部のほとんどは社会主義者でした。先ほど触れたように彼らはドイツ・オーストリアへの穀物輸送協定に署名こそしたものの、実は、貧しい農民から穀物を取り上げるなどということは社会主義の正義に反するとして、実際に穀物徴発に応じるつもりはありませんでした。

しかし、食糧問題を喫緊の課題とするドイツ・オーストリアは、社会主義者で占められるウクライナ人民共和国の体制転換を目指します。ドイツは、土地分配などの改革を嫌う地主などウクライナの反社会主義的な保守勢力と連携して一九一八年四月にクーデタを成功させ、占領軍であるドイツ・オーストリアに忠実な

「ウクライナ国」を成立させます。こうして中央ラーダが率いたウクライナ人民共和国はわずか数カ月で消滅することになりました。新生ウクライナ国は君主国で、君主号にはかつてのコサック時代にあったヘトマンが用いられ、パブロ・スコロパツキーが初代ヘトマンとなりました。スコロパツキーはとても興味深い人物です。ロシア帝国軍の将校だったスコロパツキーはウクライナの出身で、近世ウクライナ・コサックのヘトマンの末裔でもありました。かつてはドイツ・オーストリアの傀儡とみなされていたのですが、実はかなり主体的に行動していたことが近年の研究でわかっています。回想録ではウクライナ・ロシア双方への愛情を記し、ウクライナ国は傀儡政権ではなく、ウクライナ文化とロシア文化の共存を目指したのだと主張しています。

スコロパツキー（中央右）とウクライナ国首相リゾフブ（中央左）（1918年）

ウクライナ国政府は、帝政期や臨時政府期に活動した官僚、穏健派ウクライナ民族主義者、経済界の代表者など、雑多なメンバーで構成されていました。「ウクライナ民族国家」としての建前上、かつての人民共和国の指導者らに対しても政府への参加を求めましたが、そのほとんどが協力を拒否したのです。そのためウクライナ国政府は、さながら秩序の回復を求める非社会主義者の実務政権の様相を呈しました。

一九一八年の間はドイツ・オーストリア占領軍の存在もあり、相対的に安定した統治が実現します。ドイツ・オーストリアは国内政治にほとんど干渉しなかったので、教育・文化面でのウクライナ化がこの時期にかなり進展しました。例えば、今も存続するウクライナ科学アカデミーという機関は、この時期に設置されたものです。

しかし、ウクライナ国にもたらされた安定はつかの間で、重大な事件とともに終わりを迎えます。一九一八年十一月の、第一次世界大戦の終結です。大戦の結果、ドイツ・オーストリアが敗戦国となり、ベルリンとウィーンでは革命が起こって、両国ともに帝政が崩壊するという混乱が生じました。ウクライナからもドイツ・オーストリア軍が撤退を始めたため、ウクライナは再びボリシェヴィキに対する軍事的な後ろ盾を失うことになります。

ボリシェヴィキへの敗北だけは何としても避けたい、そのためには独立でなく自治でもいい――これがウクライナ国の方針でした。そこでヘトマンは、「ウクライナの独立を解消してロシアと連邦を組む」と宣言し、北カフカースで活動するロシア白軍（非ボリシェヴィキ勢力）と、それを支援するイギリス、フランスとの連携を模索します。当時、ボリシェヴィキ体制に反対するロシア人エリートは多く、帝政や臨時政府を率いた勢力がロシア南部に集まって反ボリシェヴィキ連合を結成していたのです。

しかしこの宣言とほぼ同時期に、旧ウクライナ人民共和国の指導者がウクライナ各地で人民蜂起を組織するようになります。ドイツ・オーストリア軍の撤退はボリシェヴィキだけでなく、国内の反体制派にとってもチャンスだったからです。この蜂起に参加する人々の動機は様々で、ロシアとの連邦に反対する民族主義者もいれば、ウクライナ国の指導部に批判的な社会主義者も多く参加していました。結果的にウクライナ国がロシア白軍などとの連携を実現する前に人民蜂起軍がキーウに入城する事態となり、ヘトマンは退位してドイツに亡命します。こうして、蜂起を指導した組織「ディレクトリア」が一九一八年十二月に政権を樹立し、四月のクーデタで倒されたウクライナ人民共和国の復活を宣言したのでした。

ディレクトリア政権と東西ウクライナの「統一」

このあと、ウクライナは内戦に突入し、独立国家が消滅するというプロセスをたどりますが、そこに話を進める前に少し時間を巻き戻して、ハプスブルク帝国下のウクライナに目を向けておきましょう。

第一次世界大戦末期の一九一八年秋、ハプスブルク帝国では解体の動きが進んでいました。チェコ人の動きを皮切りに様々な民族組織が各地で独立や隣接国家への併合を決議していくなか、ガリツィアやブコヴィナで活動した民族主義者らが一九一八年十一月、リヴィウにおいて「西ウクライナ人民共和国」の成立を宣言します。彼らはハプスブルク帝国領のウクライナ人地域（東ガリツィア、北ブコヴィナ、ザカルパチア）全体を統合してその領土とすることを目指し、一時的に東ガリツィアのリヴィウ周辺を制圧することに成功します。すぐにガリツィアの帰属をめぐって独立ポーランドとの間でウクライナ・ポーランド戦争が勃発することになりますが、一時的に、かつて帝国支配下に置かれた東西ウクライナ地域がいずれも独立を達成するという状態が生じました。

そうしたなか、翌年の一九一九年一月、キーウで東西ウクライナの合同宣言が出されます。その内容は、ウクライナ国を倒して成立したディレクトリア政権によるウクライナ人民共和国と、リヴィウの西ウクライナ人民共和国の統合でした。宣言によれば、西ウクライナ人民共和国領は自治州としてウクライナ人民共和国に加入するものの、独自の政府機構を維持するというかたちになっていました。その後の経緯も踏まえるとこの宣言は実態を伴わないものでしたが、初めて東西ウクライナの統一が宣言されたことの象徴的な意義は大きかったといえるでしょう。

この合同宣言と前後して東西ウクライナ軍も合流し、ウクライナ・ガリツィア軍（西ウクライナ人民軍）がディレクトリア政権の軍と共同して戦闘に参加するようになります。ディレクトリアの軍隊が寄せ集めの貧弱なものであったのに対し、ハプスブルク時代の正規軍に起源をもつウクライナ・ガリツィア軍はよく組織されており、その後の内戦期の軍事行動を支えていく存在になっていきます。

では、ロシアでウクライナ人民共和国を復活させたディレクトリア政権に話を戻しましょう。これは、単独の指導者を置かず五人組の多頭制をとるディレクトリアという組織が率いた政権で、実質的な指導者はヴィンニチェンコとシモン・ペトリューラという二人の人物でした。二人とも社会主義者ではあったものの、ヴィンニチェンコは左派、ペトリューラは右派に属し、異なる政治的立場に立っていました。

ヴィンニチェンコは「帝国主義諸国」とみなされた英仏との協力よりも、同じ社会主義の目標を共有するボリシェヴィキとの和解を目指していました。ウクライナの独自性はボリシェヴィキにも認めさせるべきだと主張しつつも、民族主義的な社会主義をボリシェヴィキと共に実現できるのではないかと考えていたのです。一方のペトリューラはボリシェヴィキとの協力を否定し、第一次世界大戦の勝者となったイギリス・フランスの支援を得てボリシェヴィキに対抗すべきだという立場でした。この対立は政権内でより多くの支持を受けたペトリューラの勝利で終わることとなり、ヴィンニチェンコが下野する結果となりました。こうしてペトリューラは、ディレクトリアの実質的な代表者と軍事司令官を兼ねる、独裁官的な立場につくことになります。

「ウクライナ革命」の終焉

ディレクトリア政権はペトリューラの路線に基づき、対ボリシェヴィキ干渉軍を派遣していたフランスと、ウクライナ南部のオデーサで交渉を行います。しかし、イギリス・フランスとの連携は失敗に終わりました。当時ディレクトリア側はロシア白軍に対し、将来的な連邦ロシアへの加入を交渉材料として、独立を捨てて

ピウスツキ（中央左）とペトリューラ（中央右）
（イヴァノ＝フランキフスク、1920年9月5日）

連邦ロシアに加入してもいいから支援してほしいともちかけていたのですが、ロシア白軍はウクライナの自治すら認めようとしていませんでした。イギリス・フランスは対ボリシェヴィキ勢力の要としてロシア白軍を位置づけていたため、そのロシア白軍に支持されないディレクトリア政権を援助することはできないと考えたのです。

　軍事的支援を得られなかったディレクトリア政権は一九一九年二月、キーウをボリシェヴィキに奪われると、ウクライナ南西部のカミャネツ＝ポジルスキーに拠点を移します。ディレクトリア政権が存続したのは一九一九年から一九二一年までのおよそ三年間ですが、一九一九年後半の戦況はもっぱらロシア白軍とボリシェヴィキの戦いという構図を呈し、ディレクトリアは周縁化されていました。キーウから撤退して追い込まれたディレクトリア政権は次なる同盟相手を求め、ペトリューラが自らワルシャワを訪問してユゼフ・ピウスツキ率いるポーランドと交渉を行い、ガリツィアのポーランド支配を認める代わりにウクライナの独立を承認させ、ソヴィエト軍に共闘する協定を締結します。

　ガリツィアのポーランド支配を許すというこの決定は、西ウクライナ人民共和国を率いていたガリツィア出身のウクライナ人を激怒させました。ペトリューラとしてはウクライナの中心部であるドニプロ周辺を奪還するために支払うべき代償のつもりでしたが、この決定により、ディレクトリア政権とガリツィア側との亀裂が決定的となります。なお、この協定を結んだポーランド側には、対立するソヴィエト・ロシアとの間に自らに友好的な緩衝国がある方が地理的な意味で好都合だという思惑がありました。また、この協定の条件は対等ではなく、ポーランドに有利な内容となっており、例えば共同軍事作戦の指導権はポーランド側が握っていました。

この協定のおかげでポーランド・ウクライナ同盟軍は一九二〇年に一時的にキーウ奪回に成功するものの、ソヴィエト軍の反攻を受けたポーランドはウクライナへの姿勢を変化させていきます。ポーランド・ソヴィエト戦争としてよく知られる戦いでは、最終的にポーランドが押し返したものの、ソヴィエト軍が首都のワルシャワに迫った危機的戦局がありました。ポーランド側はウクライナの独立よりも自身の国境の確保を優先すべく、ソヴィエト政権との講和に傾き、一九二一年にリガ条約を結びます。ここでポーランドは、ウクライナを統治する権力としてディレクトリア政権ではなく、「ウクライナ社会主義ソヴィエト共和国」、つまりボリシェヴィキ政権を承認することとなり、ディレクトリア政権は再び同盟相手を失い孤立する結果になりました。

この時点ですでにディレクトリア政権の指導部はポーランドに亡命しており、ポーランド・ウクライナ国境付近でわずかな勢力を維持するのみの状態でした。ディレクトリアの残党が最後に行ったゲリラ的な冬作戦（一九二一年）も失敗に終わり、これをもって「ウクライナ革命」は終わったとされています。以後、ディレクトリア政権の幹部は亡命政権としてヨーロッパで活動していくことになります。

諸勢力の乱立と暴力の時代 ——「ウクライナ内戦」とソヴィエト政権の勝利

一九一九年以降の「ウクライナ内戦」の時代は、全体として「諸勢力の乱立と暴力の時代」と呼ぶことができると思います。ドイツ・オーストリア軍の撤退とともにウクライナ国の安定的な統治が終わると、どの体制も中心都市以外の農村部を実効支配することができませんでした。これはディレクトリアに限らず、白軍やソヴィエト政権も同様でした。その結果、農民が率いる「農民共和国」や、有力者（アタマン）の私兵からなる軍閥政権が各地に成立します。彼らは民族主義や社会主義などのイデオロギーよりも地縁や経済的利害で動き、それに応じて頻繁に同盟相手を変えるという特徴がありました。最も有名なのはネストル・マフノというアナーキストや、南ウクライナで広大な地域を支配したアタマンのニキフォル・フリホリイウですが、彼らはむしろ例外的な存在で、より小規模な勢力が数多くウクライナ各地に乱立する状況でした。この結果、警察・裁判が機能せず、医療・衛生環境は劣悪で、ユダヤ人ポグロムに代表されるような残虐な暴力が横行したり、チフスなどの感染症の流行で多くの命が失われたりすることとなります。

最終的に内戦の勝者となったのは、ソヴィエト政権でした。ソヴィエト政権は東ウクライナのハルキウを拠点として、白軍、フランスの干渉軍、ディレクトリア、ポーランドなどと戦い、一九二〇年から二一年にかけてウクライナ全土の支配を確立していきます。そして、形式的には独立国家として存在していたウクライナ社会主義ソヴィエト共和国が一九二二年、ロシア、ベラルーシ、ザカフカースと並び、原加盟国としてソヴィエト連邦を構成することとなりました。このソ連形成をもって、本当の意味でウクライナ独立国家の時代は終わったといえるかもしれません。

一方、旧ハプスブルク帝国下の西ウクライナ（ガリツィア、ブコヴィナ、ザカルパチア）も独立を保つことはできず、第一次世界大戦の戦後処理の過程で東ガリツィアはポーランド領、北ブコヴィナはルーマニア領、ザカルパチアはチェコスロヴァキア領、というかたちで分割されていきます。これらの地域は第二次世界大戦で初めてソ連構成国のウクライナに併合され、その結果として、現在もウクライナ領に属しています。

おわりに　――ウクライナ史学の課題

最後に三点、重要なポイントをまとめます。まず一点目は、ウクライナ地域にウクライナ民族主義者が指導する独立国家が誕生したのは、第一次世界大戦とロシア革命による帝国支配の崩壊が契機になったという点です。言い換えるなら、大戦と革命がなければウクライナの独立は難しかったということです。これは、単にウクライナ民族主義が弱かったからということではなく、独立国家を生みだすためには国際的な条件が整う必要があり、特にこの時代はそれが難しかったという背景がありました。

二つ目のポイントは、民族主義者は当初より独立を求めていたわけではなく、一九一八年一月の独立後も、軍事的支援を得るために「ロシアとの連邦制」と「独立」との間で揺れ動いていたということです。これは、イギリス・フランスと組むためには連邦制、ドイツ・オーストリアと組むためには独立という構図でまとめられます。イギリス・フランスと組んでボリシェヴィキと対抗したロシア白軍がウクライナの独立を認めなかったため、ウクライナ側は譲歩するかたちで連邦制を受け入れました。一方でドイツ・オーストリアにとってはウクライナをロシアから離反させることにメリットがあったので、その支援を得るために独立を掲げました。それぞれの選択の経緯は、かなりプラグマティックなものだったということが重要です。

そして三点目は、大戦による国境線の流動化が東西ウクライナの合同を議論の俎上にのせ、一九一九年一月に、形式的ではあったもののそれが実現した点です。西ガリツィアの分割、ドニプロ・ウクライナの独立

ウクライナ革命博物館（2017年9月26日、著者撮影）

の喪失により、東西ウクライナ合同の課題は第二次世界大戦期まで残されることになりましたが、それでも民族的政治単位としてのウクライナが世界史の地図上に初めて登場したという点で見逃すことができません。

今回お話しした「ウクライナ革命」の時代は、ウクライナ国内において、「民族革命」「民族解放運動」として英雄的に語られます。これは市民レベルだけでなく専門家レベルでも同様で、ウクライナ科学アカデミーが「ウクライナ革命研究」専門の雑誌を出しているほどです。象徴的なのがキーウにある「ウクライナ革命博物館」で、一九一七年のウクライナ民族運動を率いたウクライナ中央ラーダが置かれていた建物に入居しています。当時の衣装や文書などを展示する小規模な博物館ですが、革命に特化した博物館があること自体、記憶における重要性を示しているといえます。

一方で、こうした「民族革命」「民族解放運動」という歴史観が一面的に過ぎるのではないか、キーウで活動したインテリに関心が集中しすぎているのではないかという批判も、専門家レベルにはみられます。今、ウクライナ内外の研究者らは、地方の動向や、ウクライナ地域の非ウクライナ人らの活動、大衆の民族意識、諸外国のウクライナ政策など、様々な問いに取り組み始めているところです。

コラム　私の視点

ウクライナの歴史とアナロジーの危険性

ロシアのウクライナ侵攻が始まってから、たびたび質問を受けることがあります。かつてウクライナが東のロシアと西のポーランド・リトアニアやドイツ・オーストリアとのあいだで揺れ動いていたという歴史が、今回の戦争ではロシアとアメリカ・EU（欧州連合）との間で再現されているのではないか、という質問です。

確かに「ウクライナは地理的にヨーロッパとロシアの狭間にある」ことや、「ウクライナがどちらに属するのかをめぐって綱引きをする構図が、現在のEUとロシアの関係において重要である」という点については、間違いはないでしょう。

しかし一方で、歴史研究者としては、この戦争に「歴史的なアナロジー」を見出すことは危険であると思うこともあります。なぜならば、第一に、実際の歴史は、西欧とロシアの二分法では理解できない複雑さをもっているからです。例えば、近世にはオスマン帝国が重要な隣国であったこと、今回扱った第一次世界大戦と革命の時代には西欧諸国同士が戦争状態にあり、ウクライナについて異なる展望をもっていたことが指摘できます。第二に、常にヨーロッパとロシアの争いに翻弄されてきた地域としてウクライナをみるとき、ウクライナの人々の主体的な選択という視点が抜け落ちてしまうことがあります。「歴史的なアナロジー」に過度に頼ることは、「ロシアと長年にわたって敵対してきた西側諸国がウクライナをそそのかしてロシアから離れさせ、ロシアを弱めようとしている」というプーチン大統領がウクライナ侵攻を正当化するナラティヴ（物語）に乗ることにもつながります。現在の戦争を地政学的なロシアとヨーロッパの対立に還元するのではなく、プーチン・ロシアという体制それ自体を、国内政治も含めて固有の現象として分析すること、そしてウクライナの人々がまさにいま経験している惨禍に目を向け、彼らの主体的な選択に耳を傾け続けることが重要だと考えています。

第6講

ウクライナにおけるユダヤ人の歴史

鶴見太郎

はじめに ――ユダヤ人とは何か

私は社会科学、特に歴史社会学をフィールドとしており、ロシア・ユダヤ史や、そこから生まれたシオニズム、そしてイスラエル国家に至る歴史について研究しています。ここではウクライナ地域におけるユダヤ人の歴史がどのようなものであったのかを概説してみたいと思います。

導入としてユダヤ人とはどういう人々で、ユダヤ教とはどのような宗教かという点について触れておきましょう。狭義の定義としていえば、ユダヤ人とは「ユダヤ教を中心に据えている人々」ということになります。個々がそれを真面目に実践しているかどうかは別にして、「自分はユダヤ人だが、ユダヤ教とは親戚含めまったく関係がない」というユダヤ人はほとんどいないと思います。

そうするとユダヤ教とは何かということになりますが、一般的によく知られているキリスト教やイスラームは、どちらもユダヤ教から派生したものです。そのため、世界の宗教のなかではこの二つがユダヤ教に最も近いことになります。ユダヤ教がキリスト教と大きく違っていて、イスラームと比較的近い点はルール（戒律）の重視です。ルールに従って生きることがユダヤ教では最も重要で、イスラームもそれに近いところがある一方、ユダヤ教が形式主義的過ぎるとして飛び出したのがイエス・キリストであるという経緯もあり、キリスト教は形式よりも信仰心をもつことを重視するという違いがあります。

逆にいえば、ユダヤ教の立場としては信仰心があるかないかは他人にはわからないので、極端にいうとどうでもよく、いかに宗教のルールにきちんと従っているかを示すことが大事で、それを一生にわたり実践していくのがユダヤ教徒であるという考え方です。

日常的にはとても細かなルールがあり、よく知られるのが食物の規定です。イスラームに豚肉を食べてはいけないという戒律があるのはご存じだと思いますが、ユダヤ教ではお酒を飲むことが許されている以外、イスラームより厳しく、細かな食物規定があります。豚肉がダメなのはイスラームと同じですが、ほかに、貝やエビなど、ヒレとウロコのない魚介類は全般的に禁止で、牛肉や羊肉についても乳製品と一緒に食べてはならないとされており、チーズバーガーはご法度です。乳製品を食べた後は次の食事まで肉は食べられない、そういうルールもあります。

ユダヤ教では土曜日が安息日となっていて、これは「休んでもいいよ」ではなく、「仕事をしてはならない」という禁止規定です。その場合、何を労働とするかについても厳格に定められており、例えば「火を起こす」ことも労働として禁止されます。この「火を起こす」ことには家の照明などのスイッチを操作すること（スイッチの機構内で一瞬火花が飛ぶため）も含まれるため、安息日の夜、寝る前に電気を消すこともできないことになります。こうしたルールが数多くあって不自由に感じられるかもしれませんが、家族や信者同士でそれらを守ることでコミュニティの信頼感を醸成し、仲間意識が生まれるという点が重要です。ユダヤ人は世界中の様々な地域に散らばりながら繋がりあっており、そのユダヤ人の間の信頼の源泉こそが、ユダヤ教のルールをしっかり守っているということなのです。

ユダヤ人は歴史的に商業や金融に携わってきましたが、商取引やお金の貸し借りも信用で成り立っています。相手が約束を守る人物かどうかを判断する際に、ユダヤ教のルールを厳格に守っている人物であれば、信用できると考えます。現在のパレスチナ／イスラエルがある地域に太古の昔から暮らしていたユダヤ人はその後世界各地に散り散りとなりながら、いわば信頼のネットワークによって世界中のユダヤ人同士が様々なかたちで繋がりあいながら暮らしてきました。

ウクライナ地域とユダヤ人 ――古代・中世

ユダヤ人が世界中に散らばっていった際に、行き着いた先の一つがウクライナ地域です。実際に世界のユダヤ人の歴史をみてもウクライナは重要な位置を占め、特にロシア東欧地域のユダヤ史の代表例にして最も多様な展開がみられた地域といえます。時期によってはロシア東欧地域で最も多くのユダヤ人人口を抱えており、十九世紀末の段階でロシア帝国のユダヤ人人口およそ五二〇万のうち、ウクライナ地域だけで一六〇万（ウクライナ地域人口の八％）が暮らしていました。

それだけ多くのユダヤ人がいたということは、ユダヤ人が活躍できる何かしらをウクライナ地域がもっていたということでもあり、それはウクライナ史の豊かさ、ダイナミックさの象徴でもあります。しかしその一方で、ウクライナ・ユダヤ史にはウクライナ人もロシア人も触れたがらない暗部も存在します。その一例がポグロムと呼ばれるユダヤ人に対する迫害事件や二十世紀のホロコーストで、それらはウクライナ地域でも起こったものです。それにはウクライナ人だけなく、ロシア人やポーランド人も関わっていますが、ユダヤ人以外は誰もこの話は語りたがらない傾向があります。ただ、ウクライナのユダヤ人が歴史的にどのような経験をしたのかということを通して、ウクライナという場所が置かれてきた文脈や、ウクライナ史で意識されてこなかった側面などがみえてくるのではないかと思います。

古代から中世にかけてのユダヤ人とウクライナ地域との関わりとしては、紀元前から黒海沿岸地域にギリシア商人とともに入った形跡が残っています。商人ですからそれほどの人数ではなく、ごく少数の行き来であろうと思われます。その後、黒海北東部からウクライナのキーウ（キエフ）までを支配したハザール王国で八世紀半ばに、王国の上層部がユダヤ教に改宗しています。こうした例は世界史上唯一かと思いますが、そのころすでにユダヤ教徒らの商業ネットワークが重要になっており、ユダヤ人を自分の味方につけておく経済的な動機からユダヤ教へ改宗したのではないかと思われます。ただ、支配下の一般の人々までが改宗した痕跡はありません。

十三世紀にはタタールが侵入し、それまでウクライナ地域に少数ながら存在していたユダヤ人が生き延びた形跡はほとんどありません。キーウには多少残り続けますが、それも十五世紀末に追い出されてしまいます。つまり、現在に続くウクライナ地域のユダヤ人の大半は、その後にウクライナへやってきた人々の末裔ということになります。

ポーランド・リトアニア時代 ――「中間マイノリティ」としてのユダヤ人

ウクライナのユダヤ史において最も重要なのは、十四世紀以降のポーランド・リトアニア時代です。中世ヨーロッパでは十六世紀からの宗教改革に伴い反ユダヤ主義が吹き荒れ、ユダヤ人にとっては住みにくい時代でした。ところがポーランド王国はカトリックだったこともあり、経済的なメリットを優先するかたちでラインラント地方（現在のドイツ・フランス国境周辺）に暮らしていたユダヤ人を、今風にいえば「高度人材」として誘致します。特に一五六九年以降、アレンダ制と呼ばれる賃貸借制度の下で、ユダヤ人はポーランド貴族に雇われていくようになりました。ポーランド貴族は各地に領地を所有していましたが、地方の農村まで出かけることはなく、代わりにユダヤ人を管理人として働かせたのです。またユダヤ人はウクライナ農民からの徴税や土地使用料など、様々な取り立ての権利のほか、酒造の権利まで付与されました。

こうして十七世紀半ばには、ウクライナ地域のユダヤ人はおよそ四万人にまで増え、ドニプロ（ドニエプル）川右岸には二〇〇ほどのユダヤ人の共同体ができるようになります。それ以降もユダヤ人の流入が続き、十八世紀半ばには三〇万人にまで増加しています。ユダヤ人は「カハル」（ヘブライ語で「共同体」の意）という自治機構を発達させながら、広い地域に散在するユダヤ人を緩やかにまとめていました。

また、この時代にユダヤ人が果たした経済的な機能の重要性も指摘されるところです。ポーランド貴族は現ポーランド領を南北に流れるヴィスワ川沿いなど狭い範囲の商業にしか関わっておらず、しかも大口の嗜好品の輸入にしか関心をもっていませんでした。その一方、ユダヤ商人は、農村などの地方市場に広く進出して農民の欲しい商品を広域に扱っており、しかも農民がつくったものを高く買ってくれる存在でもあったのです。ユダヤ人の商業はとても効率的で、非ユダヤ人の商人と比べて一・五倍の産品を輸出し、四倍の産品を輸入したとされており、ポーランド経済全体でみても彼らの果たした役割は大きなものだったと考えられています。

彼らのような存在のことを、社会学などでは「中間マイノリティ」と呼ぶことがあります。これはウォルター・ゼナという人類学者がアメリカのユダヤ人を念頭に提示した概念で、国の経済が強く、諸集団間の競争を支えることができれば、マイノリティは周囲の社会に同化しうるとしています。しかし、国がそのような状況にない場合には、暴力がマイノリティに向かうことがあるといいます。これは実際にポーランド・リトアニア時代にみられた現象で、ポーランド経済が傾いて社会不安が広がるような状況になると、最初に暴力の対象になったのがユダヤ人でした。

当時のウクライナ地域の農民層には、徴税や取り立てを担うユダヤ人へのネガティブなイメージが底流にあったと思われます。また雇う側のポーランド人にしても、みながユダヤ人を歓迎したということではありません。それでも経済が全体的に潤っている状況ではユダヤ人の存在がメリットをもたらすものとして受け止められますが、不況・混乱に転じるとユダヤ人へのネガティブな偏見・暴力が浮上するようになります。

ウクライナ・ユダヤ史では「悪役」のフメリニツキー

ウクライナのユダヤ史として、ユダヤ人の間で記憶されているのが「フメリニツキーの乱」（一六四八〜五七）です。すでにこのシリーズ講座でも触れられていると思いますが、標準的なウクライナ史では、ウクライナを支配していたポーランド貴族に大規模な反乱を起こした歴史的英雄として扱われる傾向があります。ところが、ユダヤ人の間では、フメリニツキーは恐れられる存在、「負の歴史」の主人公という位置づけで記憶されています。なぜなら、フメリニツキーの乱でウクライナ地域のユダヤ人口の半数が死亡したとされているからで、この事件はウクライナ・ユダヤ史のなかでも大きな転機として語られてきました。本来、ユダヤ人はこのときに様々なかたちで関わりをもっており、フメリニツキーに敵対した側もいれば、逆にフメリニツキーを助けたユダヤ人もいました。しかし、現在ではどちらかというとユダヤ人の被害の側面が強調される傾向にあります。

どうしてそれほどの数のユダヤ人が被害を受けたかというと、先ほど触れたように、農民層からよく思われていなかったということが大きいでしょう。フメリニツキーはウクライナ・コサックのリーダーで、そもそもコサックもポーランド貴族の支配を嫌って自由な身分になろうとした人々であり、ポーランド貴族に対しては抑圧されているという意識を強くもっていました。そうすると、貴族に雇われているユダヤ人は「貴族の手先」、ポーランド貴族による抑圧に加担する側として受けとられ、ユダヤ人が迫害の対象となったのです。しかも農村の近くに住むユダヤ人の方が攻撃しやすいということで狙われることにもなりました。

ただここで指摘しておきたいのは、中世の西ヨーロッパでみられる、キリスト教に基づく宗教的な意味での反ユダヤ主義との違いです。ウクライナやポーランド、ロシアなどで生じた反ユダヤ主義は、西ヨーロッパで見られたような強制的な改宗を意図した宗教的な意味での攻撃ではなく、もっぱら社会経済的な動機によるものでした。もちろん彼らがカトリックでもなく正教徒でもないユダヤ教徒だという点も迫害の要因には数えられますが、宗教的な動機では説明できないケースが多く、むしろ社会経済的な動機が関わっていることが多くありました。

この時期のユダヤ人の集落を地理的にみると、それは主にキーウの西側に点在していました。その当時、キーウの東側にはユダヤ人集落は少なかったのです。しかしその後、ユダヤ人はより東方へ広がっていくのですが、それはウクライナ地域がロシア帝国の支配下に入った時代のこととなります。

ロシア帝国下ウクライナのユダヤ人

十七世紀から十八世紀にかけてポーランドが弱体化する一方でロシア帝国が勢力を広げるようになり、ウクライナ地域も東部が徐々にロシア帝国の支配下に入っていくことになりますが、ウクライナ・ユダヤ史にとって最も重要なのは十八世紀末のポーランド分割です。これにより、西部のガリツィアなどを除くウクライナ地域の大半がロシアに編入されることとなり、その地域のユダヤ人の所属先もポーランドからロシアへ変更となりました。

ポーランド貴族とは異なり、ロシア帝国のツァーリ（皇帝）政府は、キリスト教的な意味合いでユダヤ人に対してとても懐疑的、敵対的でした。ユダヤ人のコミュニティであるカハルについても、一八四四年に公式には廃止しています。ただ、地域の経済にとってのユダヤ人の活動の重要性についてツァーリ政府もある程度は理解しており、完全に排除しようとすると地域経済に悪影響を及ぼすという認識から、カハルの廃止も名目的なものにとどまりました。その結果、ポーランド＝リトアニア時代とあまり変わらないかたちでユダヤ人は生活を続けていくことになります。

ウクライナ地域のユダヤ人は東欧ユダヤ人全般の言語であり、ドイツ語のユダヤ方言とでもいうべきイディッシュ語（文字はヘブライ文字で書きます）を使用していましたが、そうしたなかでユダヤ人とウクライナ人との間には緊張関係があった一方、日常的に市場を通して関わりをもったことから、イディッシュ語とウクライナ語が語彙を相互に借用しあうといった交流もみられました。ウクライナ地域の

商業などに従事するロシア帝国下ウクライナのユダヤ人
（Eugene M. Avrutin et al. eds., Photographing the Jewish Nation: Pictures from S. An-sky's Ethnographic Expeditions, Waltham: Brandeis University Press, 2014.）

ユダヤ人が子ども、特に女児にウクライナ的な名前をつけることもありました。これはユダヤ人の家父長制により男子はユダヤ的に育てたいのでユダヤ名、女児はその縛りから外れるためですが、日常世界でもウクライナ人との交わりが深かったことがうかがえます。ウクライナは農業国で、十九世紀末時点で地方人口の九四％が農業に従事していた一方、ロシア帝国内のユダヤ人の二九・六％が商業、三五・五％が工業労働者となっており、ウクライナ人とユダヤ人では職業の構成がかなり異なっていたことが数字からもわかります。

ユダヤ人人口がウクライナ地域で増えていくなかで、世界のユダヤ教の状況からみて両極端な新しい潮流も生じました。一つは十八世紀中盤にウクライナで発展した神秘主義的な敬虔派のハシディズムです。これは伝統的なユダヤ教の形式主義への反発からきており、真の信仰とは儀式や戒律を形式的に守ることではなく、すべての存在に内在する神を認識することで、それは祈りによって可能となるという考え方をもっています。正統派のユダヤ教からすると異端ではあったものの、共存するかたちになって今日では正統派ユダヤ教の一つとされています。ウクライナ中部のウマンはハシディズムの巡礼が行われる聖地となっており、今でもイスラエルなどからユダヤ人が巡礼に訪れています。

その一方で、十九世紀の後半にウクライナ南部、特にオデーサは伝統を脱するユダヤ人の拠点として発展していきます。これは「近代主義的なユダヤ人」というべき人々で、伝統的なユダヤ教をほとんど捨てながら、それでも帰属するウクライナやロシアの文化に完全に同化することなく、ユダヤ人としての意識を保ち続けてコミュニティを維持していた人々です。ウクライナ南部地域はロシア帝国が開発していった土地で、商工業が発展して経済が重要な地域となり、ヨーロッパ史において移民というのは東から西に移動するのが主なパターンですが、オデーサには西部のガリツィアなどから移民がやってくるほど発展していました。

ポグロムはなぜ起こったか――迫害の実態

ロシア帝国下のウクライナ地域では増加するユダヤ人とウクライナ人との交流が深まる一方で、冒頭でウクライナ史の暗部として触れたところのポグロム（ユダヤ人虐殺）がしばしば発生することになりました。主なポグロムとしては、まず十九世紀後半の一八八一～八四年に起こったポグロムがあります。オデーサではそれ以前にも何度か発生していますが、このポグロムがその後のシオニスト運動のきっかけになりました（シオニスト運動については後述）。そして二十世紀初頭、一九〇三～一三年にも起こっており、これは特に日露戦争やロシアの一九〇五年革命による混乱がきっかけでした。いずれも、経済が急速に工業化するなかで農民の生活圏に変化が訪れ、経済が傾いたタイミングで困窮化した彼らがユダヤ人に半ば八つ当たりしたような構図がありました。

　また一九一一～一三年には、これはポグロムではないのですが、ベイリス事件、別名「血の中傷事件」と呼ばれる、ユダヤ人への偏見がもとになった事件が起きています。これに似たケースは世界各地のユダヤ人の歴史にもよく見られます。

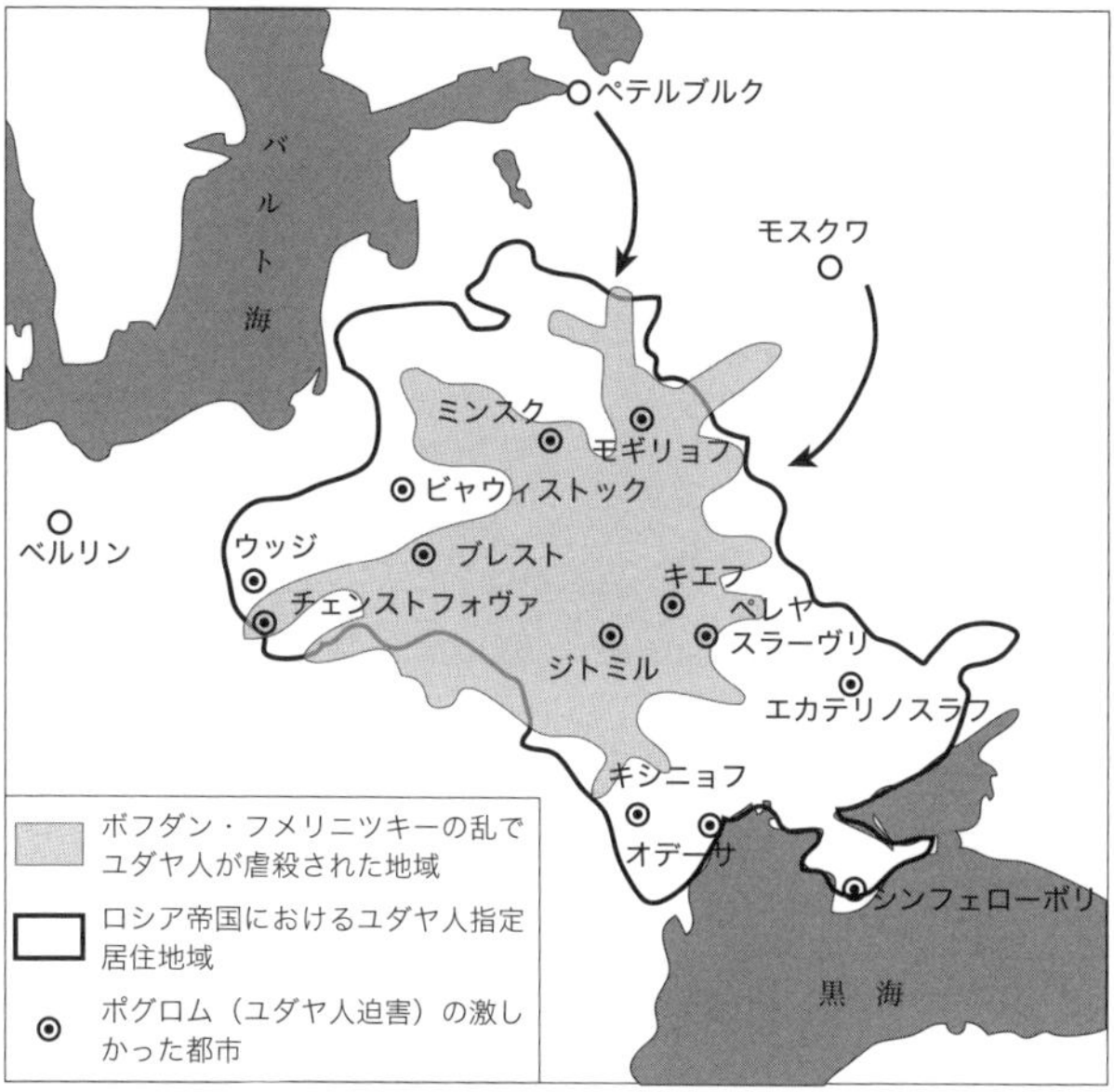

東ヨーロッパにおけるユダヤ人迫害

キリスト教徒などの間では昔から、ユダヤ人は儀式でキリスト教徒の子どもの血を使うらしいといううわさが流布してきました。もちろんそれは実際にはありえませんが、ユダヤ人とは何をしているのかよくわからない怪しげな人々であるというイメージから派生した空想であると考えられます。このときも、ウクライナのある農村でキリスト教徒の少年が行方不明となり、後に遺体で発見されました。当局もユダヤ人が少年の血を抜くために誘拐したに違いないと見立て、ベイリスというユダヤ青年が逮捕されたのがこの事件です。その結末については後で触れます。

1919年のポグロムで破壊されたウクライナ西部ジトーミルのユダヤ人経営の商店（Jeffrey Veidlinger, In the Midst of Civilized Europe: The Pogroms of 1918-1921 and the Onset of the Holocaust, London: Picador, 2021）

最も悲惨だったのが、一九一七年十月革命でロシア帝国が崩壊した後の内戦期に発生した、一九一八〜二一年のポグロムです。この時期はボリシェヴィキが政権を奪取したあと、それに反対する自由主義者やロシア・ナショナリストらが白軍として対抗し、ロシア各地が戦場になるなかで、最も激しい戦闘が行われたのがウクライナでした。このときウクライナではボリシェヴィキ、白軍だけでなくロシアからの独立をうかがうウクライナ・ナショナリストも「第三の極」として加わるなかで、ユダヤ人は不利な状況に置かれ、「お前はどっちの味方だ」ということを諸勢力から突きつけられることになります。偏見も含めて当時流布していたのは、ユダヤ人はボリシェヴィキの手先だ、共産主義者だというものでした。そうなると白軍だけでなく、ウクライナの統一に対する敵だとウクライナ・ナショナリストからも迫害されることになります。もちろん白軍にもユダヤ人がいましたし、ウクライナ・ナショナリストの側につくユダヤ人もいたのですが、偏見からどうしてもユダヤ人として一括りで考えられてしまうのです。

ユダヤ人の多くは商店を営んでおり、そうした商店が襲撃されたり、殺人や女性への暴行などが頻発したりしました。混乱した時期なので正確な数はわかりませんが、六万〜二〇万人のユダヤ人が虐殺されたとみられています。ポグロムはロシア帝国全土で発生し、なかでもウクライナ地域が最も激しかったことは事実です。

新天地を目指すユダヤ人

こうした事態を受けて、ウクライナ地域を含むロシア帝国領から出ていこうとするユダヤ人の移民が増えるようになります。もっとも、迫害だけが理由だったわけではなく、それ以上に大きいとされるのが経済的な理由でした。実はこの時期、ロシア帝国でも資本主義が急速に発展していました。それなら出ていく必要はなさそうに思えるかもしれませんが、ウクライナ地域のユダヤ人らは比較的小規模な商業、手工業であったため、非ユダヤ系の大資本の登場で、圧倒的多数のユダヤ人は職を失うことになりました。

そうした事情から、ウクライナ地域のユダヤ人は経済的に活況を呈していたアメリカ合衆国を目指します。一八八一年から一九一〇年の間にアメリカへ移民したユダヤ人の出身国別人数をみると、全体の七割を占めたのがロシア帝国からの移民で、その数は一一〇万人を超えていました。おそらく、その数の半数程度がウクライナ地域からの移民ではないかと考えられます。

一方で、十九世紀末頃から世界各地のユダヤ人が失われた母国があった地に自らの民族国家をつくろうとする、いわゆるシオニスト運動が始まります。それに伴い、ウクライナ地域からパレスチナへ渡って入植し

出身国	ユダヤ移民数（人）	比率（%）
ロシア帝国	1,119,059	71.6
オーストリア＝ハンガリー	281,150	18.0
ルーマニア	67,057	4.3
イギリス	42,896	2.7
ドイツ	20,454	1.3
カナダ	10	0.6
トルコ	5,276	0.3
フランス	2,299	0.1
その他	14,903	1.0

アメリカ合衆国への出身国別ユダヤ移民数（1881～1910年）
出典／野村達朗『ユダヤ移民のニューヨーク――移民の生活と労働の世界』（歴史のフロンティア、山川出版社1995年）

ようとする人々も現れるようになりました。また第一次世界大戦がはじまると、それまでもユダヤ人に懐疑的な目を向けていたロシア帝国はその傾向をさらに強め、西部国境地域のユダヤ人をロシア内地へ半ば強制的に移住させるといったことも起こっています。もちろんそのままウクライナ地域に残ったユダヤ人もいますが、この時期は彼らが東西に大きく移動した時期でもありました。

こうしてみてくると、ウクライナ地域のユダヤ人の歴史は不幸ばかりだったかのように受けとられてしまいますが、もちろんそうではありませんでした。例えばウクライナ・ナショナリストらもユダヤ人を迫害するばかりではなく、昔からユダヤ人がウクライナでそれなりに役割を果たしていたことを理解するウクライナ人もいて、ウクライナ中央ラーダの議長だったミハイロ・フルシェフスキーなど一部の知識人らは、ユダヤ人などのマイノリティを含めたウクライナを構想していました。

その背景には多様な者が手をとりあうべきとする社会主義的な理想や、ロシア帝国中央に対抗するためにマイノリティを味方につける必要性がありました。また農民層が大半を占めるウクライナで自治を目指す際に自治政府の実務を担える人材が不足しており、ユダヤ人の力を借りたいという思惑もありました。当時、地方の識字率はウクライナ人が一八％、ロシア人で二四％だったのに対し、ユダヤ人は四七％とかなり高かったのです。こうした考え方は今も残っていて、例えばゼレンスキー大統領は出自としてはユダヤ人であることがよく知られていますが、そういう人物が大統領に選ばれたということにも関係しているのではないかと思っています（コラム参照）。

先ほどポグロムの解説のなかで触れたベイリス事件も、ユダヤ人にとっては希望のもてる結末を迎えています。逮捕されたベイリスはロシア帝国の裁判にかけられますが、当時のロシアの裁判はアメリカに似た陪審制で、ウクライナ人農民層で構成される陪審員らが最終的にベイリスを無罪としたのです。これは、必ずしもウクライナ人の農民がユダヤ人を敵視していたわけではないことの証左ともいえます。

ただ総じていうと、ウクライナ地域のユダヤ人に「自分たちはウクライナ・ユダヤ人である」とするアイデンティティがほとんど育たなかったのも事実です。ユダヤ人にしてみれば、ウクライナに限らずロシア帝国という広い枠組みのなかで活動しており、そのため、母語であるイディッシュ語以外の言語ではウクライナ語ではなくロシア語を選択する人が多く、ウクライナ地域にアイデンティティを求める必要がそれほどなかったということが背景にあると思います。

ウクライナ「独立」とユダヤ人 ――民族対立の諸相

ロシアの二月革命（一九一七年）を契機にウクライナに民族自治を目指すウクライナ中央ラーダ（国会のようなもの）が組織され、その後の十月革命でボリシェヴィキによるソヴィエト政権ができると、旧ロシア帝国領は内戦期と呼ばれる時代に突入します。中央ラーダは建国を宣言するもすぐに瓦解してしまうなど、この数年を統一国家として記述することはかなり困難です。

初期の中央ラーダでは、ユダヤ人とウクライナ人の協同もみられました。実際、そこには様々なユダヤ人が参加しており、一九一八年一月にはウクライナ地域のユダヤ人に関することを扱う「ユダヤ事情省」が設置されています。その意味ではユダヤ人に配慮し、その権利を守ろうとする面があったのですが、ユダヤ人の側もシオニストや先ほど触れたハシディズム、近代主義者など様々な立場の人々がおり、意見を集約するのが難しく板挟みになることも多かったようです。

ただユダヤ人の立場としてはあくまでもロシア帝国全体で活動してきた経緯から、ウクライナがロシアとの連邦国家の一員であることを前提として中央ラーダに協力しており、ロシアとウクライナが切り離されることには消極的でした。モスクワにボリシェヴィキ政権が成立し、中央ラーダが反ボリシェヴィキに舵を切ってロシアからの独立を宣言するにいたると、ユダヤ人の多くはそれに反対し、またこの時期にポグロムが起こったこともあって両者の関係は悪化していくことになります。そのポグロムはウクライナ人だけが起こしたわけではないものの、この時期のポグロムの四〇%はウクライナ・ナショナリストによるもので、つまりは、ユダヤ人はボリシェヴィキの手先だという彼らの偏見から起こされたものと考えられています。

その後、非社会主義者勢力で構成していた独立国家「ウクライナ国」を社会主義者ら（ただし非／反ボリシェヴィキ）が倒してディレクトリア政権がウクライナに誕生します。それを率いたのがペトリューラという人物です。このペトリューラもフメリニツキーと同様にウクライナ・ナショナリズムの文脈では英雄とされていますが、ユダヤ人にとってはポグロムと結びつけて想起される、忌み嫌われる人物となっています。ペトリューラ自身はとりたてて反ユダヤ的ではなく、むしろポグロムの抑制を意図していた形跡もあります。ただそれが不十分だったためにユダヤ人から恨みを買い、ボリシェヴィキに制圧され、ウクライナから亡命していた先のパリ（フランス）で一九二六年、ベッサラビア（現モルドヴァ共和国の地域）出身のユダヤ人にポグロムの復讐として暗殺されています。そのベッサラビアでもポグロムは数多く起こっています。この暗殺事件はウクライナ人とユダヤ人の関係をさらに悪化させることとなりました。

つけ加えておきますと、トロツキー統制下のボリシェヴィキが関わったポグロムは全体の九％ほどといわれ、それ以外は先のウクライナ・ナショナリスト、次いで白軍（ロシア・ナショナリストないし自由主義者の側）の下で起こったものとされています。ボリシェヴィキにポグロムが少ないのは社会主義のイデオロギーが背景にあります。彼らはナショナリズム、民族という単位で物事を考えること自体がブルジョワの発想で、階級による対立を民族対立にすり替えていると考えていたからです。つまり、本来は資本家を倒すべきなのに、ユダヤ人を狙うのは間違っている、ということです。またボリシェヴィキに加わったユダヤ人には、もともとその方向性に共鳴して入った人々以外に、それほど共鳴してはいないけれどポグロムで殺された身内の仇をとるためにあえてボリシェヴィキに加わったユダヤ人もいたという実態もありました。

ソ連邦下のユダヤ人――都市化とロシア化

さて、ここからはボリシェヴィキに制圧され、新たにできたソ連邦の構成国となってからのウクライナにおけるユダヤ人の動向をみていきたいと思います。ソ連の社会主義イデオロギーの下で、ロシア帝国時代にあったユダヤ人を含むマイノリティに対する法的な差別は撤廃されることとなり、ユダヤ人は次第に都市化していく一方でロシア化が進んでいきます。ロシア帝国時代のユダヤ人は居住の自由も制限されており、ベラルーシやウクライナからロシア側には入れないかたちになっていましたが、その制限も撤廃され、ユダヤ人は経済の中心地であるモスクワやペテルブルクといった都市部へと移り住むようになりました。一九二〇年代のウクライナのユダヤ人人口はおよそ一五〇万ほどで、その数はこの時期をピークに減少していくことになります。

当初、ソ連は諸民族の平等を掲げつつ、各民族の維持・発展を促していきました。多民族を包摂していくには彼らの反発を防ぐ必要があり、民族固有の言語や文化を認めて懐柔しようと民族自治を推進する政策をとったのです。これは「現地化」政策と呼ばれ、ウクライナでもウクライナ語の学校を設置したり、ウクライナ人を統治機構に優先的に登用したりするなど、政策的には民族領域にこだわる傾向がみられました。

しかし、確固たる民族領域をもたずに広域に分散するユダヤ人にとってそれは不向きな政策でした。ソ連政府はユダヤ人も一つの民族として扱い、イディッシュ語の学校を整備したりするのですが、広くソ連のなかで商業などを生業に暮らしていくにはむしろロシア語ができた方がいいわけで、実際に子どもをロシア語の学校に通わせるユダヤ人も少なくありませんでした。また当時の都市人口をみると、一九二六年の調査でウクライナ人口の一一％に対し、ユダヤ人人口の都市居住者の比率は九一％に達しており、モスクワのユダヤ人人口も一九二六年の一三万から一九四〇年には四〇万に増加するなど、都市に多くが暮らすユダヤ人に、民族領域的なソ連の現地化政策は適用しにくいものだったといえるでしょう。

もちろん、都市部ではなく農村地域に隣接するような町――イディッシュ語で「シュテットル」――に残ったユダヤ人もいました。シュテットルはユダヤ人の小説などにしばしば登場し、そこではユダヤ人だけで暮らしていたかのように理想化される傾向があるのですが、実際には経済や文化の結節点としてユダヤ人やキリスト教徒、ユダヤ人と別の町のユダヤ人を結ぶ場所でした。また、ユダヤ人は外国、特にアメリカに移住した親族とも繋がりをもち、そこからソ連の外の世界の情報が入ってきたり、仕送りをしてもらったりして生き延びたケースもありました。

そうしたシュテットルと呼ばれる地域で、ソ連は社会主義に基づき、「反ブルジョワ」政策を実施するのですが、これもユダヤ人にとっては厳しいものでした。ユダヤ人の商店経営者の多くは決して豊かだったわけではないのにブルジョワと認定され、重い税金を課されるなどして失職を余儀なくされます。実際、ウクライナでは総人口に占めるユダヤ人人口は五・四％に過ぎなかったものの、反ブルジョワ政策で失職した人々の約半数に当たる四五％はユダヤ人でした。ユダヤ人にしてみれば、中世から受けてきた宗教的迫害が職業的迫害にとって代わったようなイメージで受けとられることとなり、ボリシェヴィキによる扱いがユダヤ人にとって良かったのかというと、決してそうではなかったというのが実態でした。

オーラルヒストリーにみるユダヤ人の実相 ――困窮化、ホロドモール

二〇〇〇年代初頭に、ウクライナのシュテットルにソ連時代を通じて暮らしたユダヤ人に関する調査が行われました。彼らは第二次世界大戦の前の時代も知っている世代で、現在では多くが亡くなっていますが、彼らのオーラルヒストリーを記録した研究からいくつか具体的なユダヤ人の状況をご紹介してみます。

ウクライナのユダヤ人が失業した理由として、ソ連時代に生まれた国営の大規模商店や交通網が挙げられます。またユダヤ人が得意とした手工業も、国営の大工場ができ、計画経済の下であらゆる資材を国が管理するようになると苦戦を強いられたようです。私企業も存在は許されたものの重税を課せられるなどし、失職したユダヤ人は集団農業に流れたり、女性も繊維工場で働いたりするなど、副業でなんとか生活をしのぐ状況でした。そうした理由から、ユダヤ人女性の初婚年齢は非ユダヤ人に比べて高齢だったということです。

帝政期にはユダヤ人の大半の母語だったイディッシュ語については、都市部では早くに廃れ、シュテットルでは一九三〇年代あたりまではある程度使用されていたといいます。これはやはり、都市部で暮らすユダヤ人が急速にロシア社会に同化していったことを物語ります。ソ連政府がユダヤ人向けに設置したイディッ

シュ語学校は地域のユダヤ人の交流の場としてウクライナ語では得られない情報を得られるメリットがあった一方で、社会主義的な無神論者がユダヤ教の悪口をいうのを、信仰を失ったわけではなかった親がよく思わなかったり、教育レベルの低さや接続できる高等教育の乏しさ、就職への不利といったマイナス面があったため、一九三〇年代初めにはユダヤ人子弟の半数程度（四九・六％）しか通っていなかったのが実態でした。ウクライナ人子弟の九三・九％、ドイツ人子弟の八四・六％がそれぞれの民族語学校に通っていたのに比べると、かなり低い数字であったことがわかります。比較的裕福なユダヤ人の子弟はロシア語学校で学び、貧しい家の子弟がイディッシュ語学校に通っていました。

旧ソ連下のユダヤ人の信仰がどう保たれたのかについては、ヘブライ語やユダヤ教の基礎を教えるヘデル（伝統的な学校）が一九三〇年代までは地下で活動していて、公的な学校とのダブルスクールになっていた子弟らもみられたといいます。しかし総じていうとユダヤ教は衰退していくのですが、司祭や教会が重要なキリスト教と違い、ユダヤ教はコミュニティさえあれば実践が可能なことから、地下での生き残りには有利な側面がありました。オーラルヒストリーではイディッシュ語で祈りを捧げる母親の姿、ユダヤ的な食事の回想などがみられ、家庭での実践が重要だったことがわかります。

ウクライナ人とユダヤ人の関係ということでは、少数のユダヤ・インテリが市などの行政の要職につくことは少なくなかったようですが、ウクライナ人の農民層からするとかつてのポーランド貴族の手先としてユダヤ人が自分たちを支配したという記憶がオーバーラップし、あまりいい印象をもたれない傾向がありました。

ソ連時代の初期、ウクライナの特にクリミアなどで、アメリカのユダヤ人の支援を受けた実験農場がありました。最盛期で四・五万人が入植していますが、これもウクライナ農民からすると、ユダヤ人だけが立派な設備を与えられて不公平だということになり、両者の対立を深める結果をもたらしました。

現在のウクライナ史においては特にソ連時代の大飢饉（ホロドモール。一九三二〜三三年）が強調され、これはスターリンがウクライナ人を狙い撃ちにしたという歴史認識になっています。飢饉があったことは事実で、ユダヤ人の多くも苦しんだのですが、このときもウクライナ人とユダヤ人の関係は悪化しています。この飢饉はボリシェヴィキの指示が原因で、そのボリシェヴィキのなかにユダヤ人もいたことから、ウクライナ人の間に「ユダヤ人が関わった」という話が流布し、敵視されたという構図でした。その後のウクライナ人の歴史認識のなかにも、ホロドモールの責任の一部をユダヤ人に負わせる言説がみられます。

ウクライナにおけるホロコースト

こうした状況下で一九四一年六月二十二日、ナチス・ドイツによる戦争法規を無視したソ連への侵攻、すなわちバルバロッサ作戦が開始されます。いわゆる「独ソ戦」のスタートです。この第二次世界大戦下で起こったユダヤ人にまつわる大事件がホロコーストですが、ここで重要なのは、ウクライナ人の間でユダヤ人へのイメージの悪化が蓄積されていくなかでそれが起こったという点です。

もちろんホロコーストはナチス・ドイツによって引き起こされたもので、現在のロシア統治域に関する歴史認識においても、ホロコーストはすべてナチス・ドイツが行ったものだとされる傾向があります。しかし実際は、ウクライナ人やポーランド人、リトアニア人らがナチス・ドイツに脅されて関与したケースもあれば、彼らが進んで協力したケースもなかったとはいえません。ウクライナ人のなかにはユダヤ人を助ける側に立った人々もいましたが、ナチス・ドイツに共鳴した人々もいたということです。その背景に、ソ連への嫌悪感のみならず、ウクライナ人の間に蓄積されたユダヤ人へのネガティブなイメージが大きく関わっています。

ウクライナにおけるホロコーストは独ソ戦がきっかけとなります。そもそもこの戦争の動機の一つにドイツの食料不足があったため、かなり切羽詰まった状況から、緒戦から殲滅戦という様相を呈するようになります。ソ連兵捕虜の死亡率も高く、同様にユダヤ人に対する扱いもかなり過酷なもので、一九四一年末まで五〇万〜八〇万人のユダヤ人が殺害されたといわれています。キーウ近郊のバービー・ヤールの谷では、たった二日間で三万三七七一人が殺害され、最終的にウクライナだけで一五〇万人が殺害されました。ホロコースト全体でユダヤ人の死者は約六〇〇万人とされていますから、ウクライナでの死者の割合がいかに高いかがわかります。そうなった理由はこれまでお話ししてきた通り、ウクライナの抱えていたユダヤ人人口が大きかった点や、ウクライナが独ソ戦の主戦場となった点も大きいのですが、加えてウクライナに蓄積された反ユダヤ的な感情も手伝ったのではないかと考えられます。

ただユダヤ人の死亡率という点でみると、ポーランドの九一%、リトアニアの八五%、ルーマニアの八四%といった数字に比べると、ウクライナは六〇%となっており、周辺地域に比べれば低い数字になっています。ですから他地域と比べてウクライナの反ユダヤ的傾向が特に強かったというわけではありません。

また、一般的に西側で流通しているホロコーストのイメージと、ウクライナのそれにはズレがあります。ホロコーストというと、強制収容所からガス室へというイメージが強いですが、ウクライナなどの東欧地域では居住地の郊外など身近な場所へ連行され、射殺されたケースが圧倒的です。さらにいえば、ウクライナ人のナチへの協力を促進した背景には偏見のほか、先ほど触れたペトリューラの暗殺やボリシェヴィキとユダヤ人との関係などへのウクライナ人の遺恨があったと考えられ、そこには民族対立という構図が見え隠れしています。

「暗部」への沈黙 ――ホロコースト後のユダヤ人

ホロコースト以後、第二次世界大戦後のウクライナにおけるユダヤ人はどうなったでしょうか。ちなみに、第二次世界大戦下でソ連軍に従軍したユダヤ人は五〇万人とされ、そのうち三〇万人が生き延びています。

ホロコーストのあと、帰郷したユダヤ人にはさらなる暴力が待ち受けていました。これはソ連に限らずポーランドでもあったことですが、帰郷すると自分の土地だったところにウクライナ人が住んでしまっており、土地を返したくないウクライナ人らがポグロムを起こすケースがありました。帰る場所を失い、軍隊にとどまらざるをえなかったユダヤ人の比率は他の民族より多かったといわれています。

ユダヤ人はホロコーストのあと、そうした特有の苦悩・経験について多くが沈黙しました。背景にはウクライナ人も同様に強制移住を経験し、それをユダヤ人も隣人として見聞きしていたことから、ユダヤ人だけがホロコーストで悲惨な目にあったという記憶をつくるのが難しかったという点があります。また、ソ連政府も、ソ連人みなが苦しんで、また一体となってナチと闘ったというイメージを重視しました。そのためソ連領下ではホロコーストを記憶しようとする動きが遅く、バービー・ヤールですら一九七六年まで記念碑すら建てられませんでした。

また、戦後のソ連内では、民衆・エリート双方のレベルでのユダヤ人との競合などから反ユダヤ主義が潜在的に残っていました。例えば一九六七年にイスラエルとアラブ諸国連合の間で起こった第三次中東戦争でイスラエルが圧勝した際に、敗北した側のアラブ諸国をソ連が支援した関係から、イスラエル、シオニズムに対して批判的なキャンペーンが繰り広げられました。イスラエルに対する批判に厳密にとどまっていれば、それは反ユダヤ主義とはいえませんが、実際には、「反シオニズム」の衣をまとった反ユダヤ主義が展開されていきました。その一方で、一九六〇年代、フルシチョフによるスターリン批判（一九五六年）をきっかけにソ連邦内で起こった反体制運動では、ウクライナ人らは内政改革、ユダヤ人らはイスラエルへの出国許可と目的は異なっていたものの、全体としてはソ連のあり方を変えるという点で一致し、ウクライナ人改革派とユダヤ人の反体制活動家が協力関係にあったときもありました。

そうした例はソ連邦解体に向かった一九九〇年代の体制転換期にもみられ、一九九〇年にロシアの過激民族主義組織パーミャチが反ユダヤ暴力に訴えた際、ウクライナ人で構成されるルーフ(ウクライナ人民戦線)がそれに対しとても効果的な反対キャンペーンを張ったことがあります。このときはすでにソ連邦解体に向かっていてソ連中央の抑えが効かなくなっていた頃ですが、噴出する反ユダヤ主義に対して、ユダヤ人の側に立ったウクライナ人もいたということです。

こうして一九九一年にソ連は解体するわけですが、その後ウクライナに居住していたユダヤ人の四分の三がウクライナを離れています。これは反ユダヤ主義というより、むしろ経済の混乱からの脱出が主で、多くはイスラエルやアメリカ、ドイツに移住しています。一九七〇年から一九九七年の間でウクライナから離れたユダヤ人は約四二万人にのぼっており、より大きなユダヤ人人口を抱えていたロシアの約三一万人と比べても、いかにウクライナから多くのユダヤ人が去ったかがわかります。

今日までウクライナに残っているユダヤ人は数万人ほどで、キーウやリヴィウ、ドニプロには比較的大きなユダヤ人コミュニティが残りました。その中心はハバッドと呼ばれるハシディズムの一派です。しかし、二〇二二年のロシアによる侵攻を受け、それから半年の間に、一万二〇〇〇人以上がイスラエルに出国していくことになりました。東部の主要都市ハルキウに残ったユダヤ人のなかで、ホロコーストを生き延び、ソ連時代からのアパートに暮らしていた九六歳の方が、ロシア軍の砲撃により亡くなったという、なんともやるせないニュースもありました。ウクライナがいまだ激動の地であることを、ユダヤ人もまた、ウクライナの一員として経験し続けています。

コラム

私の視点

ユダヤ系大統領はなぜ誕生したか

現ウクライナ大統領のゼレンスキーはユダヤ系ではありますが、彼に強いユダヤ人意識はおそらくなく、ユダヤ人コミュニティで育ってもいません。おそらく都市化・ロシア語化していったユダヤ人の流れをくんでおり、ロシア語が多数派のウクライナ東部の平均的な世界で生まれ育った人であると思います。その意味で現在のロシアやウクライナに住むユダヤ人の意識がどうなっているのか、その一端に触れてみたいと思います。

ソ連崩壊後の一九九〇年代に、ロシアとウクライナのユダヤ人を対象に行われたアンケートがあります。そのなかで、前年にユダヤ教の祝祭日を守ったか、つまりどの程度ユダヤ教徒としての信仰を守っているかを質問しています。その回答をみると、どの祝祭日も祝わなかったと答えた人の割合はロシアのユダヤ人が三七％、ウクライナのユダヤ人が二一％でした。いくつかの重要なユダヤ教徒の祝祭日を祝ったかどうかという質問もあるのですが、例えば「過ぎ越しの祭り」（ユダヤ民族のエジプト脱出を記念する日）を祝ったという割合はロシアのユダヤ人が四六％、ウクライナのユダヤ人が六六％という具合で、おしなべてウクライナのユダヤ人の方が祝祭日を重視する割合が高いことがここからわかります。

居住している国を自分の母国であると思うかどうかという質問もあります。「思う」と答えた人の割合は、ロシアのユダヤ人は七七・六％、ウクライナのユダヤ人は五四・六％でした。面白いのは自分の母国が旧ソ連だと思っているユダヤ人の割合で、ロシアのユダヤ人が一・五％しかいないのに対し、ウクライナのユダヤ人は二〇・二％もいることです。

これは先ほどお話ししたように、ユダヤ人は広域的な存在で、ウクライナに居住しながら自分たちをロシア帝国やソ連という枠組みのなかに位置づけてきた傾向を示しており、したがってウクライナに居住しながらもウクライナに帰属している意識が薄いこともこの数字に表れています。もちろんこのアンケートが行われたのがソ連の崩壊から間もない時期で、ソ連時代の記憶の方が強く出ていることにも留意が必要でしょう。

最後のアンケートは、ロシアとウクライナで、ユダヤ人の大統領を期待するか、という内容です。対象者は①両親ともユダヤ人である人、②片親だけがユダヤ人というカテゴリーに分けられています。

ユダヤ人の大統領を「期待する」と答えた人の割合では、まずロシアのユダヤ人の①に該当する人たちは二二・一％、②に該当する人たちが二二・八％と、どちらも二割程度の数字に留まっています。一方でウクライナのユダヤ人の割合をみると、①が二六・九％、②が四二％となっています。特に②については、ロシアに比べてウクライナでは倍近い割合になっている点が興味深いところです。

先ほどロシアの内戦期で、ウクライナは農民が大多数で、統治機構の人材にユダヤ人の力が必要だったという話をしましたが、それはウクライナ人だけでなくユダヤ人自身も自覚していたのだろうと思います。ロシアの場合はロシア人だけで国が回ってしまうというか、ユダヤ人がロシアの大統領になるというリアリティが薄い一方で、ウクライナではユダヤ人の力も必要だ、ユダヤ人の大統領だってありではないかという自負が、ユダヤ人のなかにあったのではないでしょうか。そして実際に二〇一九年にユダヤ人であるゼレンスキーがウクライナ大統領になって、今に至っているということになります。

ゼレンスキー本人がどう思っているのかは別にして、ウクライナにおけるウクライナ人とユダヤ人の様々な関わりの歴史が、ウクライナでユダヤ人の大統領が誕生した背後に少なからずあったのだろうと想像するのです。

第7講

ソ連時代のウクライナ

池田嘉郎

ロシア・ウクライナ関係史をめぐる研究動向

私の専門はロシア史ですが、今回の戦争により、我々の研究を取り巻く状況そのものが大きく変わってしまいました。以前のようにロシアへ入れなくなり、現地の文献史料を読むことができなくなったということ以上に、ロシア史をどう考えるかという歴史研究の根底自体が大きな影響を受けています。今般、ロシアが引き起こした戦争の規模や破壊力の大きさが、我々が想定していた以上のものであったからです。

その話をする前に、ロシア・ウクライナ関係史をめぐる研究動向をここで簡単に振り返ってみます。そもそも一九八〇年代までは、ソ連邦を構成していたウクライナやグルジア（現ジョージア）などの地域研究を行う研究者の数が限られていました。例えばウクライナ史については、アメリカ・カナダ在住のウクライナ人研究者によるものが多く、その観点もウクライナ民族の歩みに比重が置かれていました。

その状況が変わるのが、一九八〇年代後半から九〇年代です。つまりソ連邦の解体、それに伴う各民族の動きの活発化を受けて、多くのロシア史研究者が民族問題の重要性に目を向けるようになりました。それまでロシア史研究の主題といえば労働運動や農民運動、革命運動などがメインストリームであったところに、民族問題が大きな主題となっていきます。ただ当時の民族運動のとらえ方は、ロシア帝国にしろ、ソ連にしろ、中央政府によって抑え込まれてきた諸民族が「ソ連解体」によってようやく解放の時を迎えつつあるという、「抑圧的な中央政府」対「抑圧される諸民族」という構図が基本的でした。これは権力対民衆という善悪二元論的な単純でわかりやすい見方で、かつて一九七〇年代までの労働運動についてのとらえ方（抑圧的な中央政府と抑圧される労働者）と似たものでした。

こうしたとらえ方に変化が生じるのが二〇〇〇年代です。ソ連解体の衝撃から時間が経過していくのに伴い、あらためて長期的な歴史のなかでソ連やロシア帝国を分析すべきではないかというところから帝国論が発展します。その議論の出発点は、従来の抑圧・被抑圧という構図のみからみるだけでは、帝国（ロシア帝国、ソ連）の本質をとらえられないのではないかという問題提起によるものでした。つまり、抑圧される側も単に抑圧されていただけではなく、帝国中枢の論理を受け入れながらそのなかで上昇を目指すというケースもあるわけで、もっと帝国内の複雑な構造をみるべきではないかという問いです。こうして研究が進んだ結果、帝国は多様な集団が並立する空間であったというとらえ方が主流になっていきました。

ここでいう「多様な集団」とは民族だけでなく、帝国が包摂していたギリシア正教やイスラーム、ユダヤ教などの宗教、農民や貴族、商人などの身分といった、重層的なアイデンティティをもつ諸集団のことです。例えば現代の日本やフランス、アメリカ合衆国といった国でも民族・宗教的には多様といえますが、基本的には誰もが同じ市民権をもっているという意味では均質な人間の集団です。これに対してロシア帝国は身分や信仰によって付与される権利が異なる、より多元的で複雑な社会でした。またソ連期では、ソ連邦の構成国には一律の「ソ連市民」という平等性があったものの、一方でウクライナ共和国やグルジア共和国といった個別の共和国における「共和国市民」という市民権がある二重アイデンティティでした。連合王国であるイギリスや合衆国であるアメリカにもそうした重層性はみられますが、ソ連においては、より明確な二重性があったということです。

帝国論への衝撃 ――ロシア・ウクライナ戦争

また帝国論における近年の研究では、こうした諸集団が単に並立していただけでなく、帝国中央の様々な働きかけを受けつつ、諸集団のアイデンティティが生成・変容する空間であった点が指摘されるようになりました。

ロシア帝国中央は身分や民族、宗教を区分して、諸集団ごとの特権を法律で細かく規定しました。例えばユダヤ人は大学などの高等教育を十分に受けられず、軍隊においても昇進できないなどの差別を受けていました。宗教でみると正教会やイスラームなどにおいて、それぞれの正統派は公認される一方で異端は排除され、そうした帝国中央の方針に対して異端とされた宗派の人々は改宗・亡命を選択したり、その逆に異端とされた人々の追放に協力して評価を勝ち取ろうとした人々もいたのです。つまり中央政府の側が定めた法制度が、住民である諸集団のアイデンティティの形成に大きな影響を与えていました。

アイデンティティの生成・変容は、こうした身分的・民族的・宗教的特権の付与によるだけでなく、住民区分によっても影響を受けました。例えば人口統計のためのソ連の国勢調査で、役人や民族研究者などが調査員として家庭を訪問し、あなた方は何語を話すかと聞いて回ります。ウクライナなどではウクライナ語を母語とする人々やロシア語を母語とする人々など様々な集団がいて、調査を受けてあなたが話しているのはウクライナ語だからウクライナ人、ロシア語を話すからロシア人というかたちで民族のカテゴリーに区分されるわけですが、そうした際に自分はウクライナ人とされたけれど、ロシア人としてもらった方が多数派に入れて有利じゃないかとか、住民区分という働きかけによってアイデンティティがつくられたり、変更が促がされたりしたのです。

こうして二〇年ほどかけて積み上げられてきた帝国論、帝国史研究に衝撃を与えたのが、二〇二二年二月二十四日に始まったロシア・ウクライナ戦争でした。なぜならウクライナへの侵攻でみせたロシアのやり方が凄まじい破壊と殺戮、すなわち暴力的であっただけでなく、その侵攻を正当化しようとするロシア側の論理が「帝国」的なものであったからです。

ロシアの論理とは、自分たちはロシア人だけでなく多民族が共存する多民族国家であって、各民族のアイデンティティを尊重している、それに対してウクライナでは、偏狭なウクライナ・ナショナリスト（ロシアの主張によればネオナチ）がロシア人を迫害しているので、彼らを守るために介入せざるをえなかったというものです。つまり、我々のようなロシア史研究者がこれまで帝国論のなかで用いてきたロシア帝国やソ連における多民族の共生という側面を、ロシア政府がウクライナ侵攻の正当性を主張するために使っているのです。

求められる「脱植民地化」

そのため、帝国中枢からの抑圧・暴力の側面を過小評価してこなかったかという問いが研究者の間で議論されるようになりました。この戦争を受け、ウクライナなどの旧ソ連構成国では一九八〇年代までの「抑圧的な中央政府」対「抑圧される諸民族」の構図が歴史研究者の間でより強まっています。欧米でも類似の方向性がみられるように思います。

一方では、ロシア人も帝国中枢（特にソ連）の抑圧政策の犠牲者であると論じることで、ロシア人の抑圧的役割を過小評価してこなかったか、という問いも浮上するようになっています。ロシア史研究者たちは、ロシア帝国においてロシア人は諸民族の兄という立場で優遇はされてきたが、必ずしもロシア人が支配者だったわけではないと主張してきました。ロシア帝国では民族より身分、つまり貴族であることが重要で、貴族にはロシア人だけでなくポーランド系やドイツ系、タタール系もいたし、そうしたロシア人以外の貴族に多くのロシア人農民が支配されていた関係から、ロシア人という民族が支配的であったわけではないという見方です。またソ連においても一九三〇年代半ばからスターリンの下でロシア人を中心に諸民族の団結を固めようとしましたが、各民族の文化をともかくも尊重したし、ソ連共産党の幹部にロシア系以外もそれなりにいたから、ロシア人がソ連の支配民族であったとはいえないと考えてきました。

しかし今回の戦争をきっかけに、やはりロシア人がソ連内で指導的立場にいたのは事実ではないか、例えば帝政期の中央アジアで現地のカザフ人などから土地を奪って入植したのはロシア人であり、ロシア帝国はロシア人に有利な植民地帝国だったという見方があらためて注意を集めています。総じていえば、こうした帝国論についての見直し、批判的再検討は「脱植民地化」（decolonization）と呼ばれ、その必要性を唱える声が研究者の間でも強まっています。

それは多くのロシア史研究者自身が、帝国の中心であったペテルブルクやモスクワの見方と同一化してしまい、帝国中枢の見方をトレースしていたのではないかという反省から来るものですが、だからといって帝国論の成果を全否定するような方向にならないよう注意する必要があると私は考えています。帝国中央の様々な法制度と、それらに対して諸集団がどう受け止め、変わっていったかという相互作用によって社会が成立していたという帝国論の枠組みにはまだ多くの展望があります。帝国論はロシア帝国中枢の支配者側の見方だという批判を厳しく受けとめた上で、見直しは慎重に進めるべきだと考えています。ただこの戦争でみられるプーチン・ロシアの暴力性はロシア史研究者である自身にとっても想定外で、それを過小評価していたとしたら、それはなぜだったのかと自問しているところです。

民族の位置づけ――十月革命まで

少し前置きが長くなりましたが、ここから本題であるソ連時代のウクライナの状況についてみていきます。まず一九一七年にボリシェヴィキが権力を掌握した十月革命からソ連邦の成立（一九二二年）という時期についてです。

そもそもマルクス主義的な考え方からすれば、民族（ネーション）およびそれに基づくナショナリズムとは本来、いずれは消滅すべきアイデンティティとされていました。つまり、いずれはどこの国でも労働者階級が政権をとり、労働者階級が国境を越えて連帯していくことで国家は不要になると考えられていましたから、民族とは労働者階級による連帯を阻害するもので、民族対立というのも労働者が立ち上がるのを防ぐためにブルジョワがつくり出す陰謀であるということになります。マルクス主義においては民族よりも階級が大事であり、またマルクス主義は国家よりもさらに大きな単位へと統合していく方が経済においても合理的であるという考えで、民族はそれを阻害するものという位置づけだったわけです。

ちなみにマルクスとエンゲルスも、フランスの二月革命の影響を受けてヨーロッパ各地に発生した一八四八年革命のうち、ドイツまたオーストリアで起こった革命が失敗に終わったことについて、チェコ人（当時は独立していません）は本来ドイツに統合されるべきだったのに自身の民族にこだわったことが失敗の理由だと考えています。またポーランド革命運動の理論的指導者で第一次世界大戦後にドイツ共産党を創立したローザ・ルクセンブルクも同様にポーランド・ナショナリズムを否定し、「民族自決」のスローガンも拒否しました。

のちに十月革命で臨時政府を倒してボリシェヴィキ政権を樹立することになるレーニンとロシア共産党も、革命までは同様の考え方であったものの、社会主義化の初期段階として、ポーランドやウクライナが民族単位で分離独立することを否定していませんでした。なぜそうだったかというと、仮に分離独立してもその国の労働者階級はロシアなどの労働者らと連帯すべきで、それぞれの国のブルジョワを倒して革命を起こしたあとにロシアなどと一体化すればいいと考えていたからです。その意味では、ポーランドの独立は不要と主張したルクセンブルクと、究極的な目標においてはさほどの違いはありません。

一方で、レーニンは連邦制についても、元来経済的には一体的であるはずの地域がバラバラになってしまうことを理由に否定的でした。ただ、ポーランドやウクライナの労働者がそれぞれの言語を使うことは否定せず、それは地方自治体単位で民族言語・文化を保障して発展させていけばいいと考えていました。

レーニンは、プロレタリア革命で統合される世界を最終的にイメージしており、最初の段階では民族という単位が残るのも仕方がないと考えていました。ロシアで革命が起こり、それに触発されてドイツやフランスでも社会主義革命が起これば、世界革命へと展開していく。そうなれば最終的には民族というアイデンティティは過去のものとなり、世界社会主義共和国となるという展望をもっていました。

連邦制への傾斜 ——内戦期

ところが十月革命によってペトログラード（現サンクト・ペテルブルク）でレーニンら社会主義者が政権をとると、ロシア帝国内の諸民族が自立化している現実に直面することになります。とくにウクライナでは、その前の二月革命（一九一七年）で帝政が崩壊して以降、民族インテリ層が自治的な地域政権をつくっていました。

二月革命のあと、ウクライナ人やグルジア人は、旧ロシア帝国の領域が「ロシア連邦」のような連邦制になることを希望していました。アメリカ合衆国のような、ウクライナ地域などが「州（ステート）」となる連邦をイメージしていたのです。他方、一九一七年の二月革命でペトログラードにできた臨時政府では、とくに当初は自由主義者が中心でしたが、彼らは単一国家の形成を志向し、連邦制には反対でした。そのため民族領域自治を要求するウクライナなどの地域政権との駆け引きが始まります。

しかし十月革命でその臨時政府が倒れ、世界革命を標榜するボリシェヴィキが登場すると、諸地方の民族エリートはそれについていけなくなり、ロシアから分離独立する方向へと舵を切ります。ボリシェヴィキ政権は十二月にウクライナに革命遠征軍を送り込み、一八年一月にキーウを占領します。しかしウクライナ政権はドイツなど中央同盟と二月初頭にブレスト＝リトフスクで講和を締結し、ドイツの力を借りてキーウを奪還します。この状況の下、ボリシェヴィキ政権も三月にドイツ側とブレスト＝リトフスクで講和を締結します（こちらが歴史上よく知られるものです）。それとともに、ペトログラードから、より安全な内陸部のモスクワへと遷都します。

こののち、ロシアは内戦期に突入します。反共産党勢力や民族政権も交えた内戦を繰り広げるなか、苦境に立たされたレーニンとロシア共産党としては、諸民族と敵対するのではなく、取り込む必要性にかられます。そこで、これまで否定的だった連邦制を取り入れ、民族を尊重するという方向に転じたのです。

十月革命によってできた、レーニンが率いる社会主義ロシアは、一九一八年夏までにロシア社会主義連邦ソヴィエト共和国（RSFSR）という名称を得ることになりますが、当時はモスクワの周囲しか支配できていませんでした。内戦が進む過程でこのRSFSRは、周辺のタタール人やバシキール人といった小規模で完全独立までは目指せない民族に、自治共和国化を提案します。それは、独立まではさせないが、自治を与えて言語や教育などもある程度は認めるというものでした。しかし、RSFSRのいう連邦とは、例えばロシアとタタールスタンが対等なかたちでの「連邦」ではなく、あくまでロシアという一つの共和国の内部に「自治共和国」として埋め込まれたかたちの「連邦的」（英語でいえば名詞のフェデレーションではなく形容詞のフェデレーティヴ）な仕組みです。でもこうして個々の民族を取り込んで赤軍を強化しながら、彼らはウクライナやグルジアなどの民族政権を打倒していくことになります（詳しくは拙稿「パリ講和会議とロシアの内戦」をご覧ください）。

「自治化案」をめぐる政争

こうして内戦（一九一八〜二一年）の過程で、RSFSRの外部としてウクライナ、ベラルーシ、アルメニア、アゼルバイジャン、グルジアがソヴィエト社会主義共和国として成立することになります。ウクライナやグルジアなどは人民共和国などとして独立国家となっていたものを赤軍が征服したあと、各民族の反発を抑える意味でも形式上は独立国家を維持したかたちでした。もちろん、実態としては共産党支配で、モスクワの中央委員会を指導部とし、その支部としてウクライナやグルジアなどにウクライナ共産党、グルジア共産党が置かれています。

ロシアの内戦が終わり、旧ロシア帝国の国際社会への復帰が取りざたされるようになると、この体制に問題が浮上します。大混乱していたロシアで共産党政権が安定すると、当初は様子見だったイギリスやフランス、アメリカなどもそれを相手にしなくてはならなくなり、一九二一年頃より国際会議の場に呼ばれるようになりました。

当時はＲＳＦＳＲのほか、ウクライナやベラルーシも形式上は独立国家ということで外交をつかさどる外務人民委員部があり、外務人民委員（外務大臣）もいました。もちろん実際はロシア共産党中央委員会の指示で動く存在ですが、国際会議の場には合同代表団として出席したりしていました。

実はレーニンもスターリンも、当初はこれらの共和国をＲＳＦＳＲにタタールスタンのような自治共和国として編入しようと考えていました。しかし、この自治化案に、ウクライナのラコフスキーらやグルジアの共産党員などが強い反対意見を提起します。どちらも内戦期に数年ほど独立していた経緯があり、地元の民族意識の強さを知っているので、これを自治共和国に格下げしたら反発が抑えられなくなると抵抗したのです。ちなみにスターリンはグルジアの出身ですが、地元グルジアの共産党員とは対立します。後者はモスクワのレーニンに手紙を書いて、スターリンとその仲間はグルジアの民族意識にあまりに無頓着であると訴えたりしています。そうしたことから、このときすでに体調が悪化していたレーニンが、無理に自治化を進めるよりそれら地元の意見を尊重するべきだと、考え方を変えたのです。この問題の責任者は民族問題に詳しく、民族人民委員という立場だったスターリンで、彼は何を今さらと思うのですが、レーニンの言葉を受け入れ、諸共和国による対等な同盟、つまりソ連邦（ソヴィエト社会主義共和国連邦）の結成（一九二二年）に至ることとなります。

当時のソ連邦構成国を面積でみると、最大なのがＲＳＦＳＲで、それに次ぐのがウクライナ共和国です。その後一九三六年にＲＳＦＳＲ内の自治共和国だったカザフスタンが共和国化されるとウクライナを超える二位の大きさとなりました。ちなみに自治共和国も含めて比較すると、ＲＳＦＳＲに次ぐのはシベリアにあるヤクート自治共和国（現サハ共和国）です。

コレニザーツィア（土着化）

一九二〇年代にソ連中央によって展開されたのは、コレニザーツィア（土着化）政策でした。コレーニは植物の根を意味する言葉で、ソヴィエト権力が文字通り各地で根を下ろすためのもので、ウクライナやグルジアなど各共和国で進められました。この時期のソ連中央政府は民族主義にかなり配慮し、各共和国・民族の言語・文化を育成し、地元の人材を積極的に活用していきます。かつてのロシア帝国時代ではすでにお話があったかと思いますが、ウクライナ語を使っただけで分離独立派のレッテルを貼られ、出版も厳しく弾圧された経緯があります。でもソ連は少数民族を大事にする、世界でも進んだ国家であるので、ウクライナ語の使用だけでなく出版も奨励しますという態勢をとったわけです。そもそも、農民層が多くを占めるウクライナで、いくらロシア語で社会主義の素晴らしさを説いても、彼らはウクライナ語しかわかりませんから、それならまずウクライナ語を勉強してくださいとなるわけです。つまり、コレニザーツィアとはウクライナにおいては「ウクライナ化」政策、グルジアでは「グルジア化」政策となるわけです。内戦期に打倒された諸民族政権の活動家たちのうちにも、コレニザーツィアに共鳴して、亡命地から戻ってくるなどしてソヴィエト政権に協力するものが出てくるようになります。また、「ウクライナ化」には、ポーランド領内ハルィチナ（ガリツィア）のウクライナ人大衆をソ連に惹きつけるという狙いも含まれていました。

しかし、モスクワ中央でも、ウクライナ共産党内部でも、ウクライナ化については否定的な声が上がりました。そもそも共産党は労働者階級のもので、農民については自分の土地にしか関心のない人々であるとする発想があり、それに加えてウクライナ語・文化（ベラルーシ語、グルジア語も）は文化的に遅れた農民のものだという認識がありました。従って、彼らにそこまで配慮する必要はないという考え方です。

興味深いのは、そうした声にウクライナ共産党のラコフスキーが同調したことでした。先ほど触れたようにラコフスキーはウクライナの自治化に強力に反対した人ですが、ウクライナ文化の育成にも反対したわけです。実はこのラコフスキーとはブルガリアの革命家で、ブルガリアに居られなくなってロシアで活動していたインテリで、トロツキー派でした。先ほどレーニンが土壇場で自治化案をやめて連邦化を主張し、自治化案を推すスターリンとの間で対立が生じたことに触れましたが、レーニンがスターリンを抑えるために組んだのがトロツキーという関係でした。晩年のレーニンはかなりトロツキーと接近していたのですが、そうした背景からトロツキー派のラコフスキーもスターリンの自治化案に反対したということです。一方でトロツキーにしろ、ラコフスキーにしろ、社会主義によって民族がいずれは消えていくという考え方ですから、ウクライナ化に否定的だったということです。

他方で、ウクライナ化を支持したのがスターリンや、ウクライナ共産党のスクリプニクらでした。ソヴィエトの連邦化に消極的だったスターリンも、決して自治化案で諸民族を抑圧しようと考えていたわけではなく、自治を与えながら全体として社会主義に融合していくという方針でした。またスクリプニクはウクライナ語の出版に積極的だった人物です。こうしてウクライナ化が基本線となり、一九二〇年代はウクライナ語の出版物が非常に多く刊行されるなど、共産党支配体制の下で諸民族文化がかなり奨励された時期でした。

オレクサンドル・ドヴジェンコ

そうしたなか、文学や映画など文化の様々な分野において、ウクライナ語を推進しようとする人々とそれを反動的だととらえるロシア人の間でウクライナ化への賛否がみられました。その好例が、ウクライナ出身の映画監督だったオレクサンドル・ドヴジェンコです。彼の代表作の一つに、ソ連時代の集団農業化に反対する富農と若者たちの対立を描いた『大地』（一九三〇年）という名作があり、ソ連映画のなかでも『大地』はベスト3に入る傑作です。ドヴジェンコは『戦艦ポチョムキン』（一九二五年）のセルゲイ・エイゼンシュテインに並ぶ巨匠ですが、批評家によってはドヴジェンコの方を評価する声もあり、私も映像詩人としての完成度の高さはドヴジェンコの方が上ではないかと思っています。

ドヴジェンコはウクライナ文化を土台にした映画をつくろうとするのですが、参加したロシア人の俳優・演出家のオフロプコフがウクライナ語を田舎者の言葉だと蔑み、ロシア語の使用を主張して対立したことがあります。こうしたことが映画に限らず、随所で起こっていました。

ただスターリンも含めたモスクワとしては、ウクライナ化はあくまで過渡的な政策に過ぎず、とりあえずはウクライナ語の識字率を高め、工業化が進めば労働者階級が増えて、それにともない連邦全体の共通語であり、より高次の文化への経路となるロシア語話者が拡大するであろうから、いずれ民族意識は後退していくだろうという展望をもっていました。

社会主義建設とウクライナ

そうした状況に転換が起こるのが一九三〇年代です。共産党が目指していたのはソ連の工業化でしたが、その第一歩となるはずの内戦中の統制経済に対しては、一九二一年春までに労働者と農民が強く反発したために、新経済政策（ネップ）と呼ばれるより穏和な政策が敷かれました。ネップの下、一九二〇年代には市場経済が認められ、工業化よりは農村の発展の方により配慮が払われました。税制面で農民が優遇される一方、都市では工業の発展が遅れ、失業者も増加しました。トロツキーは豊かな農民により多くの税をかけ、それを原資に工業化を進めようと考えました。これに対して、党内の主導権を握りつつあった書記長スターリンは、トロツキー派との権力闘争が続いているうちは穏健派ブハーリンと手を組み、農業重視路線を続けました。しかし一九二〇年代末までにスターリンがトロツキーを完全に追い落とし、ついでブハーリンの影響力も抑えて党の実権を握ると、工業化と農業集団化を開始しました。農民層をコルホーズ・ソフホーズという集団農場に再編成するという政策には抵抗する農民も多かったのですが、失業に苦しんでいた都市部の労働者はスターリンの方針を支持し、党・軍隊・労働者・青年が農村に入って集団農場化を迫り、隠している穀物を没収するといったことも行われることになります。この農業集団化で農業生産率は大きく下がり、飼育していた家畜も自分のものではなくなるため、屠殺してしまうようなことも多くみられましたし、集団化を嫌って都市部へ逃亡した農民は工場労働者として吸収されていきました。

こうした動きと同時に、文化面でも共産党の統制下での一元化が進み、民族文化を推し出す動きはその自立性が警戒されて、抑圧されるようになります。非共産党系の民族知識人・活動家を取り込むことはコレニザーツィアの大きな狙いの一つでしたが、いまやそうした「異分子」に疑いの目が向けられることになります。「ウクライナ化」にもブレーキがかけられ、ウクライナ化を積極的に推し進めていた民族系知識人は迫害されます。一九三〇年にハルキウで行われた見世物裁判である「ウクライナ解放同盟」裁判がその大きな舞台となりました。

集団化のなかでスターリン指導部は、ウクライナ人の間に民族主義が広まっている、彼らはポーランドの手先となっているとの疑念をもちました。ポーランドに越境するポーランド系市民が出てきたこと、同国との国境付近でウクライナ人農民の反乱が起こったことがその背景です。一九三三年には分離を企てた咎《とが》で、ウクライナ民族主義者として数万人が逮捕されます。ウクライナの共産党員も激しく批判され、追いつめられたスクリプニクは同年自殺しました。

このあと、一九三〇年代半ばまでにある程度の工業化や農業集団化が達成され、社会主義の建設が進展すると、ソ連の現状は全面肯定の対象へと変化していきます。つまり、ソ連は社会主義化されたのだから、各民族やその文化・生活様式も現状のままでよいという認識となり、三〇年代半ば以降、諸民族の民族主義・民族意識と社会主義が両立するかたちになったのです。

それはロシア文化も同様で、一九二〇年代のコレニザーツィアの下ではロシア人は諸民族を抑圧してきたロシア帝国の中心だったということでロシア文化は奨励されず、むしろ攻撃の対象となったのですが、三〇年代半ば以降、ロシア文化やロシア的風景が徐々に肯定的に評価されるようになっていきます。一九三七年にはプーシキン没後一〇〇周年が大々的に祝われ、映画では白樺や正教会の教会などが、民衆の慣れ親しんだ風景の欠かせぬ要素として描かれるようになります。

ここで触れておきたいのは、農業集団化の過程で出た大量の餓死者についてです。ウクライナでは一〇〇〇万人規模の餓死者が出たとされていますが、それはソ連有数の穀倉地帯だったウクライナの農民の数が多かったという背景があります。その状況はウクライナだけでなく、穀倉地帯だったヴォルガ川沿岸やカザフスタンでも同様の規模の餓死者が出ています。

これについてソ連から独立した後のウクライナ史学では、ロシア人がウクライナ人を弱体化するために狙い撃ちしたものだという点が強調されています。他方、ロシア史研究の蓄積を踏まえる限り、そうした狙いでスターリン指導部が農業集団化を開始したという事実はないように思います。

加えて、この政策が実施されると、ウクライナでもカザフスタンでも、逃げようとする農民は多くいましたが、ウクライナ農民に対しては他地域に比してより厳格な対応がとられ、彼らの逃亡を防ぐために警戒線が張られました（参考文献にあるХлевнюк, Хозяин, 一四一－一五三頁を参照）。また、スターリンが、ウクライナ農村の窮乏を伝える現地からの声を、ウクライナ・ナショナリストの嘘だから聞かなくていい、それを真に受ける地元の共産党員も敵だとして、切り捨てていたことも確かです。従って、農業集団化の犠牲が拡大する上で、ウクライナに対する処遇が特に厳しかったといえるでしょう。

この大量餓死事件のことを、ウクライナでは「ホロドモール」と呼びます。ホロドが飢餓、モールが死です。いつ頃からそう呼ばれてきたのか私にはわからないのですが、この言葉が盛んに語られるようになったのはソ連が解体し、ウクライナが独立してからのように思われます。独立ウクライナにおいて、ソ連時代のウクライナは常にモスクワによって抑圧されてきたという歴史認識が浮上するなかで、スターリンがウクライナ人を狙い撃ちするために農業集団化を実施したのだとするホロドモールの概念も広まったように見えます。ただ、「狙い撃ち」という点の実証が難しいのは先に述べた通りですので、最近ではホロドモールという言葉が使われる際は（ロシア・ウクライナ戦争の開始後、日本のメディアでもよく聞くようになりました）、スターリンの政策によって人為的に大量の飢餓が発生したという点が強調されるようです。その限りにおいては事実ですが、元来、政治的な意図を強く担った言葉ですので、私は使いません。

一九三六年から三八年の大テロル期に、ソ連全体に関して、非ロシア系住民がロシア系住民よりも過剰に弾圧されたとはいえないようです。それでも、ウクライナでは民族主義への攻撃は再び強まりました。特に目を引くのは、画家ボイチュク、作家クリシュ、演出家クルバスをはじめ、数々の優れた芸術家が処刑されたことです。三〇年代初頭の弾圧とともに、これはウクライナ文化の発展に深い傷を残しました。

第二次世界大戦開始時の一九三九年九月、ナチス・ドイツと提携したソ連はポーランドに侵攻し、東部ハルィチナ（今日のウクライナ西部に相当）をウクライナ・ソヴィエト共和国に併合します。四一年に独ソ戦が始まると、ドイツに占領されたキーウでは九月、市内の三万人以上のユダヤ人が窪地バービー・ヤールで二日間のうちに殺害されました。戦後、反ユダヤ主義がソ連で高まるなか、キーウ市当局はユダヤ人の犠牲が強調されるのを避けるために、バービー・ヤールを産業廃棄物で埋め立てました。

第二次世界大戦後

第二次世界大戦の終結後、戦争に勝利した連合国側が中心となって国際連合をつくりますが、このときスターリンがアメリカのローズヴェルト大統領にごり押しする格好で、ソヴィエト連邦のほかにウクライナとベラルーシもそれぞれ個別に国連に加盟しています。ウクライナ、ベラルーシは特に大戦下で戦場となり、被害も大きかったのでスターリンが配慮したかたちですが、どうしてこのような加盟になったのでしょうか。

国際連盟は第一次世界大戦後に結成されましたが、その講和を行うためのパリ講和会議に、当時まだイギリスの植民地だったカナダやオーストラリア、ニュージーランドなども議席をもち、代表を送っていました。当時のイギリス帝国は強大だったので許されたところがありますが、スターリンにはそのことが念頭にあったのではないかと思われます。

スターリンが死去する一九五三年まで、ウクライナではウクライナ語・文化は公認されているものの、その独自性を強調するような動きは抑え込まれるような状況が続いていました。フルシチョフの時代になるとそうした扱いに緩みがみられるようになります。この関連で大きな動きとして、一九五四年にフルシチョフはクリミア半島をRSFSRからウクライナ共和国に移管しています。その理由については大戦で大きな被害を出したことへの報いではないか、フルシチョフの権力基盤が弱く、ウクライナ共産党を味方につけるためだったのではないか、あるいは実際にウクライナ共和国とクリミア半島の経済的な一体性を考えてそうしたのではないかなど、様々な説があるもののはっきりとはわかっていません。

フルシチョフは行政改革に力を入れた一方で官僚の反発を買い、一九六四年に失脚してしまいますが、代わって最高指導者となったブレジネフの時代が安定を重視するなかで、ウクライナが置かれる状況にも変化がみられました。例えば民族共和国のなかで現地出身者が共産党の実権を握ることも認められるようになり、またブレジネフ体制下では官僚の地位が安定化して中央と地方の官僚らの関係も緊密になっていきます。

そうしたなかから出てくるのがウクライナ共産党中央委員会第一書記となったシェレストで、彼はソ連という枠内でウクライナの振興に尽力した人物でした（以下の箇所は久保田俊樹氏の修士論文を参考にしています）。この時代になるとコンピュータといったハイテク技術が出てきて、ソ連でもコンピュータ化を進めるべきではないかという声が上がるようになるものの、ソ連中央の計画経済方式ではなかなか臨機応変に対応することはできませんでした。

シェレストは科学技術に造詣が深く、コンピュータ化を先駆的・試行的にウクライナで実施し、シェレストのイニシアティヴでソ連の科学技術振興をウクライナがリードすることになります。つまり中央よりも地方の方が、こうしたことがやりやすかったということです。

一方でウクライナは豊かな鉱山資源を有しているにもかかわらず、ソ連中央の計画経済ではそれを活用しきれずに電力・燃料不足に悩まされており、同時に排気ガスやばい煙といった環境問題も高まりつつありました。シェレストは化石燃料に頼らず、同時にばい煙などが出ない原子力発電の可能性に注目し（これはソ連全体でも関心があったものですが）、東欧地域への送電の中継地でもあるウクライナの地理的特性から、チョルノービリ（チェルノブイリ）原子力発電所を建設しています（一九七七年より稼働）。

このように一九六〇年代から七〇年代にかけてのウクライナは比較的安定していました。確かに一九六五年と七二年には自立的に考える傾向をみせたウクライナ知識人への抑圧が行われ、共和国は連邦中央の下に抑え込まれていました。ですが、ソ連邦内で二番目に実力を持つ共和国としての地位を確立しており、非スラヴ系共和国の指導部にウクライナ人幹部はしばしば送り込まれました。そのため、続く一九八〇年代も「強いソ連」に期待する姿勢のままでペレストロイカを迎えることになります。それはソ連の解体に際しても、いち早くソ連からの離脱を宣言したバルト三国などとは異なり、ウクライナでは連邦離脱への動きが弱かったことにも表れているように思います。

コラム 私の視点

どうしたらロシアの暴力性を剝脱できるか？

私が普段、歴史学者として歴史を書くときは、価値判断などの主観が入らないように淡々と書きます。ただ今回のような市民講座でお話しする際は、歴史研究者であると同時に一人の市民としての主観も交えます。リベラルなデモクラシーを支持する一人の市民としていえば、客観的には難しいとは思うのですが、このような戦争を起こしたロシアのプーチン政権は打倒されるべきだと思っています。

ロシアの暴力性をどうやったら剝脱できるのか、これは大変難しい問題だろうと思っています。仮にプーチンが大統領の座から降りたとしても、彼に似たような人物が後継者になる可能性は高いでしょうし、現実的にはこのままプーチン体制が続いていく可能性の方が高いでしょう。

本当の意味でロシアから暴力性を剝脱するには、現体制が崩壊して別の体制に変わるほどの徹底的な敗北による他はなく、あるいはロシア軍が戦争を継続できないほどの状況に置かれる必要があります。ただそこで問題なのはロシアがアメリカに並ぶ核保有国で、敗北に追い込まれたときに核を使わないという保証がないことです。この戦争で展開されるロシアの暴力性をみれば、ひょっとすると戦術核を使用するのではないかとすら思います。核戦争を回避しながら、少しずつロシアの国力を削いでいくしかないのが現状でしょう。

第8講

ウクライナとロシアの歴史認識問題
――ロシアの「非ナチ化」言説と「ナチ協力者問題」の背景

浜　由樹子

はじめに ――対立要因の「複層性」

私が担当させていただくテーマは、ロシアとウクライナの歴史をめぐる相克です。歴史認識問題という表現はおそらく日本語独特のニュアンスがあるかと思いますが、言い換えれば、歴史がどのように政治問題化していくのかという話になります。今回の戦争をきっかけにウクライナの歴史に関心をもたれた方も多いのではないかと思いますので、本論に入っていく前に、両国の対立の要因をどうみるべきかという点について考えてみたいと思います。

このような戦争に至るほどの深刻な対立を、一つの原因だけで説明することは難しく、やはりそこにはいくつかの層として要因が重なり合っており、ある段階でそれらが結びつくかたちで発火してしまった、そう考えることができるのではないかと思います。ではその要因の「複層性」とはどのようなものか。一つはNATO（北大西洋条約機構）の東方への拡大に代表される勢力圏をめぐる国際政治、加えて、冷戦の終結以降も続いている価値観の対立、すなわち「価値の外交」といった層です。二つ目の層は「ソ連解体時の積み残し問題」というべきもので、その一つがドンバスをめぐる紛争、広義ではクリミア問題も含まれる非承認国家問題と呼ばれるものです。この問題はウクライナに限らずジョージアやアゼルバイジャンなど旧ソ連地域に残っており、それが今回の戦争への発火点の一つになっていると考えることができます。

さらに三つ目の層に、ロシア・ウクライナの二国間関係があります。ここには、国内政治と外交の連動や、歴史認識問題、言語問題を含めた様々な対立があります。大きくいえば、この三つの層がある段階で一つに結びついた結果がこの戦争であろうと考えられます。これらは少なく見積もっても三〇年ほどのスパンで続いてきた問題であるため、この戦争に関する時事的な解説でカバーするのが難しい側面があります。ここではこの三つ目の層、なかでも、歴史認識をめぐる政治対立がどう展開してきたのかを掘り下げていくことになります。

この戦争が始まったときに、ロシア側はウクライナの「非ナチ化」を戦争目的の一つに挙げていました。なぜそのようなことを主張したのかについても、歴史認識をめぐる両国の対立を理解する必要があります。

ここで、ロシアとウクライナ両国の文脈の特徴を、少し身近なものに引きつけて想像してみましょう。例えば、私は静岡県にある大学で教えていますので、静岡県という地方自治体がある日、日本国から独立するということになったとき、どんなことが起こるかを想像してみることにします。

静岡県が国家として独立するとなると、当然ですが現在の県境が国境線になります。そうすると東海道新幹線は国際列車となり、県境（国境）をまたぐたびにパスポートコントロールが必要になります。県外との物流はすべて貿易、つまり輸出入ということになり、日本が静岡の名産であるお茶に関税をかければ、他県産のお茶に価格競争力で負けてしまうかもしれない。そうしたことへの法整備や、通貨をどうするのかといった問題が出てきます。静岡の県旗には富士山が描かれていますが、富士山は山梨県との県境に位置するため、それを独立国静岡の国旗に描こうとすると、トルコとアルメニアの間でアララト山を取り合ったのと同じような、あるいは、北マケドニアとギリシアの間で起こった対立（マケドニアの国名にギリシアが反対した問題）などと似たようなことが起こる可能性があります。

軍隊はどうしましょう。国民に国籍をどのような条件で与え、言語は複数ある方言のうちどれを「国語」とするのか。「静岡語」ができなければ、公務員や公立学校の教師は失職するでしょうか。

歴史に関してはどうでしょう。静岡が独立国家になれば、その国民のアイデンティティを涵養していくために「静岡国の歴史」を教科書にして、国内の公立学校で教える必要も出てきます。その際に、静岡とゆかりの深い歴史的人物である徳川家康は静岡のものだ、日本人ではなく「静岡人」であるという主張がなされるかもしれません。もちろん、当時の人々に現在の領域的区分は一切関係のない話で、それを過去に適用することはナンセンスなのですが、国家同士の話になると、深刻な政治的対立に発展してしまうことがあります。

なぜこのようなバーチャルな話をしたかというと、ソ連邦が解体するとき、ウクライナを含む一五もの行政単位が、このように独立国家になるというプロセスをたどったということを理解してもらうためです。一つの国家から一五の国家が分裂し、それぞれの国で歴史が書き直され、公用語や国籍が政治的な争点になっており、ウクライナとロシアのような衝突はしていなくとも、同じような火種があちこちに埋まっている状態にあるといえます。ウクライナとロシアの話はここから始まっていきます。

「ウクライナ史」の誕生

ここでウクライナという国家がどのように今のかたちになったのかを、最初に振り返ってみます。まず、ロシア帝国の崩壊から内戦、干渉戦争を経て現ウクライナ領域の西端部以外がソヴィエト政権の下に入り、一九二二年にソ連邦の構成国となったのが前段階です。その後の一九三九年にドイツとソ連の間で結ばれた独ソ不可侵条約の秘密議定書で旧ポーランド領のハルィチナ（ガリツィア）、ヴォルィーニ（ヴォイルニヤ）が、また一九四〇年にはルーマニアが北ブゴヴィナと現オデーサ州南西部を割譲し、それぞれがソ連邦下のウクライナへ編入されました。

一九四一年に始まった独ソ戦でウクライナはドイツに占領されますが、一九四四年にソ連が奪還し、大戦後に旧ハンガリー領のザカルパチアをソ連が併合し、それがウクライナに加わります。さらに一九五四年、フルシチョフ政権の下でロシアからクリミアがウクライナへと移管されたことで、私たちが知る現在のウクライナ領域ができあがったということになります。

ウクライナについて、よく西部地域と東部地域の対立構造が指摘されますが、それはかなりシンプルにとらえた場合の話です。実際にはこのように来歴が異なるいくつもの地域が、異なる時期に統合されてきたという歴史的経緯をたどってきており、それらの地域の人々の歴史認識や民族構成、言語や宗教などにはグラデーションがあります。そうした異なる背景をもつ人々がソ連の解体後に一つの独立国としてやっていくとなった際に、共通のウクライナ史をどう編み上げていくのかというのが大きな問題となります。

結論からいうと、独立後のウクライナでは、「我々ウクライナ民族は中世よりポーランドに支配され、その後はロシア、第二次世界大戦中はドイツ、その後はソ連の下に置かれながらも勇敢に独立闘争を続けてきた結果、晴れて自由を手にした」というヒロイックな「ウクライナ史」が選択されたのでした。

もちろん、それは独立したばかりのウクライナの人々の自尊心に訴えかけ、共感を得やすいという大きなメリットがありました。しかし一方では、多民族、多宗教、多言語、多文化に加えて歴史観も多様なウクライナで、民族的「ウクライナ人」を主役にした自国史を公的な「ウクライナ史」にすることを危険視する声も、一九九〇年代の独立当時から上がっていました。このような「ウクライナ史」では、ポーランド人やロシア人を「敵対的民族」、クリミア地域に多いトルコ系のクリミア・タタール人、ユダヤ人などを「異分子」として描いてしまう傾向があり、ウクライナの歴史研究者らからも、そうした歴史観は危険ではないかとする意見があったのです。

他方で、この公的「ウクライナ史」に強い影響を与えたのがカナダやアメリカに移住したウクライナ人の歴史観でした。革命期からソ連時代を通じ、抑圧的な政治体制を嫌って、あるいは戦時期の混乱から逃れ、北米に移住するウクライナ人が多くいました。特にカナダには多く、ウクライナ系の動向が政治的にも無視できない存在になっています。母国から離れているがゆえに、在北米ウクライナ人の歴史観は民族主義的に純化される傾向があり、そうした見方が独立後のウクライナ史に還流するという現象もみられました。

こうしたなかで、ロシア人の自国史である「ロシア史」と見方が対立するところが出てくるようになります。その代表例ともいえるのがキエフ・ルーシの起源についての見解です。ご存じのように、キエフ・ルーシはウクライナだけでなくロシアの起源ともされるものですが、これは誰のものなのか。誰が継承者で、誰が本流/傍流なのか。一つの国だったときには政治問題化しませんでしたが、独立国家の間ではその帰属を「取り合う」ことにもなりかねません。

クリミアについては、ウクライナのNATO加盟が議題に上がった二〇〇八年頃から、ロシアとクリミアは歴史的に一つであったというキャンペーンをロシアが展開しました。ソ連時代にフルシチョフがクリミアをウクライナへ移管した際には、同じソ連内のいわば「県境」的な変更であったので問題はありませんでしたが、ウクライナが独立すると話が変わってきます。そうして実際にロシアはクリミアを併合(二〇一四年)

してしまうわけですが、この問題には今回深入りしません。

注目したいのは、一九四一年から一九四四年まで、ドイツの占領下にあった時期のウクライナ・ナショナリストをめぐる出来事が、ウクライナとロシアの間でかなりセンシティヴで政治的な問題になっていった点です。そこをこれから考えてみたいと思います。

「反ロシア・カード」としての歴史認識問題

歴史認識問題というと、身近なケースでは私たちの東アジア、特に日韓、日中間のそれを誰もが思い浮かべるでしょう。慰安婦問題や徴用工問題などがそうですが、教科書の改訂がある際にはそうした過去の歴史が政治問題化してきました。実はこうした構図は、ロシアとウクライナの間にも存在しています。それは、ウクライナで親欧米・反ロシア的な姿勢を打ち出す政権が出てくると、たびたび表面化してきました。

まず二〇〇四年に「オレンジ革命」と称される政変が起こり、ロシアとの関係を重視していたいわゆる親ロ派のクチマ政権が倒れ、親欧米・反ロ的なユシチェンコ政権が誕生します。このユシチェンコ政権下で政治的な争点として浮上したのが、「ナチ協力者問題」と「ホロドモール問題」でした。

「ナチ協力者問題」とは、第二次世界大戦期、ウクライナがドイツの占領下に置かれていたときに、ウクライナ人ナショナリスト集団がナチ・ドイツに協力してユダヤ人の迫害やポーランド人の虐殺に加担したとされる問題のことです。このシリーズ講義の鶴見先生のお話にもあったように、ウクライナはユダヤ人が多く暮らしていた地域で、バービー・ヤールの虐殺に代表されるように、ホロコーストが猛威を振るって相当数の犠牲が出ています。ちなみに、ナチ協力者問題はウクライナに限らずフランスのヴィシー政権などヨーロッパ各地にあった話です。数百万人に及ぶユダヤ人を拘束・隔離したり、収容所に輸送したりするようなことは、占領下であったとしてもドイツだけの力では物理的に難しく、大規模かつ組織的な協力があったことが疑われます。それは各国における「黒歴史」「歴史の暗部」であるため、できる限りそこは触れないようにしながら、ホロコーストの責任はナチ・ドイツにあるというかたちに落とし込んできた背景があります。これに、「ウクライナ人のためのウクライナ国家」樹立をめざす勢力が関わったのではないか、というのが「ナチ協力者問題」です。この勢力は、ユダヤ人だけでなく、ポーランド人も敵対視していましたし、ドイツ撤退後はソ連を相手に戦い、ロシア人やソ連に協力的な左派知識人なども殺害したので、ソ連時代は「裏切り者」として扱われ、ポーランドとウクライナの間の歴史認識問題も生んできました。

もう一つの「ホロドモール問題」は池田先生の講義で触れられていましたが、スターリン時代に起こった大飢饉をめぐる歴史評価が、このときに政治争点化されたというものです。

ユシチェンコ政権から再び親ロ派のヤヌコヴィチ政権に代わると、両国の歴史認識問題はいったん落ち着きます。それが、二〇一四年に「マイダン革命」と呼ばれる政変によって親欧米・反ロ政権であるポロシェンコ政権に代わると、再び過熱しました。「マイダン革命」に続いて、ロシアによるクリミア併合とドンバス地域での戦闘が始まります。すると、このポロシェンコ政権下で再び「ナチ協力者問題」がクローズアップされます。さらにはソ連時代のあらゆるシンボルを撤去し、違反者は一〇年以下の禁固刑に処するという法律、いわゆる「脱共産化法」を制定して、ソ連邦の構成国であった過去を否定するような歴史観が前面に押し出されると、これらがまとめて問題化していきます。

現在のゼレンスキー政権の発足時には、より穏健な路線、国民の総意が得られるような歴史観を目指すことが期待されましたが、長くは続きませんでした。第二次世界大戦の開戦とホロコーストにはソ連にも（間接的な）責任があったとした二〇二〇年の発言など、ソ連史とウクライナ史の切り離しを進め、ソ連の後継国としてのロシアを道義的に非難するような歴史観が打ち出されていきます。

各政権の動機には、経済政策の失敗や腐敗・汚職対策の停滞などによる支持率の低下があるのではないかと推測されてきました。また、それぞれの大統領の支持基盤も重要です。西部を支持基盤とする大統領は、西部に優勢な歴史観を後押しする傾向にあります。逆説的ですが、一般的に確固たる地域的支持基盤がない場合も、ナショナリズムに訴えることで支持を集めようとすることがあります。つまり、歴史認識問題は、ウクライナ・ナショナリズムに訴えかけて政権支持率の浮揚を図るような「反ロシア・カード」なのではないか、ということです。このように、政権交代のたびに大きなジグザグが続いているというのが、ロシア・ウクライナ関係のなかにおける歴史認識問題の一つの見取り図になります。

ナチ協力者問題

それでは争点化してきた問題のうち、「ナチ協力者問題」について詳しくみていきたいと思います。というのは、今般の戦争をめぐる政治言語に、この問題が大きく影響を及ぼしているからです。

まず「ナチ協力者問題」において最も象徴的な存在が、ステパン・バンデラ（一九〇九～五九年）という人物です。バンデラは、「ウクライナ民族主義者組織」「ウクライナ蜂起軍」と呼ばれる極右パラミリタリー（民兵による準軍事組織）集団を組織・指揮した人物です。この集団が掲げていたのは、「人種的に純粋なウクライナ人によるウクライナ国家の樹立」で、バンデラは、その実現のためには何百万もの人命を犠牲にすることもいとわないと公言していました。実際、彼らは一九三〇年代にはテロを起こしてポーランドの政府要人を殺したりしていました。

彼らは当初、ロシア人、ポーランド人、ユダヤ人、ドイツ人を排斥することを呼びかけていましたが、やがて「ボリシェヴィキ体制を支えるユダヤ人と戦う」ために、ドイツに協力することを選びます。一九四一年にドイツが侵攻してくると、「ロシア、ポーランドを敵とし、ハンガリー人、ユダヤ人を殺せ」と呼びかけるビラを配りました。同年、「ウクライナ民族主義者組織」はウクライナの西部地域で大規模なユダヤ人虐殺を行います。リヴィウでは四日間に四〇〇〇人が殺されたといわれます。「ウクライナ蜂起軍」はさらに、一九四三年から一九四四年にかけて、ユダヤ人だけでなく、ポーランド人も含む数万人を殺害したようです。その数は六万人とも九万人ともいわれます。ただし、こうした事件の犠牲者数を正確に特定するのは困難です。この数字は、これまで研究者が積み上げてきた調査に依拠しています。ところで、リーダーのバンデラ本人は、これらの事件が起こったとき、ドイツに拘束されていて現場にはいませんでした。このことが、彼の関与についての論争ポイントになってきました。

さて、「人種的に純粋な」といった言葉の端々からおわかりのように、彼らは思想的にナチズムの影響を受けていたことが推測されます。しかも反ユダヤ主義の傾向が非常に強い集団でした。こうした点から、彼らはホロコーストに加担した「ナチ協力者」であるとされます。

「ウクライナ民族主義者組織」は、一九四四年にドイツ軍が撤退すると、今度はソ連を敵として戦闘を繰り広げます。終戦後も戦い続け、一九五三年までの間に八〇〇〇人のソ連兵や警官、二万人の民間人を殺害したとされます。そのなかには、ソ連寄りのウクライナ人、左派知識人、ウクライナの共産党員が含まれ、その多くがウクライナ東部の出身者だったといわれます。ですから、今でもウクライナの東部・南部地域には、バンデラや「ウクライナ民族主義者組織」に否定的な見解をもつ人が多くいます。

バンデラは、一九五九年に潜伏先のドイツでＫＧＢ（旧ソ連の国家保安委員会）によって暗殺されました。

ウクライナ民族がこれまで大国の支配に抗って英雄的に戦ってきたという歴史観に基づけば、バンデラのような人物はポーランドとも戦い、ロシアとも戦った「英雄」、ウクライナ独立闘争の戦士ということになります。しかし、ユダヤ人やポーランド人、ロシア人にしてみれば、自分たちを迫害・排斥しようとした極右のナショナリストということになるわけで、このような人物を英雄扱いするのはおかしいということになりますから、その点で論争の的になる存在です。

つけ加えると、これは、ウクライナとロシアの間の問題にとどまりません。ウクライナとポーランド、ウクライナとユダヤ人団体やイスラエルとの間の歴史認識問題でもあります。

ところで、「バンデラ主義者」というのは、ロシア語でソ連時代から「ウクライナ・ナショナリスト」を指す言葉でした。今回の戦争の文脈でも、ロシアの政治家やメディアがウクライナを非難する際に「バンデラ主義者」と呼ぶのをしばしば耳にします。ソ連にとって裏切り者で、ユダヤ人虐殺に手を貸した悪人の代名詞のようなイメージは、新たな文脈で、新たな意味を含んで盛んに使われています。

ナチ協力者の「英雄」化

「オレンジ革命」によって誕生したユシチェンコ政権は、ロシアとの歴史認識問題を政治的対立の次元に引き上げた政権として理解されています。バンデラ問題を例にとると、二〇〇九年、生誕一〇〇年を記念してバンデラを郵便切手のデザインに採用し、その翌年にはバンデラに「ウクライナの英雄」の称号を与えます。さすがにこれは、国内のロシア系、ポーランド系住民からの抗議だけでなく、国際的なユダヤ人団体やホロコースト生存者の団体、ポーランド下院、ＥＵの欧州議会などからの批判にあいます。しかし、カナダのウクライナ人コミュニティでは熱烈に歓迎されます。ちなみに、ユシチェンコ大統領のファースト・レディ、カ

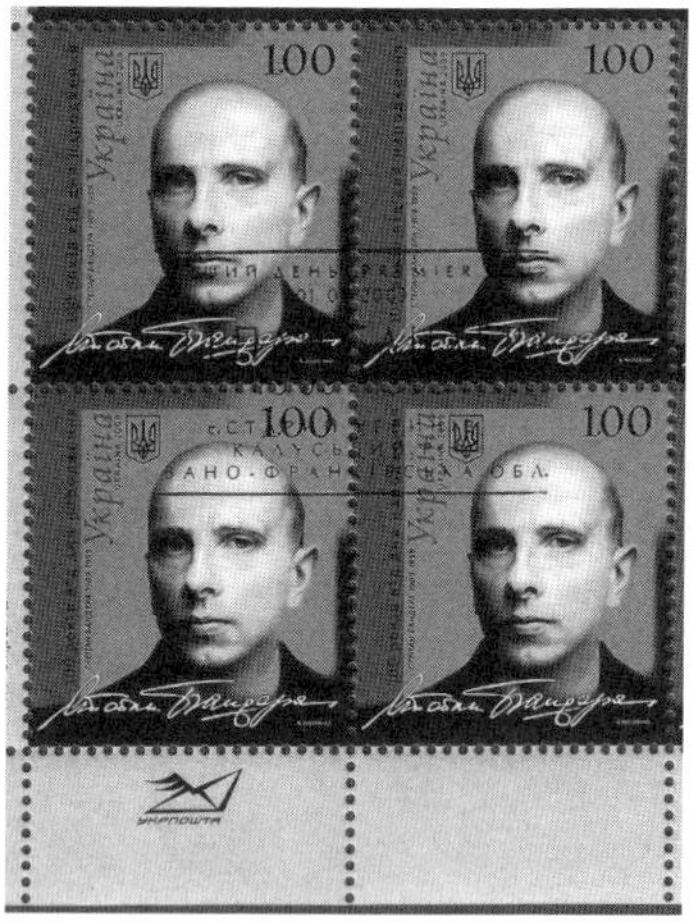

ウクライナで発行されたバンデラ生誕百年記念切手

テリナ・ユシチェンコは北米からの帰還者でしたし、ユシチェンコ政権には、北米から戻ってきた「ウクライナ民族主義者組織」の元活動家だった人物やその関係者が関わっていました。この称号は結果的に次のヤヌコヴィチ政権によって撤回されたのですが、そこでまかれた種は、のちに国内問題にはおさまらない、特にロシアとの問題に発展していくことになります。

先ほど触れた「マイダン革命」（二〇一四年）によって発足したポロシェンコ政権下では、二〇一五年、二つの法案が提出されます。一つは先ほどのユシチェンコ政権下で英雄化されつつあったバンデラの民兵組織「ウクライナ民族主義者組織」と「ウクライナ蜂起軍」の故メンバーらを「二十世紀ウクライナの独立の英雄」にするというものでした。これも同様に世論の強い反対を受けますが、なんとか押し切ろうとします。しかも今度は、国民だけでなく外国人も「公の場で敬意を欠く言動」を禁じられる対象でした。

もう一つが先ほど概略で触れた、「共産主義とナチズムの全体主義を非難し、そのシンボルのプロパガンダを禁じる法」の提出です。これはナチ・ドイツとソ連を全体主義として非難し、その体制が使用していたシンボルを公の場などで使用することを禁止するというものでした。この法案についてもEUやOSCE（欧州安全保障協力機構）から、表現の自由や思想信条の自由に抵触するのではないかと懸念が寄せられたものの、議会を通過しています。その後、この法がどう適用されたかというと、二〇一六年の対独戦勝記念日（五月九日）のパレードに参加したある退役軍人が、ソ連時代の赤い旗を掲げていたところ逮捕されるという事件が起こります。退役軍人の側からすると、独ソ戦はウクライナ人もソ連軍の一員として戦った戦争なのだから、当時掲げていた旗を使うのは当たり前じゃないかということなのですが、それも許されないということになるわけです。しかし翌年、今度はナチのSS（親衛隊）ハルィチナ（ガリツィア）師団がかつて使用していた旗がパレードで掲げられたところ、その人は拘束こそされたものの、法の管轄外だということで釈放されています。こうした警察の対応について、ナチとソ連を非難するといいながら、ナチのシンボルは許されてソ連の旗がダメだというのはダブルスタンダードだという批判がロシアであがりました。

なぜロシアは「非ナチ化」を掲げたか

「マイダン革命」直後に発足したマイダン政府では、極右政党「スヴォボダ（自由）」や「右派セクター」といったグループが存在感を示し、「スヴォボダ」は政権与党入りします。彼らはバンデラの後継者を自任していたり、「ウクライナ蜂起軍」の赤と黒の旗を掲げていたりしました。またウクライナ各地で傘下のパラミリタリーの結成が拡大していきました。マリウポリの戦闘で脚光を浴びた「アゾフ大隊」も、もとはこの頃に結成されたパラミリタリーの一つです。彼らが掲げる旗には、ナチのシンボルでもあったヴォルフスアンゲルが描かれていますが、咎められていません。

ロシアの政権やメディアは、バンデラの後継者を名乗る極右勢力がウクライナの政権に入り込み、ナチのシンボルを掲げるパラミリタリーが東部のロシア系住民に対する抑圧・攻撃を展開していると喧伝するようになります。

あるフランス人研究者が二〇一五年にロシアで世論調査を行っています。それによると、「現在のウクライナの政権にファシズムが入り込んでいると思うか」という質問に対し、「非常にそう思う」「ややそう思う」

と答えた割合は全体の七割近い数字です。つまりロシア側からすれば、ウクライナはソ連の過去を否定する一方でナチズム、反ユダヤ主義を肯定しているようにみえるということを示しているといえます。

ロシアのウクライナ侵攻が始まってから、プーチン政権が戦争目的の一つにウクライナの「非ナチ化」を繰り返し挙げたことについて、多くの方に理解しづらいところがあったのではないかと思いますが、こうした近年のウクライナの状況を踏まえた上での、ナチと戦った過去を記憶するロシア社会を内面から動員しようという、プーチン政権の意図がご理解いただけるのではないでしょうか。そうしたプーチン政権の主張を誰がどれだけ信じるかはともかく、この問題をロシア側が戦争の正当化の論理に取り込んでいるということになります。歴史認識問題が、二国間のリアルな問題に利用されたということ、戦争のイデオロギーに転化させられてしまったということができます。

ではもう少しこの問題を理解するため、ロシア側にとってなぜこの問題が重要なのか、ウクライナでバンデラが肯定されるようなことが、なぜそこまでロシアの反発を買うのかについて、ロシア側に視点を移して考えてみます。実は、このことは第二次世界大戦の結果をどう解釈するかという問題に大きくかかっています。つまり、それは「占領」だったのか、それとも「解放」だったのかという問題です。

旧ソ連の継承国家としてのロシアでは、連合国全体でもそうですが、第二次世界大戦での連合国の勝利は、ファシズム・ナチズムからヨーロッパを「解放」したという理解があります。ところが、ウクライナやバルト諸国などの立場・解釈によると、ともに全体主義であるナチ・ドイツから共産主義のソ連に支配者が変わっただけで、自分たちはどちらの下でも抑圧・支配されてきた、という解釈になります。これがまず、歴史認識における対立の大きなポイントです。しかも、ウクライナではこれまでみてきた通り、ナチ協力者とされてきたバンデラらの名誉回復や英雄化も行われてきたわけです。

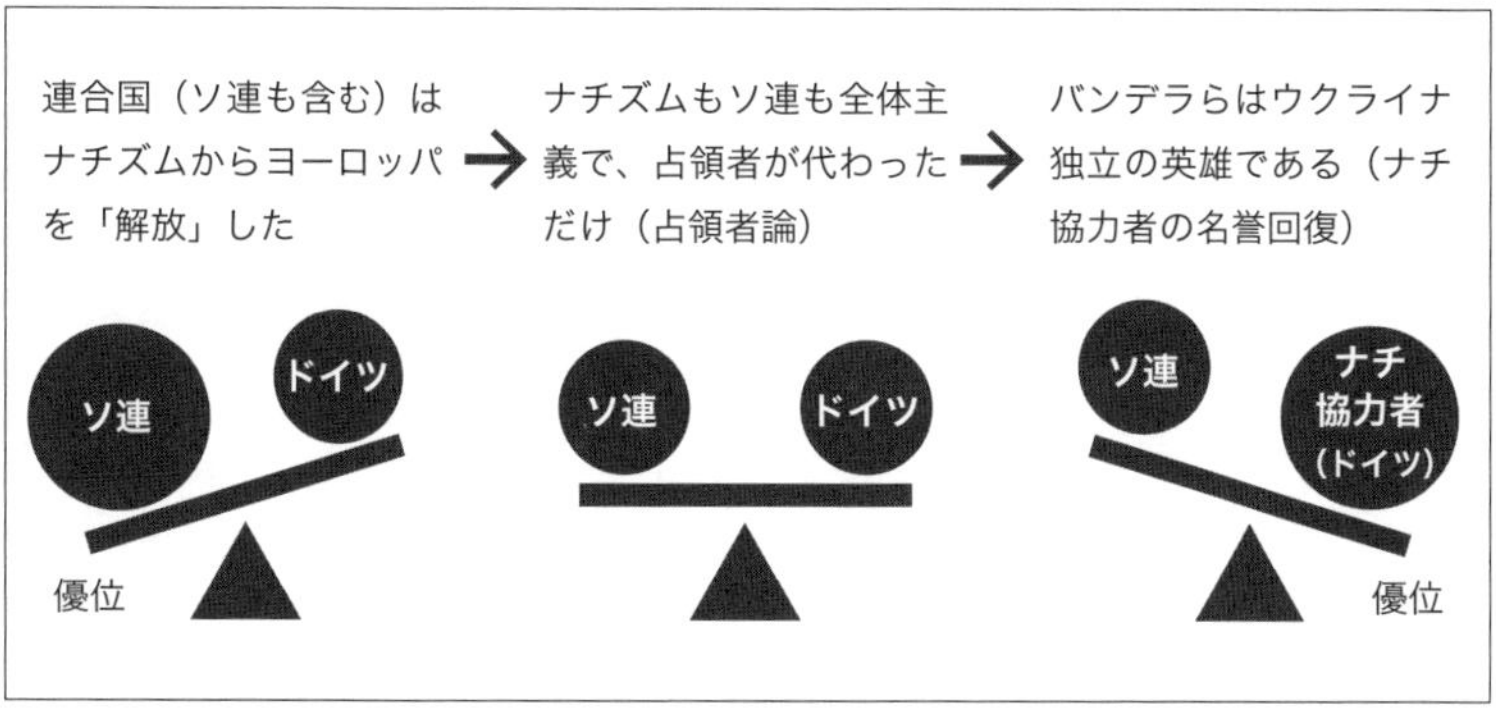

ロシアからみたウクライナの歴史解釈

同時に、第二次世界大戦についてのウクライナ側の歴史認識の変遷が、第三者にとってどうみえてきたのかが重要なポイントであろうと思います。まず、ソ連を含めた連合国が「解放」者であるとする立場では、ウクライナはかつてソ連の一部であったわけですから、この立場に立つウクライナ人はナチ・ドイツよりもソ連に価値を置いているとみえるでしょう。

一方、「二つの全体主義」論に立って、ナチ・ドイツもソ連も「占領者」であるという立場では、ウクライナ人はナチ・ドイツもソ連も同等に否定していると受け止められます。しかし、そこからナチ協力者の名誉回復に動くとなると、その行為はソ連よりもナチ・ドイツを肯定的に評価しているようにみられてしまいます。

ロシア人の歴史で誇るべき出来事のトップは「大祖国戦争」

ロシアにとっても第二次世界大戦（独ソ戦）の意味はとても重要です。独ソ戦はロシアで「大祖国戦争」と呼ばれます。「大」のつかない「祖国戦争」はかつてのナポレオン戦争を指し、西からやってきた二つの脅威（ナポレオンのフランスとヒトラーのドイツ）からロシア人は祖国を守り、打ち勝ったというイメージで語られてきました。ソ連は第二次世界大戦下、世界で最大の犠牲者（二六〇〇万〜二七〇〇万人）を出しており、それはスターリンの戦争指導の問題もあるかもしれませんが、現在のロシアでは逆に、世界最大の犠牲を払いながらナチズムと戦い、世界を解放したのだというヒロイックな解釈が重視されます。当時はどの家庭でも誰かを失ったほどの犠牲者数ですから、第二次世界大戦は国民のファミリー・ヒストリーに結びつけやすい、国民感情に訴えかけやすいテーマです。現プーチン政権は意識的にその記憶に訴えかけてきており、パルチザンやレジスタンスのような、武器をもって戦った「普通の市民」の英雄化により、それはロシア国民のアイデンティティにとっても重要な位置を占めるようになりました。

一九九九年からロシアで継続的に行われている世論調査で、「我が国の歴史上の出来事のうち誇りを感じるものは何か」という質問があるのですが、調査開始以来、不動の一位を占め続けるのは「大祖国戦争での勝利」です。調査年によってはそれが回答者の九割近くを占める場合もあり、どれほど第二次世界大戦の勝利がロシア人にとって大きいかがわかります（ちなみに二位は宇宙開発）。つまり、第二次世界大戦での勝利は世代や居住地域、貧富、宗教など関係なく訴えかけられる、とても強力な「政治資源」でもあるのです。

それに加え、この対ナチズム・ファシズム戦争での勝利はソ連が戦後、国際秩序をつくっていく連合国の一角、大国としての地位を固める根拠になったものでもあります。クリミア半島南端のヤルタにビッグ3、イギリスのチャーチルとアメリカのローズベルト、ソ連のスターリンの三人が集まってその後の世界について話し合ったヤルタ会談がその象徴的なものですが、多大な犠牲を払って勝ち取った第二次世界大戦の勝利と、世界をリードするビッグ3の一角という立場は、セットでロシア人の誇りとなっています。

つまり、ウクライナのナチ協力者の名誉回復は、そのどちらも否定するかのような、ロシア人の多くが大事だと考えていることに挑戦するかのような印象を与えてしまうものである、という点を理解する必要があるということです。

おわりに ――反転していく歴史観

二〇二〇年のアウシュビッツ解放七五周年記念行事の場で、ゼレンスキー大統領は、ソ連がドイツと不可侵条約を一九三九年に結んだ、つまり「手打ち」をしたことによって、ドイツは盤石の態勢で第二次世界大戦を始めることができたし、ホロコーストを実行に移すことができたという主旨の発言をします。これは裏を返せば、第二次世界大戦の開戦責任の一部と、ホロコーストへの間接的な責任がソ連にあるといったに等しい内容でした。しかもその発言をしたのは、ユダヤ系の出自をもつことを明らかにしている、ウクライナの大統領なのです。

すでに触れたように、戦後ヨーロッパのコンセンサスは、ホロコーストの責任はドイツにあるとするもので、ナチに各地で手を貸した「ナチ協力者問題」は今なおセンシティヴなテーマです。最近でも二〇二二年一月、アメリカ連邦捜査局の元捜査官や研究者のチームがアンネ・フランクを密告した人物を調査・特定した結果が書籍として欧米で出版されたところ、自国の人間が密告者だと指摘されたオランダ（アンネは逮捕前、アムステルダムに身を潜めていた）で批判が巻き起こり、書籍の回収にまで発展しています。第二次世界大戦期にドイツに占領され、傀儡政権だったフランスのヴィシー政権下でユダヤ人を迫害した責任をフランスが初めて認めたのは、一九九〇年代のシラク政権のときですから、それだけ難しい問題なのです。バンデラ問題はもとより、この歴史観は、ホロコーストの責任についてのヨーロッパにおけるコンセンサスともぶつかりかねないものです。

とにかく、二〇二〇年のゼレンスキー発言はロシア国内で激しい反応を引き起こしました。実は、ソ連時代を「占領」とみなし、「二つの全体主義」にもとづいて自国を「犠牲者」だと主張する立場では、バルト諸国やポーランドなどが先を行っていましたから、ロシア国内では第二次世界大戦期のソ連とドイツを同等にみなす言説を法的に禁じるなど、対抗するような法制や、非難の言葉の応酬が続いていました。ここにウクライナが加わり、しかも、ホロコーストの間接的責任にまで言及し始めたわけです。こうした言動が、ロシアでは対ファシズム戦争に犠牲を払い、大戦後の世界をつくった大国であるというロシアの正統性にウクライナが挑戦しようとしてきた、と受け止められていくことになります。

まとめに入りますが、歴史認識問題が直接的な戦争の原因になるということはなかなか考えにくいとは思います。例えば隣国が気に入らない歴史解釈を教科書で採用したから、それを理由に派兵するかといったら、非現実的だと誰もが思うでしょう。しかし、ロシアとウクライナの関係がなぜここまで悪化してしまったのかを考えると、主観や感情といった部分で、歴史認識が両国間の関係を悪化させる一つの促進要因、触媒のような役割を果たしてしまった可能性はあると思います。

もうお気づきだと思いますが、第二次世界大戦に対するロシアの解釈、つまりナチ・ドイツに一方的に攻め込まれながらも、「大祖国戦争」を犠牲を払いながら必死に戦ったという歴史観は、今般の戦争によって、ウクライナでは変わっていくかもしれません。今のウクライナにとってのロシアは、ロシアにとってのかつての「ナチ・ドイツ」の役割を果たしています。独立から三〇年余りでウクライナの国民意識の醸成があまり進んでいないなどといわれながらも、逆説的にロシアに侵攻されたことにより、おそらくこれからの「ウクライナ史」は書き換えられることでしょう。侵略者に抵抗してウクライナ国民は皆勇敢に戦った、普通の市民が武器をとって戦ったというロシアの英雄譚をそっくり反転させたような歴史観で「ウクライナ史」は書き換えられ、共有されていくのではないかと思います。

コラム

私の視点

ロシア人が共有する「物語」

ロシアのプーチン政権は今回の戦争（特別軍事作戦）について、ウクライナを「非ナチ化」するとか、ドンバスのロシア系住民が虐殺されているので彼らを救出するなどといって、侵攻の正当性を国民に伝えているわけですが、ロシア国民はそれをどの程度受け入れているのでしょうか。

現地で行われた各種の世論調査などをみると、だいたい六～七割ほどが「特別軍事作戦」を支持しているという結果になっています。しかし、世論調査というものはどこの国でもそうですが、質問に即時的に回答する性格のものであるため、回答したことと本人の本心が一致しているのか、実際のところはわかりません。二〇二二年四月に、ロシアの社会学者がある実験をしました。それによれば、「特別軍事作戦」に関する世論調査では、およそ一五％の人々が本音と異なる答え、つまり社会的にこう答えておくのが望ましいと思われる回答をしている、という結果が出ています。

世論調査の結果からそれを差し引いたとしても、プーチン政権の軍事行動を支持する人々は五割程度いることになるのですが、これは急にこうなったわけではなく、政権が二〇一四年あたりから時間をかけて国民との「物語の共有」に努めてきた結果であろうと思います。

よく指摘されるのは、年齢層が高くなるほどプーチン政権への支持率が高いという傾向です。これは、日頃から接しているメディアの違いが影響しているともいわれます。インターネットを主な情報源としている若年層では支持率が低く、テレビ（ロシア国営放送）を主な情報源にしている層では支持率が高いという違いとして現れる、ということです。また、世代による経験の差異もあります。特に一九九〇年代を体験した中・高年層は体制転換期の経済的混乱を覚えており、その後、プーチン政権が二〇〇〇年代から目覚ましい経済回復を成し遂げ、国民の生活水準を引き上げたという「物語」を共有しています。それに対して、都市部の若い層は物心ついた頃から経済的安定を手にしています。そして、二十数年にわたる長期政権に、「プーチン疲れ」と変化を起こせない政治的無力感を覚えている人が少なくありません。

ドンバスのロシア系住民がウクライナでどれだけひどい目にあっているかという情報も、国営放送などではこれまでもかなり時間を割いて、演出も交えつつ、伝えてきました。そうすると、その情報をずっと浴びてきたロシア国民の心情的には、同胞であるロシア系住民がドンバスで殺されたりしているのは可哀そうだ、ロシア軍が助けにいくのは正義だ、と映ります。こういうことも、支持の背景にあるのではないかと思います。私の身近なロシアの友人たちのなかにも、それを信じている人はいます。会話が成り立たないこともあったほどです。具体的にどれだけの人々がプーチン政権や「特別軍事作戦」を支持しているかを答えるのは難しいものの、一定の層に「物語」が共有され、今も力をもってしまっていることは事実であろうといわざるをえません。

第9講

ウクライナの正教会と分裂の歴史

高橋沙奈美

はじめに　――ウクライナの複雑な正教会事情

現在、ウクライナ国内における正教会をめぐって非常に大きな問題が生じています。ここではロシア・ウクライナ戦争が始まってからのウクライナにおける正教会事情をメインテーマとしてお話ししたいと思います。そのバックグラウンドである歴史について、最初にポイントをお伝えしておきます。というのもウクライナの正教会事情はとても複雑で、これを理解するためには、いくつかのことを前提として押さえていただく必要があるからです。

ウクライナは、政教分離原則を憲法に明記した世俗国家です。鶴見先生の講義でもご紹介があった通り、ウクライナは多民族・多宗教国家です。なかでも東方正教は十世紀にビザンツ帝国（東ローマ帝国）からウクライナの地に入ってきて以来、ウクライナの民族的アイデンティティの根幹をなすものとして、現在でも最大多数の信者を有する宗教となっています。ちなみに日本にも日本正教会がありますが、規模はとても小さく、信者は一万人ほどです。

ウクライナとロシアは、ともに自らの始まりの地とみなすキエフ・ルーシが九八八年に東方正教を受け入れて以来、その信仰を共有してきたわけですが、それゆえに戦争は両国の正教会の関係に深刻な影を落とすことになりました。とりわけウクライナにおいて正教会は難しい立場に立たされているわけですが、複雑な正教会の事情は、戦争という非常事態のなかで、一刀両断に解決されようとしているのが現状です。

概観すると、ウクライナの正教会は複数に分裂しています。一つは東方正教会の独立教会の地位にあるモスクワ総主教座に承認された、つまりロシア正教会の一部としてロシアと教会制度上の歴史的つながりをもつ、最大多数派のウクライナ正教会（自治教会。英語でUkrainian Orthodox Church）です。このウクライナ正教会は、キリスト教的普遍主義と政教分離を訴える立場となります。

一方で、二〇一九年に新しくできた新正教会（独立教会）があります。英語ではOrthodox Church of Ukraineで、訳すとこちらも「ウクライナ正教会」になってしまい混乱しやすいため、先ほどの歴史が古い方をウクライナ正教会、二〇一九年に新しくできた方を新正教会と称することにします。新正教会の特徴は民族派の影響力が強く、ウクライナ政府の支持を受けている点です。あとで詳しく触れますが、この教会はコンスタンティノープル世界総主教座によって承認された正教会で、ウクライナという国民国家の個別主義、愛国主義にこだわっています。

二〇二二年にウクライナとロシアが全面戦争に入った後、ウクライナの中央・地方の政治エリートや、宗教学者、メディアなどによって、ロシアとつながりをもつウクライナ正教会が国内最大の宗教団体であることが問題視されるようになります。ウクライナには独自の正教会が一つあればいい、ロシアと関係のある正教会など必要ないという主張が強まり、ウクライナ正教会に対する政治的圧力が著しく高まっているのです。

その動きは同国憲法に定められる政教分離原則への抵触や、良心の自由を含む個人の人権侵害といった問題にまで発展しています。

ここで簡単に東方正教とは何かということをご説明させていただくと、東方正教はキリスト教の一宗派です。魂の救済といったキリスト教的普遍性に基づく価値観を有するものの、教会組織においては近代国民国家にほぼ対応する領域ごとの独立教会制を基本としています。

ビザンツ帝国の時代には、帝都コンスタンティノープルを中心として帝国をいくつかの領域に分け、各領域を管轄する「総主教」(古代総主教座)が置かれていました。この時代に、教会組織についての規則を含む「教会法」も整備されます。その後、東方正教の教えがバルカンからスラヴ地域に広がっていく過程で、それぞれの領域を管轄する「主教」と呼ばれる高位聖職者を最高権威とした「地方教会」が認められていきます。そして十九世紀までに、世俗国家の領域と対応するような地方教会の制度が確立していったのです。地方教会はさらに、教会自治の度合いに応じて独立教会と自治教会に分かれます。こうした教会制度を「独立教会制」と呼びます。

このように現在の東方正教世界は教義を共有していますが、いくつもの地方教会から成り立っています。地方教会は国民国家に準ずるかたちでそれぞれの領域をもつのが一般的ですが、その例外の一つがロシア正教会です。かつてのロシア帝国・ソ連の領域を統べるロシア正教会は、東方正教世界で最大の勢力です。そのロシア正教会にとってウクライナは自らの歴史の始まりの地であり、欠かすことのできない一部であるとみなされてきました。

しかし、ウクライナ正教会は決して小さな規模の教会ではありません。ウクライナ・ナショナリストには正教会の組織もロシアから独立させたいという悲願があり、それはウクライナの精神的な独立と重ねて論じられてきました。そうして二〇一九年に成立したのが新正教会です。

ウクライナの歴史と東方正教

ロシア、ウクライナ、ベラルーシの東スラヴ三民族に共通する東方正教の歴史は、九八八年にキエフ公ウラジーミル一世がビザンツ帝国から東方正教を受け入れたことに端を発します。しかし、十三世紀のモンゴル軍の襲来によってキエフが灰燼に帰すると、戦乱を逃れキエフ府主教座は北東ルーシ（現在のロシア地域）へ遷座することになりました。しかし、その称号は「キエフ府主教座」を維持しました。

その後一四五三年、東方正教の最高権威であったコンスタンティノープルがムスリムのオスマン帝国によって陥落すると、モスクワを中心として大きな成長を遂げつつあったロシアが、正教の君主を戴く唯一の帝国となります。コンスタンティノープルはモスクワの地位を長らく認めようとはしませんでしたが、一五八九年になってようやく、モスクワ総主教座を東方正教の五番目の序列に位置づけ、ロシア正教会が独立します。こうして十六世紀以降、ロシアは東方正教世界の事実上の盟主としての地歩を固めていきます。

一方、現在のウクライナ地域はカトリックの君主が支配するポーランドの支配下に組み込まれ、ロシアとは異なる歴史を歩み始めます。ただし、被支配民の大半は正教信仰を保ちました。一六二〇年、正教徒らの願いによってコンスタンティノープル総主教座の管轄下に、キエフ府主教座が再建されました。しかし、この地域を掌握したロシアの求めに応じて、コンスタンティノープル総主教座はキエフ府主教座の事実上の管轄権を一六八六年にモスクワ総主教座に認めます。これにより現在のウクライナ地域の正教会の管轄権はロシア正教会に移ることとなり、ウクライナはロシア正教会の一部になったのです。

時代は下って一九一七年、二月革命によってロシア帝国が崩壊すると、独立国家ウクライナが誕生します。

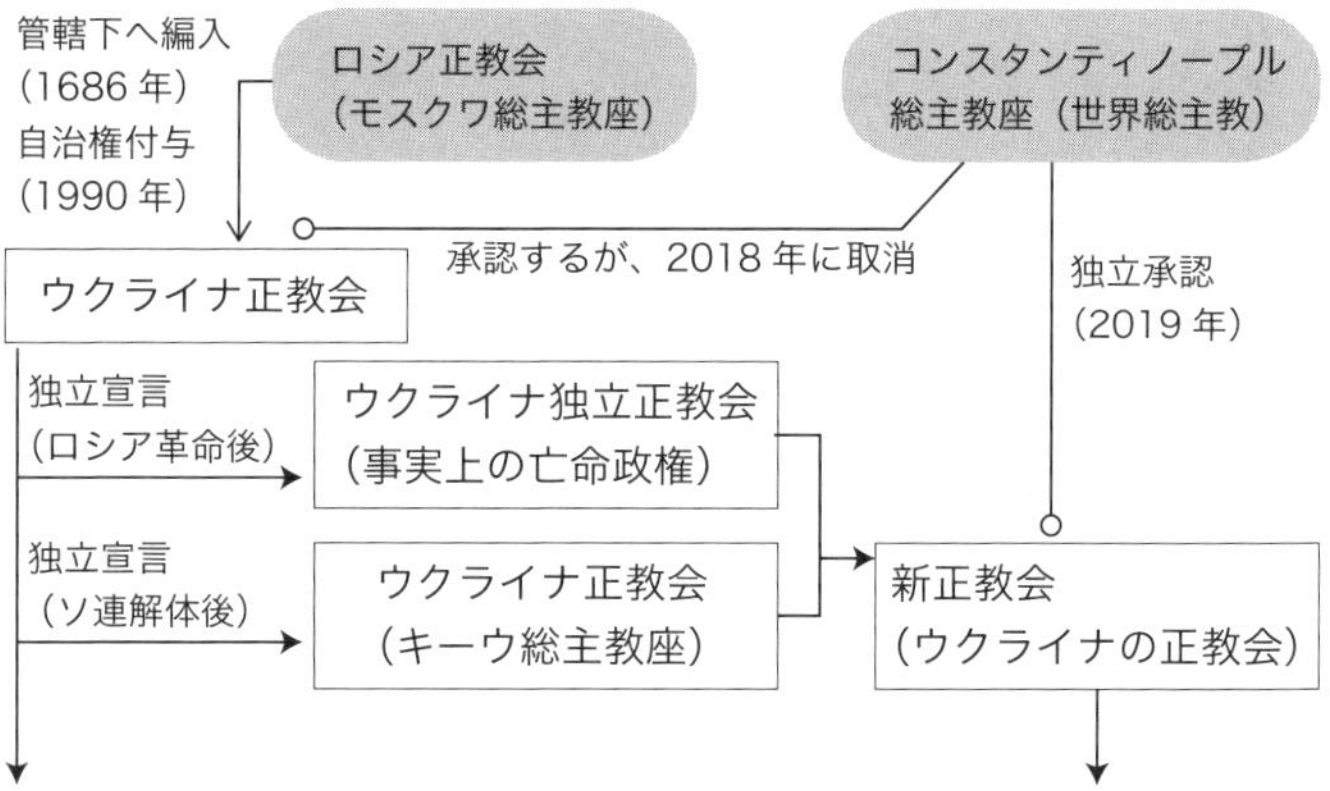

ウクライナにおける正教会の流れ

このときに教会組織もまたロシア正教会からの独立が目指され、一九二一年にウクライナ独立正教会創設が宣言されました。しかし、ウクライナがソ連の支配下に入ると、独立正教会は当局に利用されたあげく弾圧を受けました。独ソ戦時、ウクライナ独立正教会はナチ協力の疑いがもたれ、戦後はソ連国内で活動が禁止されました。一部の聖職者たちが北米に渡り、亡命教会としてソ連の解体まで国外で存続することになります。

ウクライナの正教会独立に向けた第二の動きは、一九八〇年代後半のペレストロイカ（ゴルバチョフ政権が掲げた諸改革）から一九九一年のソ連解体前後の時代に起こります。一九九〇年、ロシア正教会は「ウクライナ正教会」の名称を認めてこれに大幅な自治権を与えます（「ウクライナ正教会」という名称が正式に認められたのは、このときが初めてです）。しかし、当時のキーウ府主教フィラレートは、この決定に不満でした。彼らは一方的にウクライナ正教会の独立を宣言し、キーウ総主教座を自称します。こうしてソ連解体後のウクライナには、モスクワ総主教座の傘下にあるウクライナ正教会（最大多数の承認教会）と、フィラレート総主教の率いるウクライナ正教会キーウ総主教座という民族派の非承認教会、それから独ソ戦後は亡命教会であったウクライナ独立正教会（民族派の非承認教会）という三つの正教会が鼎立《ていりつ》することとなりました。

フィラレートは自らの権威と正統性を担保するため、一九九二年にウクライナ独立正教会との合同を模索したのですが、後者はフィラレートの権威を認めず、その後の一九九三年に合同は決裂しました。

教会の承認、非承認とは、国家を例として考えるとわかりやすいかもしれません。例えば台湾は非承認国家であるため、国連に加盟できません。それと同様に、非承認教会という立場は東方正教の世界、あるいは他のキリスト教の世界のなかでも認められない存在です。より具体的にいえば、非承認教会で行われる機密（カトリックでの秘跡）は、その有効性を認められません。非承認教会で洗礼を受けたとしても、東方正教世界ではクリスチャンとは認められず、非承認教会における聖職者の地位と権威も、ほかの正教世界では意味をもちません。

ナショナリズムと正教会統合の試み

ウクライナは一九九一年に国家としての独立を果たします。その後、ヤヌコヴィチ政権を崩壊させた二〇一四年のマイダン革命とそれに続く東部ドンバスでのロシアとの実質的な戦争（ドンバス紛争）が始まると、ウクライナ・ナショナリズムがかつてないほど高まりをみせるようになります。ドンバス紛争では民族派正教会だけでなく、ウクライナ正教会もウクライナ軍や国内避難民に対する支援を非常に積極的に行い、ウクライナの国家主権を尊重する姿勢を打ち出しました。この紛争自体がウクライナとロシアの事実上の戦争となったため、ロシア正教会の一部であるウクライナ正教会は難しい立場に置かれますが、彼らはあくまでも自分たちはウクライナの正教会であることをここで強調したのです。

浜先生の歴史認識問題についてのお話のなかにもあったように、ウクライナの親欧州・反ロシア政権は政治的に行き詰まるたびにナショナリズムに訴える手法をとってきた経緯がありましたが、二〇一九年の大統領選を目前に、政治的求心力を失いつつあったポロシェンコ大統領は、まさにその手法に打って出ます。ポロシェンコは軍、言語、信仰こそがウクライナの公定ナショナリズムであるとし、三つに分裂していたウクライナの正教会の統合を主張したのです。

このとき、ポロシェンコが頼みの綱としたのは、モスクワ総主教座とライバル関係にあったコンスタンティノープル世界総主教座でした。コンスタンティノープル総主教座は、一六八六年にモスクワ総主教座に対して認めたウクライナ地域の管轄権を取り消し、その管轄権は自らにあると宣言します。そして分裂状態にある諸正教会の合同を条件に、世界総主教座がウクライナにおける正教会の独立を認めるとしました。コンスタンティノープル総主教の提案で行われた統一公会（教会合同会議）は、ルーシ国家の最盛期のシンボルであるソフィア大聖堂（十一世紀建立）にて開催されました。大聖堂を取り巻く群衆は、国旗を掲げて独立教会の誕生を待ちました。教会の問題に対して、群衆がイコン（聖像画）や教会の旗ではなく、ナショナルなシンボルを掲げたことは注目に値します。ただし、統一公会に最大多数派のウクライナ正教会の姿はありませんでした。その理由はウクライナ正教会にとっては、どちらの非承認教会も「分離派」であり、それらと対等の立場で議論することは到底できないというものでした。

こうして二〇一九年、ウクライナ独立正教会とキーウ総主教座の二つの非承認教会が事実上合同して新正教会（独立教会）が結成され、その最高権威たる首座主教に選出されたのが、エピファニー（一九七九年生まれ）という、高位聖職者としてはかなり若い指導者でした。

国内三つの正教会をすべて統合するというポロシェンコの計画は失敗に終わりました。現在、東方正教には独立教会が一五あるものの、この新正教会を承認したのは四教会だけで、世界総主教の承認はあっても、正教世界の過半数から認められていないという、あいまいな存在になっています。

世界総主教の権威を借りた教会合同に失敗したポロシェンコは、教会統合を実力で実現しようという政策に転換します。

憲法改正と「新正教会」への移管推進

ウクライナ憲法は第三五条で、信教の自由と政教分離の原則を明言しています。ポロシェンコは、この憲法条項を実質的に無視するかたちで、ウクライナ正教会の活動を法的に制限しようとしました。ポロシェンコ政権の時代に新たに改正された宗教法の条文は次の通りです。

・宗教団体名の改正（二〇一八年十二月）　ウクライナと交戦中の国家に本部をもつ宗教団体はそのことを名称に明記すること。
・宗教組織の再登録（二〇一九年一月）　すべての宗教組織は一年以内に再登録を行う。

ここで特に注目したいのは二つ目、宗教組織の再登録という問題です。二〇一九年早春、ポロシェンコ大統領は新正教会の指導者となったエピファニー府主教と共にコンスタンティノープルからの独立承認の詔勅（トモス）をもって、ウクライナの各地をめぐる「トモス・ツアー」を開始します。ウクライナでは宗教法人の登録に特色があります。新正教会、あるいはウクライナ正教会といった単一の宗教法人の登録ではなく、新正教会に属している個別の教区教会、神学校、修道院、財団など、様々な個別の組織が、それぞれ宗教組織として国家登録を受けます。

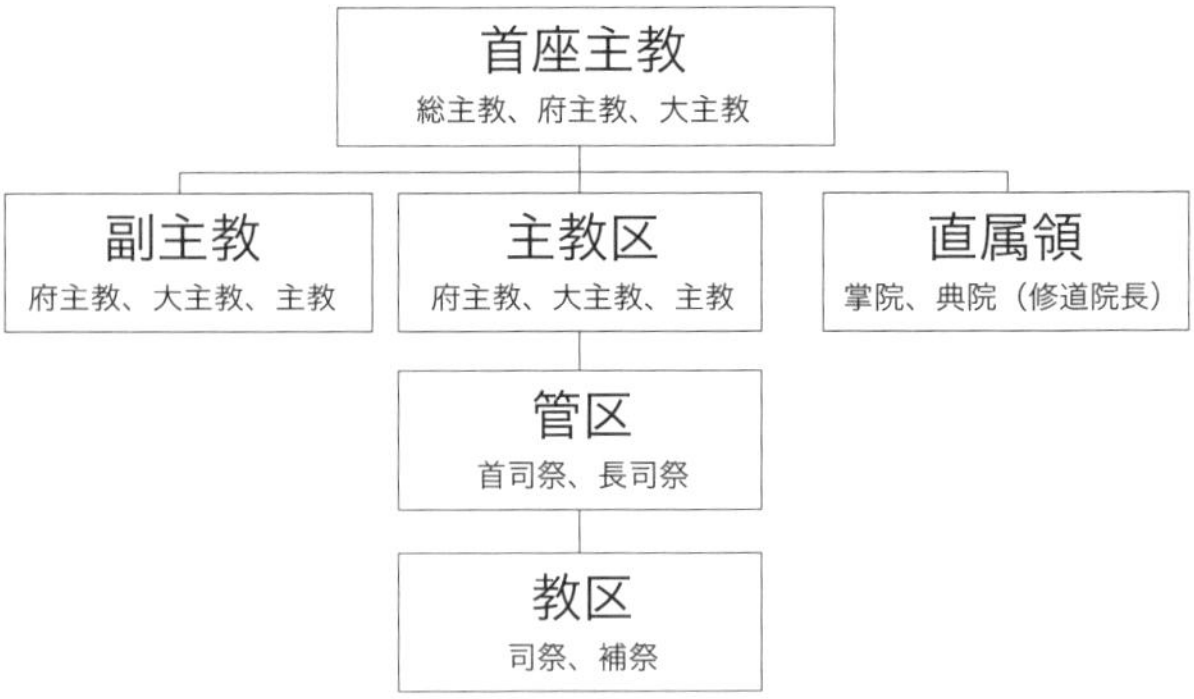

正教会の組織モデル

ポロシェンコ大統領は、トモス・ツアーによって新正教会を宣伝し、ウクライナ正教会側の教区教会の組織に対し、新正教会の管轄へ変更するよう呼びかけました。教会組織は世俗の国家と同じような構成になっており、一番下の町内会レベルが「教区教会」、それらを束ねる市区町村レベルが「管区」、さらにそれらを上部で束ねる都道府県レベルが「主教区」と呼ばれます。そしてこれらすべてを束ねる最高権威が「首座主教」です。主教区以上を統率する聖職者が高位聖職者で、管区や教区教会の一般聖職者らとは権限の大きさが違います。

高位聖職者たちは、先にみた統一公会への参加を拒否したことからも、彼らに新正教会に歩み寄るつもりがないことは明らかでした。そこでポロシェンコ大統領は、一般聖職者に対して、ウクライナは独立国家なのだから独立した正教会をもつべきだ、新正教会は最も権威あるコンスタンティノープル世界総主教から独立を承認された教会だから、こちらに移りなさいと説いてまわったということです。これを移管といいます。

これにより、自発的に新正教会に移管したケースは問題がないのですが、全体としてそうした自由意思による移管ばかりではなかった、むしろ暴力的移管が目立ったという点が問題です。

一例をあげると、西部テルノピリ州カテリフノカ村では、ウクライナ正教会の教区教会に対して新正教会

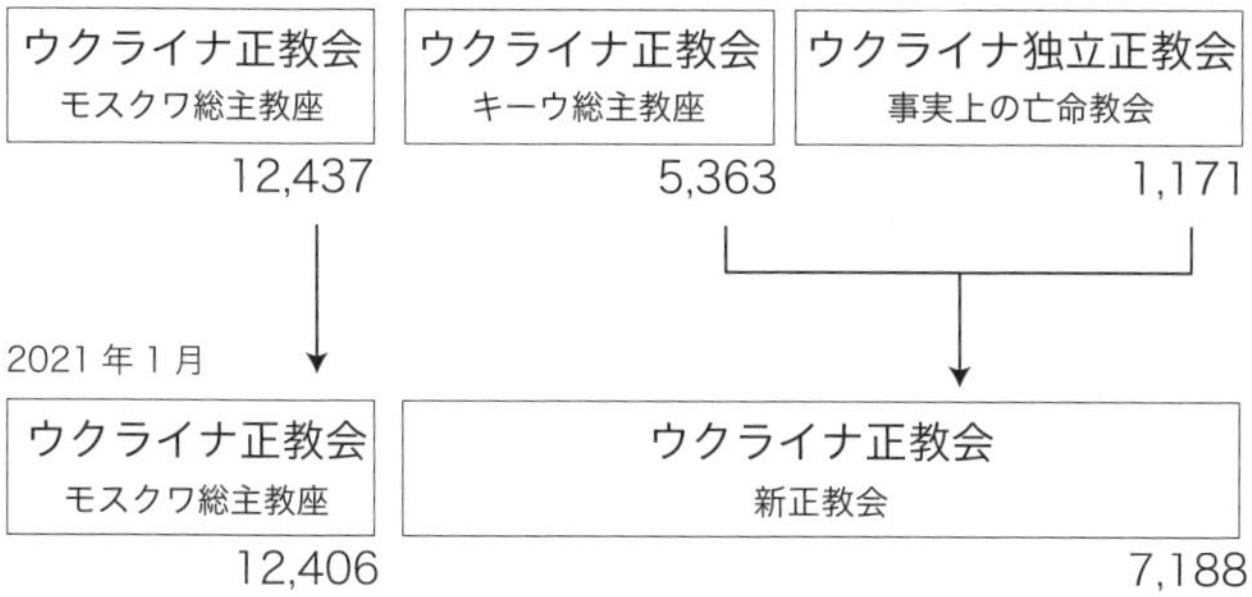

宗教組織数の変移（ウクライナ統計資料より）

に移るよう圧力がかかり、信者共同体の投票により決めることになりました。すると普段は教会に来ない公務員やそれに準じる仕事に就く人々が組織的に投票にやってきて移管への賛成票を投じ、賛成多数で新正教会への移管が決定されました。この決定に激しい抵抗を示した元の信者共同体から聖堂を取り上げる際には、治安機関が投入され、両者の間に小競り合いが生じました。信者共同体は新しい聖堂を建設し、新正教会が奪取した元の聖堂には通っていません。

　ウクライナ・ナショナリズムの強い西部地域では、こうした半ば強制的な移管が行われたケースが少なくありませんが、それでも全体として新正教会への移行は思ったほど進みませんでした。

　宗教組織の数をみると、新正教会ができる直前の二〇一九年一月に登録された教区教会の数は、ウクライナ正教会が一万二四三七、キーウ総主教座と独立正教会を合わせた数が六五三四でした。二〇二一年の教区教会数は、ウクライナ正教会は一万二四〇六で、新正教会が七一八八。数の上ではウクライナ正教会はほとんど減っておらず、一方の新正教会の増加も著しいとはいいがたいものです。これは、教区教会が移管しても、元の信者たちが新たにウクライナ正教会の教区教会をつくってしまうからです。

　宗教団体の影響力を評価する際に、登録された教会組織数の他に、個

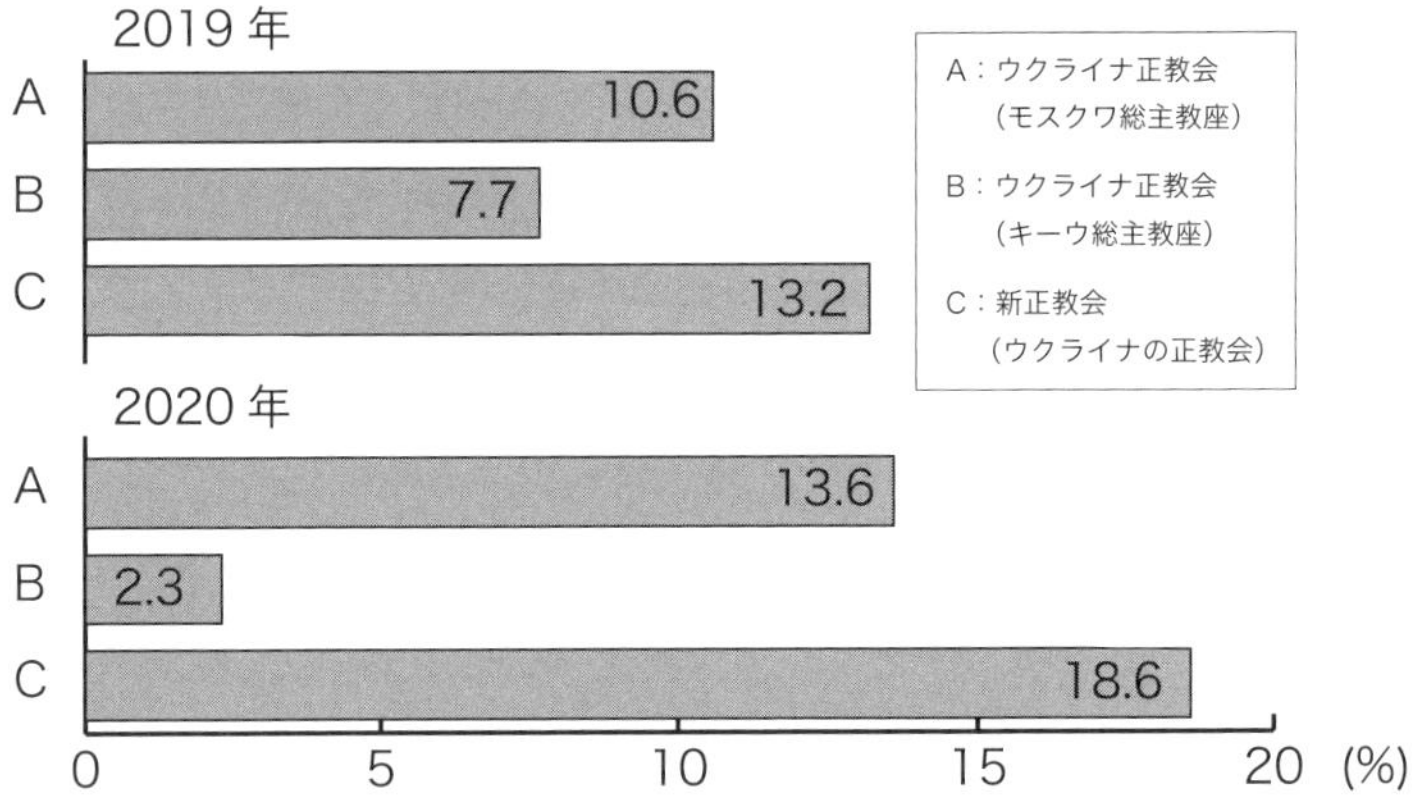

教会への帰属についての世論調査

人の教会帰属について質問する世論調査のデータがあります。これによると、二〇二〇年の調査では、ウクライナ正教会よりも新正教会と回答した人の割合が上回っています。これだけをみると、ウクライナにおける多数派は新正教会だということになるのですが、実態はそう単純ではありません。

　これは日本も同様なのですが、例えば文化庁の『宗教年鑑』で、宗教法人として認証された宗教団体が報告する信者数をすべて足すと、日本人口の二倍近い数になってしまうことがよく知られています。つまり「信者」の数は実態を正確に表しません。「信者」の定義があいまいだからです。

　ウクライナでも、定期的に教会に通う人々のほとんどはウクライナ正教会の信者である一方、世論調査が示す新正教会の信者の実態はウクライナ・ナショナリズムを強く支持するが、教会への関心は低い場合が多いことがわかっています。実際に教会との関わりがなくても、反ロシア的立場から、「新正教会」を支持すると答える人々ということになります。世論調査ではわからない実際の教会の宗教組織としての影響力を知るためには、宗教組織の登録数を参照する必要があります。

なぜ新正教会の移管は進まなかったか

では一体なぜ、大統領自らナショナリズムに訴えてまで推進した新正教会への移管は進まなかったのでしょうか。そこには三つの大きな理由が考えられます。

一つはウクライナ正教会そのものが決して一枚岩の組織ではないという点です。ウクライナ正教会は約一万二〇〇〇もの教区をもつ巨大な組織です。この教会に属する人々の、ロシア正教会に対する見解はまちまちです。ウクライナ正教会は独立した教会であるべきだと考えるが、ロシアが政治的に嫌いだからといって一方的に独立を宣言するのではなく、時間をかけて正統性を獲得しようという「独立派」もいれば、ロシア正教会から大幅な自治権を認められ、ロシアと緩やかにつながりながらウクライナ正教会を維持していく現状に問題はないと考える「現状維持派」、そして、これは東部に多いのですが、ウクライナに独立した正教会は不要だ、ロシア正教会でいいと考える「親ロシア派」もいます。

二つめは、信者と聖職者を結ぶ家族的ネットワークの存在です。東方正教には「神品機密」という聖職者（司祭・輔祭など）になるための儀式がありますが、このときに私は異端に走りません、教会に忠実であり続けますと誓います。高位聖職者から一般の聖職者にいたるまで、同じ神学校で机を並べた関係だったり、神品機密や洗礼、結婚などの機密を通じた関係をもっていたりなど、聖職者の間には疑似家族関係、家族的なネットワークがあります。信者共同体においても同様で、新しく産まれた子どもが洗礼を受けるときには洗礼母、洗礼父を教区共同体のなかから選ぶことも少なくありません。つまり教会を通じた様々なネットワークが信者共同体のなかにも存在します。また、痛悔（罪の告白を行う機密）というかたちで教区民の話を聞いている司祭は、教区民全体にとって、極めて重要な存在となります。そのため個人の判断で教会から離れるなどということは、家族関係が壊れでもしない限りなかなかないのです。

そして三つめに、これが「移管」が進まなかった理由としてもっとも大きなものですが、「使徒継承性」の有無があります。キリスト教は非常に多くの宗派に分かれており、教会にはそれぞれの宗派の教えを伝統的に継承してきたという自意識があります。特にカトリックや正教会では、キリストの直弟子（使徒）に由来する正統性を有していることを強調します。それが「使徒継承性」と呼ばれるものです。正教会の場合、使徒継承性はコンスタンティノープルをはじめとする古代総主教座に継承され、そこからロシア正教会へ、さらにロシア正教会からウクライナ正教会へ受け継がれていると考えます。ウクライナ正教会は使徒継承性に裏打ちされていると考えるからこそ、キーウ総主教座や独立正教会を「分離派」と呼んで貶めてきたのです。

二〇一九年には新正教会が、コンスタンティノープル総主教座によって正統性を認められましたが、ロシア正教会、そしてウクライナ正教会はこの手続きを教会法に反するものとみなし、新正教会を正統な教会とは認めませんでした。東方正教世界に属する多くの教会も同様です。そのため、新正教会は「分離派」の教会だという論理が、ウクライナ正教会の信者たちのなかで今も共有されているのです。

「カインの罪」――ロシア全面侵攻後の正教両派の動き

こうした状況のなか、二〇二二年二月に、ロシアによるウクライナへの全面侵攻が開始されました。ウクライナ正教会の首座主教であるキーウ府主教オヌフリーは侵攻開始直後の二月二十五日、ロシアによるウクライナ攻撃を厳しく批判するなかで、これを「カインの罪」であると表現しています。カインとはアダムとエバの長子です。神が自分の捧げ物ではなく、弟アベルの捧げ物を喜んで受けたことを妬み、弟を殺したという旧約聖書創世記の逸話は、人類が最初に犯した殺人とされています。オヌフリーは「カインの罪」を引き合いにしてロシアを糾弾したわけです。

三月に入ると、今度はウクライナ正教会における最長老格の高位聖職者である、オデーサ府主教アガファンゲルが「今日、残念ながら、私たちの共通の文化は砲弾の爆発と銃撃の轟音によって破壊されており、私たちの共通の洗礼盤はドニプロの灰色の水のなかで踏みつけられています」とロシアの侵攻を批判しました。高位聖職者だけでなく、一般の司祭たちも、動画投稿を通じて、モスクワ総主教キリルに対して「私たちはあなたのことを父だと思っていたが継父よりもひどかった。神の裁きを」と、痛切な批判を行っています。

こうしてウクライナ正教会のなかでロシア批判、ロシア離れが広まった一方で、ウクライナ正教会をロシアの手先だと考えるウクライナ・ナショナリストらの動きも活発化していきます。三月末にはウクライナ最高議会議員のインナ・ソヴスンが、ウクライナ正教会の活動を禁止する法案を提出しました。フェイスブックへの投稿では、ウクライナ正教会を「ロシア正教会」と呼び、ロシアに協力的な聖職者の名前を具体的にあげ、「ロシア正教会のなかにはプーチンのために働く諜報員、破壊工作員がいる」、「ロシア正教会、くたばれ」とウクライナ正教会を罵倒したのです。

ちなみにウクライナ正教会を「ロシア正教会」と呼ぶことについては、二〇一九年の法改正ですでに定められています。当時、ウクライナ正教会の法的な解散を望む立場の人々は、その名称をロシア正教会と改称すべきであると考えました。それが先の改正宗教法に盛り込まれた条文で、ウクライナと交戦中の国家に本部を置く宗教団体は、そのことを名称に明記すること、それがなされない場合はその団体は解散するとしています。

しかし、ウクライナ正教会の本部がロシアにあるかどうかが争点となり、政府側はウクライナ正教会の本部はモスクワだとする一方、ウクライナ正教会側は本部はあくまでもキーウなのでこの条文には該当しないと主張して、名称をめぐる裁判が続いていました。

苦心するウクライナ正教会 ——二〇二二年五月の宣言をめぐって

ウクライナ正教会は一九九〇年にロシア正教会から高度な自治権を認められましたが、次の三点において、ロシア正教会とのつながりを有していました。その一つはトップの承認で、ウクライナ正教会は独自に首座主教（キーウ府主教）を選出する権利をもちますが、選出後にモスクワ総主教座の承認を必要とすることになっています。もう一つは共同決議に関する規定で、ウクライナ正教会の高位聖職者はロシア正教会の地方公会や高位聖職者会議に加わり、その決議に従うとされています（ただしウクライナ正教会の独立性を考慮したうえで適用することになっています）。

三つめは教会外交の制約です。ウクライナ正教会が東方正教の他の地方教会とどのように交わるのかという問題ですが、ロシア正教会の権威を通じて他の地方教会とつながりを有しています。これは例えば、アメリカ正教会とウクライナ正教会が対話したいときにはロシア正教会を通さなければならないということではなく、ウクライナ正教会の権威権能としてロシア正教会がバックについているということのようです。

しかし、これらをもってウクライナ正教会は「ロシア正教会」だといえるのでしょうか。一方の新正教会についてみると、コンスタンティノープル総主教座からより多くの制約を受けていることがわかります。コンスタンティノープル総主教座はキーウに直轄の聖堂をもっています（ロシア正教会はウクライナに直轄聖堂を持ちません）。また、新正教会の規約を変更するときにはコンスタンティノープル総主教座の承認が必要です。さらに、新正教会はウクライナ国外に教区をもつことができません。この戦争によって多くのウクライナ人が国外に避難していますが、避難民のための教区を新正教会はつくれないのです。ウクライナ国外に逃れた避難民（ディアスポラ）の管轄権はコンスタンティノープル世界総主教にあるからです。避難民としてはウクライナ語で祈りをささげたい、自分たちの教区共同体をつくりたいという希望があるようですが、この願いに応えることができるのは、新正教会ではなくウクライナ正教会です。

とはいえウクライナ正教会とロシア正教会につながりがあることは事実です。ロシア侵攻後の教会のありかたについて討議すべく、キーウ府主教オヌフリーはウクライナ正教会の教会会議（公会）を招集しました。五月二十七日に開催された公会には一般信徒から高位聖職者まで参加し、ウクライナ正教会の「完全な独立と自立性を証する規約に追加と修正を認める」十カ条の宣言が公表されました。つまり、先ほど触れた三つのロシア正教会とのつながりに変更を加えるというというものです。

オヌフリー府主教としては、この宣言が精一杯の妥協だったと思われます。彼の頭のなかには、ウクライナ西部を中心としたナショナリストからの圧力と同時に、クリミアやドンバスなどロシアの支配領域に入ってしまった地域の問題があったはずです。十カ条の宣言のなかには、「教区生活の特定の問題に関して、主教に独自に決定する権利を与える」という文言が入っています。政治的に危険な状態に置かれている地域では、支配勢力との対決は、信者・聖職者を直接的な命の危機にさらす危険があり、彼らが独自の生存戦略をとることが許されることを意味しています。これには前例があり、ロシア革命の際に当時の総主教が同様の判断をしています。

さらに、その後だいぶ時間をおいてから明らかになった規約が「独立」を確約するものかどうかはあいまいです。確かにこの規約では、ロシア正教会とのつながりが否定され、「ロシア正教会」という言葉が本文中から完全に削除されました。しかし、ウクライナ正教会が「その運営と組織において自立かつ独立している」という文言には、教会用語で独立を意味するautocephalyという言葉が使われていないのです。さらに、ロシア正教会はこの規約の成立過程に理解を示しました。これをもってロシア正教会から完全に独立（断絶）したことになるかというと、かなり微妙というしかありません。

このような玉虫色の宣言になったのは、彼らがそれによって自らの正統性（カノニシティ）を危うくすることは、あってはならないことだからです。ウクライナ正教会がウクライナにおいて最も重要な教会であることの根拠は正統性にあり、それはロシア正教会を通じて認められているものです。もしウクライナ正教会がロシア正教会から完全に「独立」（autocephaly）したと宣言すれば、今度は自らが新正教会側から「分離派」とみなされかねません。そのためこのような玉虫色、悪くいえば中途半端な宣言をせざるを得なかったのです。

続発する正教会スキャンダル ――「ロシアの手先」と印象づける

この教会会議の後も、ウクライナ正教会の高位聖職者にはロシアに対する利敵行為が数多く指摘されています。高位聖職者がロシアに出国したとか、九月三十日に行われた東部四州のロシア編入を祝う式典に三名のウクライナ正教会高位聖職者が参列した、ほかにもクリミアや東部占領地域で聖職者らがロシア支配を正当化している、などです。

ただこうした情報には注意が必要です。ロシアへの出国というのも、彼らが本当に自発的に逃亡したのか、それともウクライナ政府による厄介払いや追放、あるいはロシアに強制連行された可能性などもあります。例えば、ウクライナ政府にとって、ウクライナ正教会の高位聖職者は少ないほど都合がいいという事情があります。つまり、現状では新正教会とウクライナ正教会で聖職者の数は圧倒的に後者の方が多く、このまま合同すればウクライナ正教会に新正教会が飲み込まれる可能性が高いのです。ウクライナ・ナショナリストのなかにはウクライナ正教会の高位聖職者の市民権を剥奪して追放すべきだという声があるほどです。

さらに二〇二二年九月からは、ウクライナ国家保安庁によるウクライナ正教会の一斉捜査が行われて、同教会にまつわる様々なスキャンダルが連日報道されました。この発端は、ウクライナ国家保安庁本局のキーウ州副局長ユーリー・パラフニュークが、地方行政が教区教会の移管に関わることを禁止すると述べたことでした。強制的な移管への行政の関与は、ウクライナ社会の分断につながるというまっとうな判断ですが、パラフニュークは発言後に更迭されてしまいます。

その後、十一月にかけて、複数の主教区でウクライナ正教会の教会に強制捜査が入り、各地の教会から宗教的憎悪をあおる文書、ロシアを賛美する文書の存在や、ロシアとウクライナの二重国籍を有する高位聖職者（これは法律で禁じられている）の疑惑などが次々に告発されるようになります。西部の都市チェルノウツィでは朝七時に保安庁の部隊が強制捜査に入ったところ、大主教ニキータが下着姿の一七歳の少年といたところを見つかり、ニキータのノートパソコンからポルノ写真がいくつも発見されるという同性愛スキャンダルが告発されました。ニキータは公式会見を開いて、少年は無理やり裸にさせられた、パソコンはすり替えられたと反論していますが、真相は不明です。その後もウクライナ正教会の総本山的聖地であるキーウ・ペチェルシク大修道院でロシアを賛美する聖歌が歌われていたことが告発されるなど、十一月末までに三五〇以上の教会と八五〇〇人の教会関係者が捜査対象になったといわれています。

大修道院での一件は、「鐘の音が流れていく、ロシアの上にただよっていく、母なるルーシは目覚めつつある」という内容の聖歌を信者たちがロシア語で歌ったことが問題とされました。それがロシア世界（ルースキー・ミール）を賛美しているというのが告発の理由なのですが、それが意図的な賛美だったのか、それとも教会で伝統的に歌われてきた聖歌（本来は生神女マリアへの賛歌）を慣習として歌っただけなのかは、解釈の問題でしょう。

しかしこの事件は、より大きな弾圧の口実となっていきます。ロシア世界を賛美する歌がペチェルシク大修道院で歌われていた、ウクライナ正教会はロシア世界のプロパガンダ機関である、ロシアの手先であるという印象がニュースを通じて広く拡散された結果、ウクライナ正教会を活動禁止にするための法的措置が政治的アジェンダにまで上ったのです。政府としても、戦意高揚のためにそれが必要だという方向性が固まっていきます。

「ソ連時代の宗教弾圧に等しい」――ウクライナ正教会への制裁措置

それが結晶化したのが、十二月一日にウクライナ正教会への制裁措置として出された「ウクライナ国家安全保障・国防会議決定／大統領令」でした。以下がその内容です。

一、ウクライナ正教会の活動制限に関する法案を二カ月以内に最高議会に提出する。
二、民族・宗教問題庁はウクライナ正教会とモスクワ総主教座の関係について調査すること。
三、キーウ・ペチェルシク修道院をウクライナ正教会が使用している問題について、二カ月以内にその法的根拠を明らかにすること。
四、ウクライナ正教会関係者一〇名に対し、法的・経済的制裁を加える。
五、民族・宗教問題庁の権限強化のための改革を行う。

第一点目は、ウクライナ正教会の活動を法的に禁止することを具体的に進めるための法案です。

第二点と第五点目については、手始めに、宗教問題を扱うウクライナの公的機関である、民族・宗教問題庁の長官が交代しました。十二月六日に同庁長官オレーナ・ボフダン（社会学者）が罷免されましたが、彼女は、五月二十七日の教会会議でウクライナ正教会とロシア正教会のつながりは実質的になくなった、ウクライナ正教会に対する現行の行政的措置は社会に分断と困難をもたらすものだと批判していました。彼女は、もしウクライナ正教の聖職者が利敵行為をしたのならば個別に処罰されるべきで、ウクライナ正教会そのものを法的に禁止することは、ウクライナが民主国家である限りできないともいっています。

そして十二月六日に新長官としてヴィクトル・エレンスキーが任命されます。彼は宗教研究者としても著名な人物で、西側研究者との共同研究も盛んに行っていました。しかしエレンスキーは新正教会を断固として擁護する立場を鮮明にし、そのためにはあらゆる手段を辞さない考えです。宗教法の改正（宗教団体名の改正）も彼が発案したもので、現在ゼレンスキー大統領に正教会に関する政策を提言しているブレーンでもあります。

そして、二〇二三年一月三十一日、エレンスキーの下で集められた宗教研究者による専門家会議は、ウクライナ正教会がロシア正教会の一部であるという結論を発表し、ウクライナ正教会を法的に禁止するための素地を固めました。ただし、禁止法案は可決されないままペンディング状態になっています。具体的にどう禁止するのかが大きな問題です。行政措置を用いて宗教団体を解散させたりその活動を禁止すると、ロシアがエホバの証人の活動を禁止したように、ウクライナはロシアと同じことをやっていると国際社会から批判される危うさがあるからです。

第三点目の、「キーウ・ペチェルシク修道院をウクライナ正教会が使用している問題」というのは、ウクライナ正教会の中枢の解体に関わることです。この大修道院は、キーウのランドマークの一つで、一〇五一年に創建されたウクライナ正教会の最も重要な聖地です。大修道院は宗教が実質的に禁止されていたソ連時代に国立公園・博物館となりました。しかし、ソ連解体後の一九九八年に、修道院の敷地は博物館の置かれた上層と、ウクライナ正教会の修道院、神学校、キーウ総主教座の事務局が置かれた下層に分割されました。なお下層は二〇一三年に無期限で正教会に貸与されることが定められています。

しかし、二〇二三年一月をもって、上層にあった二つの聖堂の正教会への貸与契約が更新されないことが発表されました。

その背景には、ペチェルシク大修道院からウクライナ正教会を完全に追放することで、その中枢を解体しようという狙いがあります。下層にはウクライナ正教会の重要な機関が集中しているのですが、ここの無期貸与契約を打ち切ることには無理がありました。そこで、まず上層にある二つの聖堂の利用権を取り上げて、社会的にどういう反応が起こるのか様子をみようとしたようです。このとき新正教会側がこの聖堂を自分たちに譲ってほしいと政府に掛け合っていますが、それは認められませんでした。ただし、新正教会がここで礼拝を行うことは許可され、エピファニー府主教の下、軍人やウクライナの民族衣装に身をつつんだ人々が聖堂を訪れ降誕祭（クリスマス）の礼拝に参加しました。また、民族音楽のコンサートが聖堂内で開催されました。教会での聖歌は、無伴奏で歌うのが伝統的な正教式です。しかしコンサートでは、バンドゥーラというウクライナの民族楽器が使用され、信者のなかにはこれを冒瀆と受け止めた者も少なくありませんでした。しかも歌の内容は、「モスクワ野郎を殺せ、モスクワを破壊せよ、キリストはこれを祝福する」という内容です。ウクライナ正教会側は、バンドゥーラの使用だけでなく、殺人を祝福するような歌を聖堂のなかで歌うようなやり方を、ソ連時代の宗教弾圧になぞらえて批判しました。

「内なる敵」の殲滅 ――「民主国家」ウクライナの試金石

こうした問題は、ウクライナ社会の外には伝わりません。そもそも、ウクライナ正教会を支持する人々が政界・財界・メディアだけでなく、宗教研究に関わる研究者のなかにほとんどいないのです。彼らはウクライナ社会の中枢から排除されており、ウクライナ正教会の主張を伝えるメディアも限定されています。それに対して新正教会やウクライナ政府の立場を伝えるメディアはとても充実しており、例えばＢＢＣといった国際的な報道機関ですら、新正教会・ウクライナ政府支持のメディアに入ります。日本のメディアが情報を得るのも当然こちらですので、ウクライナ正教会の問題が日本で伝えられることはまずありません。

ウクライナ正教会の立場を伝える媒体は、ウクライナ正教会の半公式メディアのほか、ロシア語でウクライナのニュースをＹｏｕＴｕｂｅで放送しているStrana.uaなどしかなく、しかもこれは現在ウクライナ国内で放送が禁止されています。

ウクライナ正教会には伝統的な信者が多く、ウクライナ政府の宗教政策によって日常生活に著しい変化、あるいは精神的苦痛や肉体的な被害を被っているのは彼らです。

一方で新正教会の信者は当然ウクライナに独立した教会があるべきだと考えているので、彼らは信者というより支持者といった方が正確です。彼らは聖堂を占拠した後、そこへはめったに通わないのです。

軍事面では著しい成果を挙げるのが難しい状況が続く限り、政権側は「内なる敵」を殲滅することで社会的支持を取りつけ、国民の戦意維持を試みているように思われます。そのための犠牲になっているのが、ウクライナ正教会であり、ウクライナの複数性や多声性であるように思われます。

本講義で紹介したような宗教政策のゆくえは、今後ウクライナが民主的な国家であることを示せるかどうかの試金石になります。現在のように非常に恣意的に、憲法を逸脱するような強権的なやり方で特定の宗教団体を抑圧・弾圧することは、ウクライナ社会の分断というかたちで跳ね返り、これを強権的にまとめ上げるしかないという負のスパイラルに落ち込んでいるように思われます。

コラム 私の視点

共感ではなく、理解を

現在も継続しているロシアによるウクライナ侵攻に関し、これが許されない暴挙であり、国際社会がこの侵攻を非難することは当然だと考えます。しかし同時に、両国が共有する正教を研究している人間の立場から述べさせていただきますと、なぜロシアがあそこまでの暴挙に出るにいたったのか、ということを理解する必要があると思っています。

そこには東方正教の信仰や歴史的経験を基盤とした文明観というものが存在していて、それに裏打ちされたロシアの立場があるわけです。これに共感する必要はありませんが、少なくともそうしたロシアの文明観を理解できなければ、対話すら成り立ちません。この後ロシアが私たちと対話できるような国になるのかどうかはわかりませんが、ロシアの立場を理解しようとしない限り、再び同じようなことが繰り返されるのではないかと思っています。共感する必要はない、けれども彼らの言い分に耳を傾けなければ、「対話」は成立しません。「対話」が成立しない場合、残る選択肢は相手の「殲滅」ということになりかねません。

その姿勢はこれまでお話ししてきたように、ウクライナ正教会の言い分、主張にまったく聞く耳を持つことなく、ウクライナ正教会を「ロシアの手先」であるとただひたすら叩き続けるやり方が果たして最良の手段といえるのかという話に通じるように、私には思えます。

第10講

ウクライナの国家建設の挫折
――ソ連解体の事後処理の観点から

松里公孝

この回では、ソ連解体後のウクライナ政治についてお話しします。ただ問題史と申しましょうか、出来事の論理を追うのが目的で、「レオニード・クラフチュク大統領時代にはこれこれがあった、レオニード・クチマ大統領時代にはこれこれがあった」といった具体的政治史については、最低限しかお話ししません。具体的政治史に関心がある方は、いずれもちくま新書から出た拙著『ポスト社会主義の政治』(二〇二一年)、『ウクライナ動乱』(二〇二三年)をお読みください。

ウクライナが独立国家となった一九九〇年代、当時から民族主義的な偏りはありましたが、新しい国をつくるのだという熱気がありました。それがどうして、領土を隣国に奪われ、経済的には実質GDPがソ連時代よりも遥かに低い(ロシア・ウクライナ戦争前年に一九九〇年比六三・二%)、スポーツや学術でも見るべきところがない、国際NGOトランスペアレンシー・インターナショナルの「腐敗認識指数(CPI)」で世界一八〇カ国中一一六位(二〇二三年)という事態になってしまったのでしょうか。

「ウクライナは悪くない。ロシアが国づくりを妨害した。ユーロマイダン革命は素晴らしい革命だった」と日本のマスコミが説明しているのなら、それはそれで一つの解釈ですが、そう説明されているわけでもありません。もちろんウクライナの民族主義的な知識人や活動家（仮にグループAとしましょう）は、そう言うでしょう。彼らの言説によれば、「独立ではウクライナはソヴィエト体制の残滓を一掃できなかった。二〇〇四年オレンジ革命はすぐに鎮静化してしまった。まさに二〇一四年ユーロマイダン革命によって、ウクライナはヨーロッパの道を歩み、繁栄を手にするはずであった。それを許せないロシアはウクライナの発展を妨害し、ついに全面侵略に至った」のです。

このような意見に反対する野党的なグループ（B）は言うでしょう。「二〇一四年までのウクライナは、経済においてロシアやベラルーシに若干劣っていたが、民主主義においてははるかに優れていた。様々な衝突は妥協によって解決されていた。ユーロマイダン革命によって、ウクライナ政治は、大言壮語と無能力、分断と暴力に特徴づけられるものになってしまった」と。

一見して明らかなように、AとBは、ソ連期の評価も対照的です。Aはソ連を暗黒時代とみなし、Bはソ連期にもみるべきものがあったと考えているのです。痛々しい話ですが、ここまで歴史認識・現状認識にギャップが生まれてしまうと、両グループの間に対話の余地はありません。

ユーロマイダン後のウクライナでは、二〇一五年制定の脱共産化法により国定史観を定めました。今日では先ほどのAが国定の考え方で、「ソ連時代にも良いところがあった」などと発言すると、刑事責任を問われかねません。しかし、国定イデオロギーを強制しても庶民の不満は内にこもるだけですから、解決にはなりません。

今日のウクライナの成り立ち

お話の前提として、今日のウクライナを形成する六つの歴史的地域を概観します。これらは、ロシア帝国に含まれていた地域と、第二次世界大戦前後にウクライナ・ソヴィエト社会主義共和国（以下、ウクライナSSR）に組み込まれた新参地域に大別されます。

〈ロシア帝国以来の地域〉

①東部（左岸ウクライナ）

②南部（南ウクライナ、黒海北岸地方）

③西部（右岸ウクライナ）

〈新参地域〉

④ハルィチナ（ガリツィア）

⑤ブコヴィナ

⑥トランスカルパチア

まず、旧ロシア帝国領についてですが、十七世紀前半までのウクライナは、黒海北岸（②）はオスマン帝国の付庸国であるクリミア・ハン国に、それ以外の地域（①③）はポーランドに属していました。

十七世紀中葉に起こったボフダン・フメリヌィツキーをリーダーとするコサックの大反乱の結果、キエフ（キーウ。本来の翻字・発音はクィヴ）市とドニプロ（ドニエプル）川の左岸＝東側（①）がロシア領になりました。ウクライナのなかで最初にロシア領になった地域です。

南部（②）は、エカチェリナ二世下のロシア帝国とオスマン帝国による露土戦争の結果、ロシアが獲得した地域です。これによりロシアは黒海への出口を得ました。セヴァストポリ港は、いまでも重要な軍港で、これをＮＡＴＯに渡してたまるかというのが、プーチン政権がクリミアを併合した動機の一つでした。なお、この地域は、ヘルソン州やザポリジャ州を中心に、現在まさにロシア・ウクライナ戦争の戦場になっております。

エカチェリナ二世は、もう一つ大きな領土拡大を実現しました。それは、プロイセンやオーストリアと協力して行ったポーランド分割でした。これによりロシア帝国が獲得したのが旧ポーランドの東部辺境（ロシア側から見れば西部地方）、つまりリトアニア、ベラルーシ、右岸ウクライナ（③）です。①に比べるとポーランド支配が一世紀以上長く続いたため、その分だけカトリック教会やポーランド人貴族（シュラフタ）が深く根を張っていました。

ロシア革命後、当初のソ連は内戦と干渉戦争で多くの領土を失いました。ベッサラビア（現モルドヴァ）はルーマニアに、ベラルーシの西半分はポーランドに移管されました。戦間期には独立国だったリトアニアにおいてもヴィルニュス周辺はポーランドが支配していました。

しかし第二次世界大戦前後、スターリン指導下のソ連は旧ハプスブルク帝国から④⑥（戦間期のポーランドから④、チェコスロヴァキアから⑥）、ルーマニアから⑤を獲得しました。これら新規領土は、「便利な籠」のようなウクライナＳＳＲに放り込まれました。新参地域は、終戦直後のウクライナＳＳＲの総面積の約四分の一に達しました。

なお、⑥のトランスカルパチア州には、今でもハンガリー語話者が一五万人ほど残っています。私は今世紀の初め、この州で調査したことがあります。ハンガリー語話者が集住したベレゴヴォ市では、幼稚園から大学までハンガリー語で教育を受けることができ、ハンガリー語学校はもとより、ハンガリー語の新聞・ラジオ等もあるので、ハンガリー語で就労することもできました。

ソ連時代のウクライナSSRはソ連工業化の機関車でした。特に第二次世界大戦後、ウクライナSSRには軍需産業や宇宙産業が集中しました。特にウクライナ東部のドンバス（現在のドネツク州、ルハンスク州）は石炭も豊富で、帝政期から産業インフラが発達していました。ドンバスをウクライナSSRに編入することをソ連中央が確定したのは、第一次五カ年計画が始まる一九二八年でした。

しかも、戦間期には、別の先進工業地帯である沿ドニエストル（当時はモルドヴァ自治ソヴィエト社会主義共和国）も、ウクライナSSRの一部でした。戦間期のウクライナSSRは、その東端にドンバス、西端に沿ドニエストルという工業地帯を抱えていたのです。沿ドニエストルは、第二次世界大戦後、ウクライナから新しく創出されたモルドヴァ・ソヴィエト社会主義共和国に移されました。ソ連末期、沿ドニエストル住民は、独立国家としてのモルドヴァ（ましてやルーマニア）に帰属するのは嫌だと宣言し、ソ連解体後、沿ドニエストルは非承認国家になりました。

戦後のウクライナSSRは、ソ連の西方拡大の結果、東欧の中央部にせり出すことになりました。一九四九年、ソ連、東欧の社会主義諸国、モンゴルは、社会主義諸国の経済同盟である経済相互援助会議（コメコン）を創出しました。ウクライナは、位置的に、コメコン経済圏の中心になりました。たとえばリトアニア・ソヴィエト社会主義共和国はポーランドとしか接していなかったのに対し、ウクライナSSRはポーランド、チェコスロヴァキア、ハンガリー、ルーマニアと接していました。

東欧諸国は工業化が遅れており、ソ連としても東欧を急速に工業化して豊かさを実感できるようにすることは社会主義の求心力を高める上でも必須でした。その意味でウクライナ経済はソ連だけでなくコメコン加盟諸国も牽引していかねばならず、その負担は大きなものでした。ウクライナSSRはロシア・ソヴィエト連邦社会主義共和国（ＳＦＳＲ）よりも豊かだった反面、大気汚染やチェルノブイリ（チョルノブィリ）原発事故など環境負荷も大きかったのです。

棚ぼた独立と市民的国家建設

ソ連時代の領土膨張のせいで、ソ連解体後に生まれたウクライナは、ウクライナ語話者居住地域よりはるかに広い領土、ロシア語、ハンガリー語、ルーマニア語の話者が多い地域をも棚ぼた式に受けとってしまいました。

民族解放運動の結果として生まれた独立国ではないため、ウクライナ民族主義的な思想を住民に押しつければ、マイノリティが離反して分裂してしまうおそれを抱えていました。ですから、国定イデオロギーを拒否し、文化・言語の多元性を守る市民的な国家建設が求められていました。

ソ連時代からウクライナ民族主義が強かったハルィチナを除けば、ウクライナＳＳＲは、民族的に寛容な共和国でした。その理由の一つは、工業化によりソ連全域から技術者や労働者が流入してきたことです。

クリミアは工業地域ではありませんでしたが、アメリカでいえばハワイにあたるほどのリゾート地で、観光開発のおかげでやはり多民族化しました。また、ソ連時代は模範労働者や軍人が引退後にクリミアに住宅・別荘をもらって第二の人生を送るという慣習があったため、その経路でもソ連各地から新しい住民が入ってきていました。

ウクライナＳＳＲは経済先進共和国だったため、住民のメンタリティとして、民族主義のようなイデオロギー的価値よりも、職業倫理のような実務的価値を尊重する傾向がありました。これは、ソ連時代の工業力を何とか維持した、今日のベラルーシで民族主義が弱いのと同じ事情です。

アメリカの社会学者ロジャー・ブルベイカーが指摘するように、個人は職能、階級、性、民族、宗教など様々なアイデンティティの集合体です。そのなかで民族意識のような特定のアイデンティティが突出するのは、そのアイデンティティが強まったからではなく、それ以外のアイデンティティが劇的に衰退するなかで起こることなのです。

ウクライナSSRでは、コーカサス（カフカース）と違って、独立に伴う内戦などもありませんでした。ウクライナの民族主義は、ソ連から独立したあと、ウクライナの経済が衰退するなかで、政治的に植えつけられたものなのです。

先ほど触れた「市民的な国家建設」の内容は、次の五点であろうと思います。

①多言語、多文化主義をとること
②国定イデオロギーや国定歴史観を拒否すること
③イデオロギーではなく経済成長、生活水準の向上、文化・学術・スポーツ振興などを国家目標にすること
④外交的には中立政策をとること
⑤もめ事が起こったときは暴力に訴えず、寛容と妥協を重んずること

私はこれを「中立五原則」と呼んでいますが、これを守れば、独立後のウクライナは分裂を避けつつ発展することができただろうと思います。

しかし、それはポスト社会主義の国々では難しいことでした。ソ連時代、各共和国に基幹民族が定められていました。ソ連後期には、基幹民族の出身者でないとその共和国の共産党第一書記（トップリーダー）にな

れないほどでした。ウクライナSSRの基幹民族は、当然、ウクライナ人でした。

これは、ウクライナ人がウクライナSSRを好きなように統治してよいという意味ではなく、「マイノリティのことも配慮する、よき長兄であれ」という意味でした。しかし、共産党の中央集権的な規律なしに、民族集団が利他的であるのは難しいことです。「お兄ちゃんでしょ、我慢しなさい！」と親から毎日言われれば、長男は頭にくるでしょう。その不満が爆発したのが、ソ連末期にソ連中で見られた、（基幹民族）民族主義の噴出でした。

またソ連時代には、「民族建設」が喧伝される一方で、「ソヴィエト・ピープル」（中国の「中華民族」に該当）のような非民族的な公民意識も住民に刷り込まれ、バランスがとられていました。しかしソ連の公民意識は、社会主義イデオロギーや、「自分たちは帝国主義に包囲されているので団結しなければならない」という意識に支えられたものだったので、社会主義や反帝国主義の意識が消えると同時に顕著に弱まりました。リベラルな、集団よりも個人を尊重する考え方はもともとソ連社会で希薄でした。こうして、ソ連継承国に支配イデオロギーとして残されたのは（基幹民族）民族主義しかありませんでした。

「基幹民族などという概念自体が社会主義特有のものだからそれはやめて、個人＝市民を基盤とした国づくりを行おう」という発想法は、ポスト・ソ連人にはわかりにくいものなのです。「国家建設の出発点は民族自決権、民族自決権の担い手は基幹民族」という考え方しかできないのです。

こうしたなか、独立後のウクライナで中立五原則がどうなったかというと、①の多文化主義については、独立と同時にウクライナ語が唯一の国家語になり、「ウクライナ人の歴史」がすなわちウクライナ史であるということになりました。ウクライナ内のポーランド人、ユダヤ人、ドイツ・チェコ人移民の歴史は、ウクライナの歴史研究では別枠に入ることになります。

②についても、独立後早い時期に、ウクライナ民族主義と（学術的な歴史とはずいぶん違う）特殊な歴史認識が国家イデオロギーになりました。

③の非イデオロギー的国家目標については、ソ連の先進的産業共和国であった名残があり、一九九〇年代のウクライナ政治では、まだ実務的な価値が優位にありました。「ウクライナの有権者は、ＮＡＴＯ問題やロシア語第二国語化問題を基準にしては投票しない。年金、医療など生活関連の物質的な価値観に沿って投票する」と、当時の社会学調査は指摘していました。

④については、一九九〇年ウクライナＳＳＲ主権宣言では、ウクライナの中立原則が謳われましたが、一九九〇年代半ばにはレオニード・クチマ政権がＮＡＴＯ加盟路線に転換し、一九九六年採択のウクライナ憲法にも中立原則は入りませんでした。

このように、特に①②については独立直後から危険な状況がありましたが、⑤の暴力回避原則が一九九〇年代には政治家間で共有されていたので、ウクライナは安全な国でした。しかし、①から④までの中立原則の否定が進むと、最終的には⑤の暴力回避原則も軽視されるようになり、二〇一四年のユーロマイダン革命に至ったのです。

クリミアの分離主義とエリツィンの思惑

ソ連末期のウクライナＳＳＲがソ連離脱傾向を強めると、クリミアでは、ウクライナＳＳＲを離脱してソ連に残ろうとする運動が盛り上がりました。「親共和国がソ連を離脱するのなら、それにはついて行かない。ソ連に残りたい」という姿勢は、ソ連の他の分離運動（ナゴルノカラバフ、アブハジア、南オセチア、沿ドニエストル）と同じです。ソ連が消えてしまうと、クリミアや南オセチアでは、「ソ連に残りたい」という運動は

「ロシアに移りたい（帰りたい）」という運動に変化しました。

クリミアは、もともとはロシアSFSRの飛び地でした。一九五四年、ザポリジャ・コサックとロシアの同盟（ペレヤスラフ条約）締結三〇〇周年を記念して、フルシチョフがウクライナSSRにクリミアを移管しました。当時は、ソ連という一つの国の中での行政区画変更だったので、クリミア住民から大きな不満は出ませんでしたが、ソ連がなくなってウクライナが独立するとなると、そうはいきません。

戦間期、クリミアはクリミア・タタールを基幹民族とする自治共和国でした。しかし第二次世界大戦中にクリミア・タタールがナチの占領に協力したとされ、一九四四年に中央アジアへ強制移住させられます。ソ連では基幹民族が一定数いる地域を自治共和国・自治州にする仕組みだったので、基幹民族が追放されたクリミアは、普通の州に格下げされました。

ウクライナSSRが独立志向を強めると、それに対抗して、クリミア州ソヴィエトは、かつての自治共和国の地位を回復するための住民投票を一九九一年一月に行い、成功させました。このときの投票用紙には、ソ連の構成主体としてのクリミア自治共和国の復活をあなたは支持しますかとあります。ウクライナSSRの自治共和国ではなく、ソ連の自治共和国という位置づけにして、万一、ウクライナがソ連を離脱する場合には、クリミアだけはソ連に残れるよう伏線を敷いたのです。

復活したクリミア自治共和国には、かつてのクリミア・タタールのような基幹民族は定められませんでした。実はこれは、スラヴ系住民の意向を反映したクリミア指導部の作戦でした。当時、中央アジアに強制移住させられていたクリミア・タタールが続々帰還していました。彼らが一定数になれば、「自分たちを基幹民族にする自治共和国を復活させよ」と要求し始めるのは目に見えていました。先手を打って、基幹民族なしの、民族的にニュートラルな自治共和国をつくりたかったのです。

クリミアの住民投票・自治共和国化に対して、レオニード・クラフチュク・ウクライナSSR最高会議（議会）議長は理解ある態度を示し、最高会議に促してウクライナ側の法制を整備しました。これによりクリミア州ソヴィエトはクリミア最高会議に、州執行委員会は共和国政府に格上げされました。ウクライナ指導部がクリミアに宥和的だったのは、もし自治共和国化を拒否すれば、クリミアがソ連に残りたいとかロシアに移りたいとか言い出すのが目に見えていたからです。

ウクライナSSR指導部が妥協を重んじたおかげで、ソ連がまだあったうちに内戦になってしまった南オセチアやカラバフのような悲劇は、クリミアでは起こりませんでした。グルジアの民族主義者は、一九八九年、南オセチア自治州ソヴィエトが、自分の地位を自治共和国に上げてくださいという決議をあげただけで、懲罰行動を行って死者を出しています。

ソ連末期、ミハイル・ゴルバチョフ大統領は、ソ連を緩やかな国家連合に改編して存続させようとしていました。この新連邦条約調印を阻止するため、一九九一年八月、保守派がクーデタを起こし、ゴルバチョフを監禁しました。これはクーデタ派の三日天下に終わり、その後にソ連は解体に向かうことになります。結局、ウクライナはクリミア自治共和国を手放さないまま、独立国になりました。なぜ一九九一年八月から十二月にかけての決定的なときに、同年一月のクリミア住民投票で仕掛けてあった時限爆弾は不発に終わったのでしょうか。

ソ連解体の直前、ロシアの民主派（エリツィン派）は「ウクライナが独立するなら、クリミアはロシアに返せ」と主張しました。一方、クリミアの住民も「ソ連がなくなるのなら、ロシアに戻りたい」と主張し始めます。

しかし、こうした主張に待ったをかけたのはエリツィンその人でした。エリツィンは、「ソ連内の行政境界線が新独立国家の国境線になる」という原則に忠実で、クリミアについても、そのウクライナへの帰属を認めたのです。なぜエリツィンは、ウクライナSSR指導部の顔を立てたのでしょうか。

もともとエリツィンは、ゴルバチョフがつくろうとしていた刷新連邦の大統領の座を狙っていました。そのため、ゴルバチョフとは苛烈な権力闘争をしながらも、彼の刷新連邦構想自体は支持したのです。しかし、ウクライナの独立のおかげで刷新連邦構想は失敗し、ソ連はバラバラになりました。かろうじてCIS（独立国家共同体）は生まれましたが、これはたんなる地域国際組織で、大統領職などありません。

エリツィンは、刷新連邦の大統領になれなかった心理的代償として、なんとしてもCISの盟主になりたかったのではないでしょうか。そのためにはCIS加盟国の領土を保全する立場に立つことが絶対条件でした。もしエリツィン大統領がウクライナのクラフチュク大統領に「クリミアを返せ」と要求したとすれば、クラフチュクはエリツィンを兄貴分とは認めなかったでしょう。

一九九一年十二月、ウクライナの独立を問う住民投票

一九九〇年七月、将来的に中立国、非核国になることを国際的に約束するかたちでウクライナSSRは主権を宣言しました。ただし、この時期のソ連の政治用語における主権は、必ずしも独立を意味していませんでした。

一九九〇年七月以後のウクライナ最高会議議長（共和国元首に相当）は、前出のクラフチュクでした。彼はウクライナ共産党指導部からの鞍替え組で、ゴルバチョフの刷新連邦構想を支持していました。しかし彼は一九九一年の八月クーデタに曖昧な態度をとったため、民族主義者に厳しく批判されました。このなかで同年十二月に予定されていた大統領選挙に勝つため、独立支持に立場を変えました。

大統領選挙と同時に、ウクライナ独立を問う住民投票が行われました。質問項目は、八月クーデタ未遂の直後に出された「ウクライナ独立宣言」を支持しますかというものでした。有効票の九〇・三二％がこの宣言を支持すると答え、これがソ連にとどめを刺しました。ソ連はバルト諸国やモルドヴァが抜けても成り立ちますが、ウクライナが抜けてしまったら成り立ちません。ウクライナが住民投票で独立を決めたのが十二月一日、ソ連の消滅は十二月二十五日のことです。

この住民投票の九カ月前、一九九一年三月に行われた全ソ連国民投票で、「刷新されたソ連の維持を望みますか」という質問に対し、ウクライナでは八三・五％が「それを望む」と回答していました。わずか九カ月後には全く逆の結果が出たのですから、国民投票などというものは、どうにでも操作できるものだと嘆くことも可能かもしれません。

しかし、これはウクライナ住民が気紛れだということを必ずしも意味しておりません。十二月一日住民投票の前夜には、ウクライナSSR最高会議幹事会が独立を支持するよう住民に訴えました。曰く、「独立ウクライナのみが、いかなる国家間共同体に対しても、とりわけ私たちにとって最も近いパートナーであるロシアと共に、対等のパートナーとして参加することができるのです」。ここでいう国家間共同体とは、ゴルバチョフが推進していた刷新連邦以外に考えられませんから、「独立してウクライナの交渉能力を強めた後、刷新連邦に参加しましょう」と呼びかけていたことになります。

実際、これこそが住民の多数派が支持していたことでした。塩川伸明の研究によれば、十二月一日住民投票直前の世論調査の結果、「ウクライナは独立を達成した後に刷新された連邦に参加する」と回答したのが四六％、「ウクライナは独立した後、刷新連邦に参加しない」と回答したのは三一％でした。つまりウクライナ有権者の多数派は、独立ウクライナは交渉能力を高めて刷新連邦に参加すると思って独立に賛成したのであって、ソ連が跡形もなく消えるとは思っていなかったのです。

もう一つの手続き上の問題は、ウクライナがソ連から独立する際に、一九九〇年四月三日にソ連最高会議が採択した連邦離脱法に依拠しなかったことです。この法では、ソ連邦構成共和国で住民投票を行い、全有権者の三分の二が賛成すればソ連を離脱できるとしました。「全有権者の三分の二」は私たちの感覚からするとハードルが高いように感じますが、ソ連時代の選挙は（多少の偽造はあったでしょうが）投票率九九・九％などというのが当たり前で、ソ連人の感覚では比較的簡単にソ連を離脱できるようにしたものでした。ただし、この離脱法では、その共和国に属する自治単位・行政単位でソ連残留希望者が多数だった場合、そこは残留できるという仕組みになっていました。ですから、もしウクライナがこの離脱法に従って住民投票を実施したら、クリミアは独立ウクライナから分離してソ連に残ることになったでしょう。

なお、ウクライナに限らず、共和国領域内に分離地域を抱えていた連邦構成共和国にとっては、「比較的簡単に独立できるが領土は減るかもしれない」一九九〇年連邦離脱法は迷惑な法でしたから、（ロシアを含めて）それら共和国はこの法によるソ連離脱を忌避しました。唯一この法によってソ連から離脱したのはアルメニアです。

ドンバスの分離主義

ソ連末期から独立ウクライナ初期にかけて、ドンバスにも分離運動はありましたが、それはクリミアよりも穏健でした。独立をめぐる住民投票の州別の結果を示した**表**をご覧ください。ドンバス二州（ドネツク、ルハンスク）は、投票率においても支持率においても、独立に懐疑的だったクリミア自治共和国・セヴァストポリ市と、独立絶対支持のハルィチナのリヴィウ州の中間にあります。

地域	投票率%	独立支持率%
ウクライナ全土	84.18	90.32
リヴィウ州	95.24	97.46
クリミア自治共和国	67.50	54.19
セヴァストポリ市	63.74	57.07
ドネツク州	76.73	83.90
ルハンスク州	80.65	83.86

表　1991年12月1日、ウクライナの独立を問う住民投票の地域別結果

ドンバスはソ連で最先進の工業地帯だったため、アゾフ製鉄所のような大企業は、ソ連政府やソ連共産党中央委員会に直属していました。ウクライナが独立すれば、これら企業経営陣は、今後はモスクワではなく、キエフのウクライナ政府に面倒をみてもらうことになります。これは顕著な格下げです。

他方、ドンバスのなかでも特にドネツク州は、ソ連のエリート州だったため、「ソ連がなくなるのは残念だが、今後はウクライナでも繁栄できるだろう」という楽観論があったのかもしれません。実際、当時のウクライナでは、独立後のウクライナの経済ポテンシャルは世界十指に入るだろうなどという見通しもありました。

それから三〇年経った日本でもつくれない宇宙船や旅客機を当時のウクライナはつくっていたのですから、独立楽観論が支配しても無理はありません。「ソ連やワルシャワ条約機構が解体された後に、いったい誰がウクライナの宇宙船や旅客機を買ってくれるのか」ということは、誰も考えなかったのです。

一九九〇年代のウクライナ政治

ウクライナが独立すると、クラフチュク大統領下で、大統領が州知事のみならず、副知事、郡行政府長官まで任命する中央集権的な国制が導入されました。その後も、「ウクライナは地域ごとに文化や言語が多様なのだから連邦制がふさわしい」という説と、「地理的に多様だからこそ、集権国家でなければ国が分裂

してしまう」という説が競合しました。一九九六年憲法は、クリミアを例外として単一制と首長任命制に支えられた集権的な体制を定めました。

一九九二年以降のウクライナの経済危機は、ロシアよりもかなり厳しいものでした。ソ連解体後の旧連邦構成共和国は石油や天然ガスなどの天然資源の有無で「勝ち組」「負け組」に分化しました。ロシア、アゼルバイジャン、カザフスタンのような「勝ち組」は、天然資源を西側諸国に輸出して国民を養う経済になっていきます。天然資源のないウクライナは、ＧＤＰでロシアやベラルーシに大きく水をあけられることになります。

一九九二年、経済危機に苦しむクラフチュク大統領は、ドニプロペトロウスクの大企業である南部機械工場の企業長だったクチマをリクルートして首相に任命しました。クラフチュク大統領が外交・政治、クチマ首相が社会経済政策に専念する分業体制が生まれました。これは準大統領制的な分業です。この準大統領制は、より詳しくは、大統領が優位にある大統領議会制と呼ばれるシステムです（拙著『ポスト社会主義の政治』参照）。

次第にクラフチュクとクチマは対立し、クチマは首相を辞任します。一九九三年、最高会議との激しい衝突に陥ったクラフチュク大統領は、大統領、最高会議、州知事、州議会、自治体の議会と首長など、国の主な指導職と代議機関を翌年に繰り上げ改選することで危機を克服しようとしました。

ロシアでは、一九九三年九月、エリツィン大統領が最高会議を解散し（これは違憲）、最高会議がそれに実力抵抗すると、十月には軍を動員して潰してしまいました（十月事件）。ウクライナの指導者たちはロシア政治を観察しながら、このような武断政治をウクライナで行ったら国家そのものがもたないと考えて、妥協的な紛争解決の方法を選んだのです。

このような反面教師関係は、ユーロマイダン革命以後のウクライナとモルドヴァの間にも見られます。モルドヴァの政治家には、左右を問わず、「ウクライナのようになったらおしまい」というコンセンサスがありますから、ウクライナ政治を観察しながら教訓を得ているのです。

こうして一九九四年に行われた大統領選挙では、クチマが現職のクラフチュクに勝ちました。大統領になったクチマは、一九九五年、クリミアの分離運動を、武力を用いずに沈静化することに成功しました。そして一九九六年には、悲願であったウクライナ憲法を採択しました。

憲法採択と同じ年、クチマ政権は、それまでのウクライナの中立外交政策から、NATO加盟路線へと舵を切りました。一九九〇年、東西ドイツ統一へのソ連の合意を取りつけるために、アメリカ国務長官のジェイムズ・ベイカーが、ゴルバチョフ・ソ連大統領やロシアSFSRの指導者に対して、「ドイツ統一後、NATOは東欧へ一インチも拡大しない」と約束しました。新生ウクライナの指導者たちもこの約束を信じ、東欧に広大な中立地帯が生まれるという前提で、自国もその一角を占めるつもりでした。

ところが、チェコやポーランドなどの東欧諸国は、こぞってNATO加盟を目指すようになり、ウクライナが数少ない中立国として取り残されるおそれが生まれました。それゆえクチマは中立主義を放棄したのです。後の時代とは異なり、この頃のロシアはNATO協調路線だったので、ウクライナの中立放棄を特に批判することはありませんでした。

左右対立から東西ウクライナの地政学的対立へ

一九九一年十二月の大統領選挙では、前出のクラフチュクと、ソ連時代の反体制派でウクライナ民族主義者のヴャチェスラフ・チェルノヴィルが有力二候補でした。全国的には、クラフチュクは六一・五九%、チ

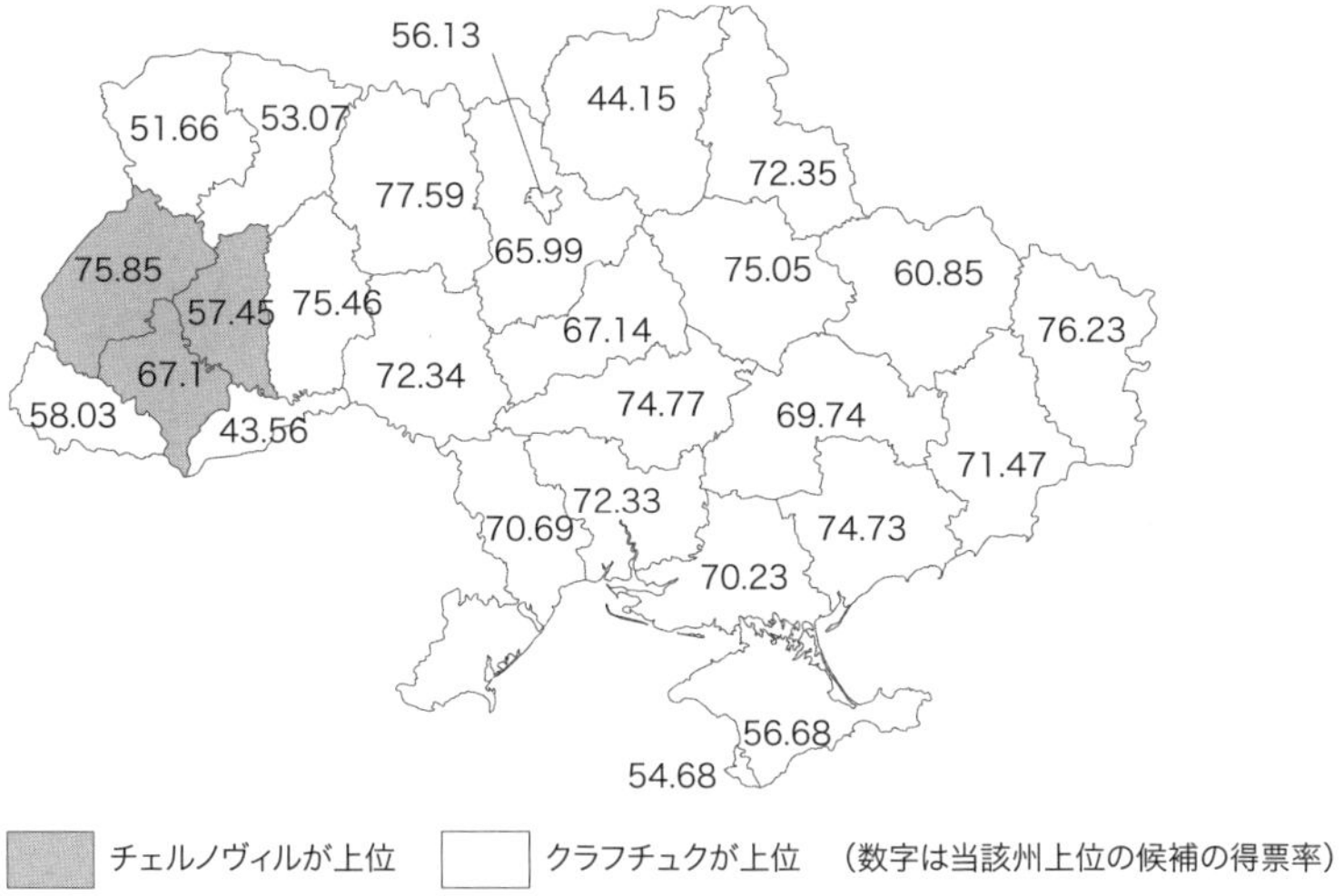

図1　1991年大統領選挙の州別得票率

エルノヴィルは二三・二七％得票し、クラフチュクが勝利しました。

ウクライナについて「親ロの東部、親欧米の西部」間の対立という構図がよく言われますが、この大統領選挙はその構図に当てはまりません。チェルノヴィルの得票率が勝ったのはウクライナ西部のハルィチナ三州のみです。ウクライナの東端のルハンスク州で七六・二三％、旧ロシア帝国ウクライナの西端のフメリヌィツカ州で七五・四六％がクラフチュクに投票しています。東西対立などありません。

ですから、この選挙の投票地理は、戦間期にポーランドに帰属していた「ハルィチナの突出」と特徴づけられるべきです。ただし、その後のウクライナでは、ソ連末期にはハルィチナに限定されていた民族主義が、東へ東へと浸透してゆくのです。

社会には、貧富、階級、性、教育など様々な軸に従った亀裂があります。通常は、それら亀裂は重なり合っておらず、ある亀裂をとれば敵同士のAとBが、別の亀裂をとれば味方であるということはしばしばあります。言

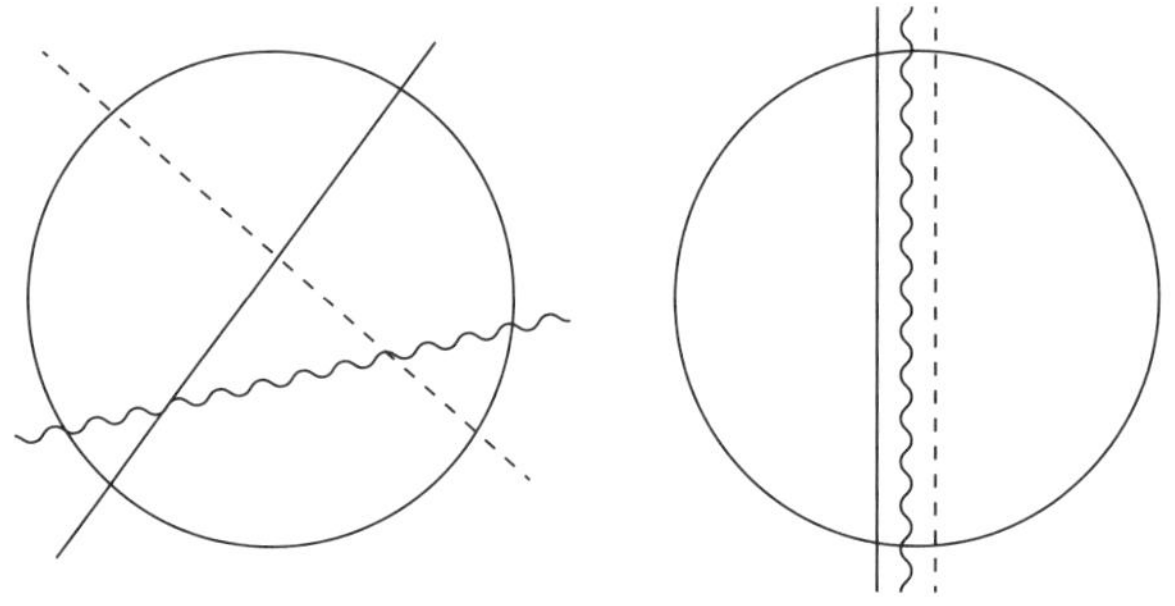

A 錯綜した亀裂（安全）　B 重なり合った亀裂（危険）

図2　社会の亀裂

い換えれば、亀裂同士が相殺しあって、社会は安定するのです（図2-A）。ところが、多くの亀裂が重なりあってしまうと、社会が真っ二つに割れるので危険です（図2-B）。

もし、ほかの亀裂を吸収した主要な亀裂が左右対立（階級対立）だったとすれば、その国は革命的動乱に見舞われるでしょう。しかし、この場合、右派も左派もその国の権力を掌握することを目指すでしょうから、国は分裂しません。ところが主要亀裂が国内の地理的対立と結びついた地政学的対立（親欧米か親ロか）である場合、国は空間的に分裂してしまいます。

ユーロマイダン革命の前夜には、ウクライナには国内地理対立と結びついた地政学的対立しか残っていなかったわけですが、どうしてそのような事態になったのでしょうか。最大の原因は、一九九〇年代のウクライナでは重要だった左右軸が衰退し、地政学軸に置き換えられていったことだと私は思います。

意外なことに、左右軸の地政学軸への置き換えは、ウクライナ東部から始まります。一九九〇年代の南部・東部はウクライナ共産党の牙城でした。しかし一九九七年以降、ドネツク州、やがて南部・東部ウクライナ全体で、共産党の票田を切り崩してヴィクトル・ヤヌコヴィチの地域党が勢力を拡大します。このとき、地域党は、共産党の左翼イデオロギーにリージョナリズム（地域主義）を対置しました。

たとえば、ドンバスの労働者の生活が苦しいのは、（ドンバスの経営者が搾取しているからではなく）「怠け者の西部を養うためにキエフの中央政府が工業先進地帯である東部に重税を課しているからだ」、「その怠け者の西部の連中が我々にロシア語はやめろ、ウクライナ語を話せと命令するのはけしからん」といった類の議論です。

ウクライナ政治全体で左右対立軸が地政学軸に置き換えられていったのはオレンジ革命の後です。オレンジ革命とは、二〇〇四年大統領選挙が不正であったとする抗議行動でした。この選挙においては、地域党のヤヌコヴィチ現首相と、西部で人気のあったヴィクトル・ユシチェンコ元首相が主な候補者でした。中央選管は、いったんヤヌコヴィチ候補の当選を発表したのですが、ユシチェンコ支持者が、不正があったとしてこれに抗議しました。やり直し選挙が行われ、ユシチェンコが勝利したのです。

ここで、選挙不正疑惑への対処として、票の数え直しではなく投票のやり直しをしたことは、ウクライナ憲政史の大きな傷となりました。二〇〇〇年のアメリカ大統領選挙で、ジョージ・ブッシュ・ジュニア候補とアル・ゴア候補の得票がフロリダ州で拮抗したとき、かなりの時間をかけて数え直しています。本来そうすべきで、法的根拠のないやり直し投票は行うべきではありません。

憲法違反はこれにとどまらず、二〇〇四年十二月八日、議会内のクチマ派とユシチェンコ派が談合して、クチマ派がやり直し投票を認める代わりに、大統領権限を制限する憲法改正にユシチェンコ派が合意しました。こうして、憲法改正が一夜のうちに行われました。ウクライナ憲法の改憲規定によれば、改憲案は、当該改憲が「ウクライナ憲法の根本原則に反しない」という憲法裁判所の「結論」を添えない限り、最高会議に提案することはできません。この要件が破られたわけです。二〇一〇年、大統領に当選したヤヌコヴィチの意を受けた憲法裁判所は、この手続き違反を突いて、二〇〇四年改正憲法を無効とし、一九九六年クチマ憲法を復活させてしまいます。

では、二〇〇四年から二〇一〇年までウクライナに存在していた憲法体制はどのようなものだったでしょうか。その前の一九九六年憲法は、「大統領が議会多数の同意を得て首相を任命する」大統領議会制でした。二〇〇四年改正憲法では、「議会多数派連合が義務的に形成されて、その多数派連合が首相をノミネートする」首相大統領制になりました。

首相大統領制自体はヨーロッパにありふれた制度ですが、そのウクライナ版は、大統領と首相が恒常的に対立する不正常なシステムになってしまいました。ウクライナがリーマン・ショック（二〇〇八年の世界的金融危機）に見舞われたとき、大統領はユシチェンコ、首相はユリヤ・ティモシェンコでした。ティモシェンコは次期大統領職を狙っていましたから、当然ユシチェンコとの関係は悪く、大統領と首相が協力して経済危機に対応することができませんでした。

クチマ大統領の第二期目（一九九九～二〇〇四年）にウクライナ経済は、ようやく成長軌道に乗ったのですが、オレンジ革命でこれが暗転しました。経済実績を生み出すことができないユシチェンコ大統領は、何とか大統領として再選されようとして、言語問題（ロシア語の制限）、歴史見直し（ステパン・バンデラなどウクライナ・ファシストの復権）、ウクライナの正教会の統一などのアイデンティティ争点を押し出しました。

最後の点についてだけ触れると、独立後のウクライナにはウクライナ正教会がありましたが、これはロシア正教会内の自治教会でした。ウクライナ民族主義者は、ウクライナ正教会をロシアの手先とみなしていました。ウクライナ民族派の正教会も二つありましたが、そのいずれも教会法上の地位をもたない自称教会でした。ユシチェンコ大統領は、コンスタンティノープル世界総主教の権威を借りて、これら民族派教会を統一させ、その新教会に教会法上の地位を与えようとしたのです。

こうして、経済実績のなさをイデオロギー的な争点でごまかそうとする現職大統領の選挙戦術の結果、ウクライナ政治は次第に地政学化していきました。結局、ユシチェンコは、二〇一〇年の大統領選挙で第五位という惨めな結果に終わりましたが、その約十年後、同じく再選が危ぶまれたポロシェンコ大統領は、内政の地政学化を一層大規模に進めました。

ヤヌコヴィチ政権とユーロマイダン革命

二〇一〇年の大統領選挙では、オレンジ革命の敗者であるヤヌコヴィチ前首相と、現職首相のティモシェンコが争い、南部・東部を支持基盤とするヤヌコヴィチが勝ちました。

ヤヌコヴィチはユシチェンコ政権の失敗に学び、二〇一五年の大統領選挙で再選されるためには、首相が自分（大統領）に忠実であることが一番大切と考えました。このため、ムィコラ・アザロフというドンバス時代からの同志であるテクノクラートを首相に任命しました。前述の通り、憲法をクチマ憲法に戻して、首相の大統領への憲法的服従を確保しました。

仕上げとして、次の大統領選挙で自分の最大のライバルになると予想されていたティモシェンコを、彼女が首相時代にロシアと結んだガス供給契約が職権乱用だったとケチをつけ、逮捕収監しました。これで彼女は、二〇一五年の立候補資格を失いました。

発足当初のヤヌコヴィチ政権はオリガーク（財閥）の連合政権だったのですが、ヤヌコヴィチとその息子が欲を出し過ぎて、もともとは自分の味方であったオリガークの企業・資産まで狙うようになったため、オリガーク内でヤヌコヴィチは孤立しました。

二〇一三年十一月、リトアニアのヴィルニュスで開催されたＥＵのサミットで、ウクライナはＥＵとのアソシエーション（連合）協定を締結する手はずになっていました。しかし、アザロフ首相は、この協定はウクライナ経済に打撃を与えるとして、直前になって調印延期を宣言しました。これに対して、学生らが抗議の座り込みを独立広場（マイダン）で始めました。

当初はあまり広がりのある運動ではありませんでしたが、十一月末、独立広場にクリスマスツリーを立てなければならないという理由で、警察が学生らに退去を要求しました。学生の一部がそれを拒否すると、警察隊が彼らを強制排除し、数十人のけが人を出しました。朝四時に起こった衝突だったのに、なぜかオリガーク系のテレビ局のクルーたちが待ち構えており、暴行の様子は全国放送されました。ここからユーロマイダン革命は本格化したのです。

この運動の主な推進勢力は、インテリと中小企業家でした。中小企業家がこうした革命で積極的な役割を果たすのは旧ソ連圏諸国（グルジア、アルメニアなど）のカラー革命によくみられる現象です。普通、革命を起こすのは左翼なのに、なぜ中小企業家が活発に政治参加するかというと、彼らが縁故資本主義（政治権力にコネを持っていないとビジネスに不利）や税務・許認可機関が頻繁に賄賂を求めてくることに憤っているからです。こうした事情は、当時の活動家に多数インタビューしたマーシ・ショアの『ウクライナの夜』（慶應義塾大学出版会、邦訳二〇二二年）に詳しいです。

このように、ユーロマイダン運動は当初は健全な市民の抗議行動でしたが、あっという間に右翼暴力集団が運動の主導権を奪いました。「平和攻勢」、スナイパー虐殺、コルスン・ポグロム、オデサ労働組合会館放火事件、マリウポリ事件など、ユーロマイダン革命中の著名な暴力事件・集団殺人事件については、私の『ウクライナ動乱』をお読みください（淡々と描いておりますのでご安心ください）。

マイダン活動家は、衝突犠牲者の死体をスマートフォンで撮影して、ソーシャルメディアで拡散しました。

本人たちは正義の行為、革命をやっているつもりなので平気でそういうことをするのですが、残虐な写真やビデオ映像を、有無をいわさず見せられる市民はたまったものではありません。特に、秩序意識が強く、ウクライナ右翼の暴力の次の的になるのは自分たちだと自覚しているクリミアとドンバスの住民は、残虐映像に強い憎しみと恐怖を覚えました。私は、クリミアとドンバスのウクライナからの離脱は、スマートフォンの普及と無縁ではないと思います。

クリミア、ドンバスの分離

ヤヌコヴィチは、二〇一四年二月二十一日深夜に首都のキエフから逃亡しました（やがてロシアに亡命）。最高会議は、ヤヌコヴィチを解任し、オレクサンドル・トゥルチノフを大統領代行に選出しました。ウクライナ憲法は、死亡、重病、辞任、弾劾の四つしか大統領解任の理由を決めていないので、そのいずれにもあたらないこの解任は合憲性を欠いています。新政権に合法性を付与するために、五月二十五日に大統領選挙が予定されました。

クリミア最高会議は、マイダン政権の正統性を認めませんでした。最高会議はヤヌコヴィチ大統領から任命されていたクリミア首相を解任して、分離派のなかからセルゲイ・アクショノフを新首相に選びました。アクショノフの下でクリミアは住民投票を行って、ウクライナを離脱してロシアに移ると決めました。

ウクライナ憲法では、領土の変更は当該地域（ここではクリミア）だけの住民投票では決めることはできず、全国規模の国民投票でないと決められません。したがって、クリミアの住民投票はウクライナ憲法違反です。ただし、ウクライナ自身も、一九九一年にソ連の離脱法を無視して離脱を決めたので、因果応報の感は否めません。

四月上旬には、ドネツクで分離派が州行政府建物を占拠し、ドネツク人民共和国の樹立を宣言しました。少し遅れて、ルハンスクもこれに続きました。トゥルチノフ大統領代行は、ドンバスに対して「反テロ作戦」を宣言しました。

炭鉱労働者が多いドンバスは、一九九〇年代には共産党の牙城でした。ヤヌコヴィチら地域のオリガークが地域党を結成し、リージョナリズムを煽りながら、共産党の票田を切り崩していきました。しかし、地域党が簡単に勝てる体制を打ち立てたおかげで、一九九〇年代には共産党に投票することで蒸気抜きされていた社会的不満が鬱積し、富豪経営者の側は、産業近代化、環境・安全対策などを怠りました。ユーロマイダン革命とヤヌコヴィチの逃亡をきっかけに、ついにドンバスの急進派が旧支配層を追放して分離政体を打ち立てたのです。

ポロシェンコ大統領時代

五月二十五日の大統領選挙では、新興財閥の一人でチョコレート会社の社長であるペトロ・ポロシェンコと、マイダン革命のおかげで釈放されたティモシェンコ元首相が主な候補者でした。ポロシェンコが第一回投票で五四・七%を得票して当選しました。ところが当選翌日、新大統領は分離派に占拠されていたドネツク空港を空爆し、これによりドンバス戦争が本格化しました。

ポロシェンコ大統領下で、ユーロマイダン革命の精神は実現されていきました。その典型は、ソ連時代を全否定する脱共産化政策でした。二〇一五年四月に採択された脱共産主義四法のなかで最も問題なのが「ウクライナにおける共産主義的、ナチ的全体主義を非難し、そのプロパガンダとシンボルを禁止する法」です。これによって、共産主義体制の犯罪性に疑義を表明すること自体が犯罪とされました。公の場でソ連国歌を演奏すれば、懲役五年から一〇年の罪になります。ちなみにウクライナ刑法では、婦女暴行は懲役三年から五年の罪です。ソ連時代やロシアを連想させる地名、街路名などはすべて変えられることになりました。ポロシェンコ政権下では、五月九日の対独戦勝記念日は祝日ではなくなりました。

二〇一八年、目前に迫った大統領選挙での自身の敗色が濃厚になると、ポロシェンコは、「軍、言語、信仰」という国策運動を開始しました。「信仰」すなわちコンスタンティノープル世界総主教座の庇護の下でウクライナの民族派正教会を合法化する運動は、前述の通り、ユシチェンコ下で開始され、二〇一九年一月に、そのような新しい正教会が生まれました（本書、高橋沙奈美先生の論考をご参照ください）。しかし、国民が生活苦にあえいでいるなかで、国家が宗教に介入するような運動を行ったところでポロシェンコの票が増えるはずもなく、ポロシェンコはゼレンスキー候補にあえなく敗れてしまいます。

結局、ポロシェンコ政権も、やったことは一〇年前のユシチェンコ政権と同じで、経済が良くならないので、イデオロギー的争点へのすり替えで支持率を伸ばそうとしたのです。

まとめにかえて――ウクライナ現代史からの教訓

教訓の第一は、経済的な不調への国民の不満をイデオロギー的争点・国民分断でごまかしてはならないということです。

ウクライナSSRは、ソ連時代にソ連で最も工業化が進んだ豊かな共和国だっただけに、独立後の経済的没落への国民のストレスが強かったのです。もともとウクライナSSRは、実務的価値が優位で、文化的には寛容な共和国でしたが、ハルィチナや海外のウクライナ・ディアスポラからその正反対の価値観が流入し、次第に支配的になっていきました。ポスト・ソ連市民としてのウクライナ人は、排他的民族主義に違和感を覚えつつも、ソ連時代に基幹民族論を刷り込まれていたため、抵抗することができませんでした。

経済政策で実績を上げるのは容易ではありませんが、イデオロギー的な国民分断政策を推進するには専門知識も財源もいらず、選挙で一定の効果があります。ですからウクライナの困った現状は、最近とみにポピュリズムや民族主義が強まっている日本にとって対岸の火事ではありません。日本が中国をＧＤＰで抜き返すことは難しいですが、日本人が中国人を罵るのは容易です。しかし中国人を罵っても、日本経済は成長しません。

第二の教訓は、国際社会は分離紛争を放っておいてはならないということです。現在のロシア・ウクライナ戦争は、二〇一四年以来のドンバス分離紛争がエスカレーションして起こったものです。ドンバス紛争に真剣に取り組まなかった国際社会の責任は大きいと言えましょう。

ソ連末期以来、カラバフ、アブハジア、南オセチア、沿ドニエストル、ドンバスで起きた分離紛争のうち、二回目の戦争を経験しておらず、一九九〇年代初めに締結された停戦がまだ守られているのは、沿ドニエストル紛争のみという状況になってしまいました。そのほかはすべて、二回目の戦争を経験しました。分離紛争を放っておくと、一回目の戦争の何倍もの犠牲者を生む第二戦争が起こる危険性が高いということを、国際社会は肝に銘ずるべきです。

コラム

私の視点

「ウクライナそのもの」を論じる重要性

日本では、ウクライナという国に関する基礎知識が不足しているだけでなく、今回の戦争のように何か問題が起こらないと、ウクライナに関心が向けられることが少ないという現状があります。そうした関心の持ち方だと理解が歪むおそれがあり、善意から助言や支援をしたつもりでも、それがかえって相手の足を引っ張ってしまうことがあります。

日本のメディアによるウクライナのニュースは、概してゼレンスキー政権の発表や、欧米のメインストリーム・メディアの報道をコピーしています。欧米のメインストリームでも、たとえばドイツのBild（新聞）やドイッチェ・ヴェレ（国際放送事業体）、フランスの国際ニュース専門チャンネル「フランス24」は、ウクライナを明白に支持しつつも、同国のロシア兵捕虜虐待問題のほか、バフムト戦や二〇二三年六月の反転攻勢がウクライナ軍に大変な犠牲を生んだことなど、ゼレンスキー政権に都合が悪いことでも事実は事実として報道しますが、日本のマスコミはそれも自主規制してしまいます。

現在はYouTubeなどで世界中のニュースを見ることができるのですから、欧米のメインストリーム・メディアを直接視聴していただきたいです。反メインストリーム、たとえばフォックス・ニュース（二〇二三年四月、キャスターのタッカー・カールソンが解雇されましたが）などをみれば、アメリカでもこんな報道がなされているのかと驚かれるでしょう。インド、中東など欧米以外のメディアの報道も参考になります。もちろん、ウクライナ語やロシア語の聞き取りができて、ウクライナやロシアの報道に直接接することができれば、それに越したことはありません。

今般の戦争はロシアが仕掛けたことから、解説をロシアの専門家が担うケースが多く、そのためロシアとの関係でウクライナを論じる傾向があることは仕方のないことです。しかし、ウクライナは決してロシアの従属変数ではありませんから、ロシアとの関係だけで見るだけでなく、「ウクライナそのもの」を観察する必要があります。

例えば講義でも触れた、ユーロマイダン革命の最中にウクライナで起こった暴力事件は、今も司法的な解決を見ていません。こうした問題について検証しようとしたり、それについて批判的な見解を述べたりすると、ロシア、プーチンの肩を持つのかと激しい批判を浴びせる傾向が見られます。これは大変有害な現象で、「ウクライナそのもの」を論じることができなくなり、その結果、適切な指摘がなされにくい状況をつくりだしてしまいます。それによって、最も損をするのはウクライナなのです。

第11講

ロシア・ウクライナ戦争と歴史的観点

山添博史

はじめに ――進行中の紛争をどう論じるか

私は防衛研究所で主にロシアの安全保障、国際関係史の研究を職務としています。これからお話しするのは二〇一四年以降のウクライナとロシアの関係、そして現在も続いている戦争（本論は二〇二三年三月二十一日時点のもの）についてです。連日のように戦闘の状況や両国の政治的な動き、戦争をめぐる国際社会の動向がニュースとして論じられるなか、その論じ方が混乱しやすい側面があります。ですから前置きとして、進行中の紛争をどう論じるかということを考えてみたいと思います。

論じ方には、大きく分けて「政策・世論の流儀」と「政治学・歴史学の流儀」があると思います。私も、テレビなどのマスメディアでこの紛争について論じる場合は、前者の政策・世論の流儀を意識します。そこで意識することの一つは、ロシアが自分だけの利益を狙って武力行使および主権侵害を行っていることや、戦争犯罪、核兵器による威嚇など、根本的な規範の逸脱を許容しないという姿勢です。これは日本が直接この紛争に関与しているわけではなくても、日本のこの紛争に対する世論やそれに基づく政策の動向が、諸外国からどう見られているかということに関わってきます。

もう一つ、政策・世論の流儀には、とるべき立場・政策の是非に資する問題設定があります。日本が戦争犯罪や核兵器を許容しないという立場であれば、それを前提とし、国際社会や日本はどうするべきかという論じ方になります。ただこの場合、主流の立場に有利な見解が批判されにくいという問題点があります。例えば日本がウクライナ側を支援するという立場であると、ロシアに対しては批判がされる一方、ウクライナ側の問題点について論じられることは少なくなりがちで、結果的に正確な現状の分析を妨げるおそれが生じてしまいます。

さらに政策・世論の流儀として、諸外国に日本の公論・世論が脆弱であると思わせてはならないという点も重要です。今回の紛争が始まったときに、ロシアにどのような言い分があるにせよ、これだけ武力によって大変な破壊的行為を行った、その手段こそが問題であるという点を、私もメディアなどで強調しました。なぜなら、もしロシア側の武力行使が正当だと日本の公論・世論が許容してしまったら、今後起こるかもしれない同様の一方的な武力行使に対しても、日本の公論・世論は同じように許容するのではないか、もっといえば、もし日本が同様の武力行使によって既成事実をつくられても、抵抗せずに諦めるのではないかと、諸外国から思われてしまう危険があるからです。後で触れますが、現代の「ハイブリッド戦」においては他国の世論を意図的に混乱させる非軍事的な情報工作が行われるようになっており、軍事的既成事実を容易に受け入れるのか、それともリスクやコストを伴っても大切なものを守ろうとするのか、あるいは矛盾する言説で混乱するのかを観察されているということを前提に考える必要があります。

一方で、進行中の紛争を論じる上では「政治学・歴史学の流儀」もあります。政治学や歴史学の立場で重視されるのは、事実を複数の材料から「客観的に」取り扱う姿勢です。ただ進行中の紛争では当事者双方が事実を隠そうとしたり、言説そのものが操作されている場合もありますから、事実の確認が困難という難点があります。過去の様々な史料を駆使して正確な歴史に迫ろうとする歴史学の手法で、進行中の紛争や戦場の真実に迫ることは難しいところがあります。

他方で国際政治学の立場では、意味づけや因果関係を考察し、理解するという論じ方があります。国際関係史などでは、紛争当事国が正当な行動をとったにもかかわらず、結果的に紛争に至ってしまったとか、不当ではあるけれどこの時点で抑制していれば戦争は回避されたのではないかといった論じ方がなされます。例えば十九世紀ヨーロッパの国際政治体制であるウィーン体制については、各国で勃興しつつあった自由主義が弾圧された一方で、諸大国が勢力を均衡させて大戦争を回避してきたと評価されることがよくあります。当時の特定の政治的立場を離れて、いくらか客観的に、国際秩序全体が安定的な特徴をもっていたか否かを考察するという観点です。

また、この流儀においては、見解の相違は「知識」の前進の過程として肯定的にとらえられます。これは学問としては重要な慣習ですが、それが「政策・世論の流儀」にも当てはまるかというとそうではなく、今回の戦争をめぐる議論でも、純粋に学問的に論じる研究者と、政策をふまえた立場からの見解にずれがみられるケースがありました。

前置きが長くなりましたが、ここではどちらかというと歴史学・政治学の流儀に比重を置いてお話ししていきたいと思います。

歴史観のへだたり

前講をご担当された松里先生が二〇一四年までを扱われたので、そこから始めたいのですが、その前にウクライナ、ロシア両国の歴史観のへだたりについて少し触れさせていただきます。

ロシアのナショナリズムに基づく歴史観を概観すると、ウクライナはずっとロシアとともにあったという解釈になっています。そう考える根拠はいくつかあって、ウクライナとロシアの共通の祖先であるキエフ・ルーシにあった府主教座がキーウ（キエフ）から後にモスクワへ移ったので、自分たちが正統であるというのが一つです。その後、ポーランド支配下にあったウクライナ・コサックがポーランドに反乱を起こし、ロシア帝国に合流して以降、ウクライナはロシアと一体化したと考えます。ロシア帝国の下ではウクライナとの統合が進んでいた一方で、ハプスブルク帝国やポーランドの支配下にあったウクライナ西部で盛んなウクライナ・ナショナリズムは分離主義であるとし、それらはポーランドやオーストリアが煽ったせいだとしています。

そしてソ連の下でともに祖国を防衛し、工業化や社会福祉を達成したのが本来の姿であって、一九九一年に連邦が解体してウクライナが独立したのは本来を逸脱した偶然の流れで、総じていえばウクライナを含む「歴史的ロシア」こそが「ロシア国民」の範囲である、というのがロシアの歴史観になっています。ちなみにウクライナ侵攻を始める前の二〇二一年七月にロシアのプーチン大統領が「ロシア人とウクライナ人の歴史的一体性について」という論文（学問からすれば「論文」というべきでなく「エッセイ」とすべきかもしれません）を発表しており、そこで展開している話もこれとよく似ています。

対してウクライナ・ナショナリズムに基づくウクライナの歴史観では、総じてウクライナは「そもそもロシアと異なる国」であるという理解です。先ほど触れた共通の祖先であるキエフ・ルーシについての考え方も、あくまでもキエフ・ルーシはウクライナのルーツで、モスクワはルーシの辺境に過ぎないという立場をとります。そして現代ウクライナの起源はウクライナ・コサックと西欧であり、ソ連時代もロシアがいうように一体だったどころか、スターリンは農業集団化の際の飢饉でウクライナを潰そうとしたではないかと、その被害者性が強調されるのです。

最も不思議なのはウクライナが主権国家であることについての認識のずれでしょう。一般的には誰もがウクライナは主権国家であると考えるはずで、ロシアも二〇二一年まではウクライナを主権国家として扱って外交関係も結んできたのです。しかし、二〇二二年二月の軍事作戦開始の理由とした「ロシア系住民への迫害」は、もし現実に起きているのであればウクライナ領内の問題なので国際的な調査と平和解決が必要で、ロシアが一方的に実力行使してよい問題ではありません。そのあと九月にウクライナ東部・南部四州の住民投票を理由に、民族自決権を持ち出してそれらの地を一方的にロシア領だと主張しました。これはロシアがウクライナの国家主権を一切考慮しないことを意味しますから、根本的な部分での認識のずれというべきかもしれません。

一般的にウクライナはロシア系住民が多い東部と西部の違い、対立で語られることが多いですが、ソ連時代だけをみてもポーランド領だったところやルーマニア領、チェコスロヴァキア領、そしてロシア領から移管したクリミアなどが編入されて現在のウクライナ領域を形成しており、多言語・多文化・多民族を抱える多様性が特徴です。しかし、その多様性から出てくる様々な動きがウクライナ政治にとって難しい問題となりました。

次に、これはロシア側の視点になりますが、ソ連が解体して独立した一五の旧ソ連邦構成国の民族分布を考えます。ロシア連邦のロシア人の割合は七九・八%と、実は八割程度です。ではそれ以外の一四の旧構成国の、ロシア人の割合が一割以上を占める国を列挙すると次のようになります（数字は二〇一〇年以前のもの）。

ウクライナ（一七・三%）、カザフスタン（二三・七%）、ベラルーシ（一一・四%）、キルギス（一二・五%）、ラトヴィア（二七・八%）、エストニア（二五・六%）

つまりウクライナの一七%をはじめ、これだけの国でロシア人が一～三割近くを占めているのです。ソ連時代はこれらのどこに住んでいても同じソ連の市民だったものが、ソ連の解体でロシア以外の国ではロシア人はマイノリティということになります。そうした経緯から国境線は引かれているものの、その向こう側にロシア人が多く住んでいたりということになり、曖昧なところがあります。ロシア連邦のロシア人が、ウクライナに人口の二割近くを占めるロシア系住民のことを「外国人」と割り切れず、彼らは「同胞」であり、その地域はロシアの一部であるととらえる素地が、一九九一年の解体にあるとみることもできるのではないでしょうか。

次にウクライナ各州の民族別人口構成をみると、ロシア系住民がとびぬけて多いのはクリミア自治共和国で人口の過半数（五八%）を占め、さらにクリミア半島南西部のセヴァストポリ特別市は、住民の約七二%がロシア系です。その他では、二〇一四年から紛争状態となっている東部ドンバス地方のルハンシク州では三九%、ドネツク州では三八%がロシア系で占められています。一方、西部のザカルパチア州にはハンガリー系、チェルノフツィ州にはルーマニア人がそれぞれ一割ほど住んでいたりします。

各州の産業・所得水準をみると、工業製品販売額が比較的高いのは東部のドネツク州やドニプロペトロフスク州、ザポリージャ州です。所得水準でも、突出して高い首都のキーウは別にして、平均でみればやはり東部各州が西部に比べて高いという傾向がうかがえます。

ロシアからみた「ウクライナ政治のぶれ」

ここからウクライナ政治の動き、ドンバス紛争やクリミア併合への流れをみていきます。できるだけウクライナの歴史を軸にしながら、社会分断構造が先鋭化していったり、政治問題などウクライナ側にある紛争の要因をみていく一方、クリミア問題にしろドンバスにしろ、ロシアの関与によってウクライナの歴史が大きく変わってきていることも事実ですから、ロシア側の観点も盛り込んでいきます。

少し時間軸をさかのぼり、独立以降の流れとしてとらえたいのが、ロシアからみた場合の「ウクライナ政治のぶれ」です。つまりウクライナ政治を純粋にみた切り方ではなく、あくまでもロシアからみた場合のウクライナ政治の揺らぎ、脆弱性、分裂傾向になります。今回の紛争の原因、背景として振り返ってみましょう。

ウクライナ独立後の最初の大統領はクラフチュクで、次にクチマが一九九四年から二〇〇四年まで一〇年間、大統領を務めました。クチマはロシアを重視した経済政策を進めた親ロシア派でありながら、一方ではＮＡＴＯ（北大西洋条約機構）との協力関係にも力を入れました。ただこの時期はロシアもＮＡＴＯと協力していたため、大きな問題にはなっていません。不正な統治や反対派に対する攻撃を教唆するなどの疑惑、いわゆる「クチマゲート」が持ち上がり、西側諸国からは好ましからざる大統領とみられることが増えました。野党も大統領の退陣を要求するなど、ウクライナの政局が流動化していきます。

続いて二〇〇四年の大統領選挙ではクチマ時代の首相ヤヌコヴィチとユシチェンコが争いました。ヤヌコヴィチ候補の当選が発表されましたが、これに疑義を呈した抗議デモが再投票とユシチェンコ逆転当選をもたらしたという「オレンジ革命」が起こります。ただ親欧米のユシチェンコ政権時にかなり反ロシアムード、極端なナショナリズムを煽った経緯から、ロシア側の幻滅を招くことになりました。

ユシチェンコの支持は低迷し、二〇一〇年の選挙で大統領となったヤヌコヴィチは東部の産業地帯を支持基盤にした人物でしたが、結果的には権力を使って自分のファミリーで財を独占し、汚職政治を極大化してしまいます。ただこの政権下で重要なのは、ロシアとの関係にかなり気を使っていた一方で、ＥＵとの連合協定も進めており、ロシアとしても最も都合のいい大統領とはいえなかった点です。

このとき、ロシアは旧ソ連諸国との間でユーラシア経済同盟（ＥＡＥＵ）の結成を模索しており、そのなかでロシアに次いで経済規模の大きいウクライナはどうしても同盟に引き込みたい相手でした。当時、ＥＵとの連合協定にはモルドヴァ、ジョージア（グルジア）、アゼルバイジャン、ＥＡＥＵにはアルメニア、ベラルーシが名乗りを上げていました。そして、ＥＵとの連合協定を結んだ場合、ＥＡＥＵには加盟できなくなることが明らかになってきました。

二〇一三年、ロシアはヤヌコヴィチにＥＵとの連合協定の断念を求め、強い圧力をかけます。これを受けてヤヌコヴィチは同年十一月、ＥＵとの連合協定への署名を延期、実質的には協定を断念したわけですが、それが引き金になったのが「マイダン革命」です。ヤヌコヴィチの腐敗政治を糾弾する反政府運動が始まり、翌二〇一四年にはそれがますます過激化するなかで政権は徹底的な弾圧で対抗し、一〇〇人ほどの犠牲者も出たほどです。

その後同国の政治危機を収拾しようとＥＵ、ロシアが調停に乗り出すのですが、合意署名が終わったその日の夜にヤヌコヴィチは逃亡し、ロシアへ亡命してしまいます。当時、ロシアのテレビ放送で、ヤヌコヴィチが逃げた後の広大な豪邸に群衆がなだれ込んでいく映像を流して、逃亡した権力者の腐敗ぶりを強調していたのを覚えています。

ロシアのクリミア併合、ドンバスでの戦術

この二〇一四年のマイダン革命の混乱の時期に進んでいくのがロシアによるクリミア半島の併合です。その発端はウクライナ南東部で、ウクライナ・ナショナリストがロシア系住民を襲いに来るという、あまり根拠のない流言が広まり、それに反対するようなロシア系住民の動きがみられるようになったことでした。

それが大きな動きとして現れるのが同年二月二十七日で、無標識部隊（所属が不明な武装集団）がクリミア半島の要所を占領するという事態が起こります。実はその前日からウクライナとの国境付近でロシア軍が軍事演習を実施しており、後でクリミアに入った無標識部隊がロシアの特殊部隊であったことがわかります。

ロシア軍が国境付近に軍を展開し、いつウクライナ領内になだれ込んできてもおかしくない状況下、ヤヌコヴィチの逃亡で新たに誕生したウクライナ新政権の対応が遅れ、無標識部隊に最高議会庁舎などが占領されるなかで、突然クリミア自治共和国政府の政権交代と住民投票の決定が行われます。ウクライナ当局の鎮圧能力は麻痺したまま、三月十六日にクリミア自治共和国議会とセヴァストポリ議会によるクリミアのロシアへの併合を問う住民投票が実施され、十八日には九割を超える賛成票があったとして両議会はウクライナからの独立、ロシアへの併合を求める決議を採択し、ロシア連邦へ加入する手続きをとったのです。

この過程で特筆しておきたいのは、大規模な戦闘や流血事件がみられなかったということです。もちろん、当時は伏せられていて、殺害されて闇に葬られたケースなどはあるのですが、軍事衝突を極小化しながら隣国の領土を併合し、戦争と同等の成果を得る手法がとられたわけです。このロシアによるクリミア併合戦術のような、軍事以外の様々な手段を併用する作戦のあり方は「ハイブリッド戦」と広く呼ばれるようになりました。

クリミア併合の動きの直後となる同年四月、今度はウクライナ東部ドンバスのハルキウ、ルハンシク、ド

ネック三州の州都において、武装勢力が市庁舎を占拠する事態が勃発します。ハルキウについてはウクライナ政府軍が翌日に市庁舎を奪還したものの、ドネックとルハンシクでは武装勢力側がそれぞれで「人民共和国」を自称し、独立への動きをみせるようになっていきました。五月には南部のオデーサでも親ロシア派勢力との衝突が発生し、親ロ派に死者が出ています。

ウクライナの状況としてはこの五月二十五日に行われた大統領選挙で親欧米派のポロシェンコが当選し、新政権がスタートしました。翌六月のノルマンディ上陸七〇周年記念日にポロシェンコとロシアのプーチン大統領に加え、フランスのオランド大統領とドイツのメルケル首相らによる紛争解決のための会合が開かれ、これは記念日にちなみノルマンディ・フォーマットと呼ばれるようになります。この紛争の最中である七月十七日に、ウクライナ東部を飛行中だったマレーシア航空機（ＭＨ一七便）が墜落し、三〇〇名近い乗客・乗員が死亡するという惨事が起こっています。その後の事故調査によって墜落原因は東部ウクライナの親ロ分離主義勢力支配地域から発射されたロシアの地対空ミサイルによって撃墜されたものだとされると、乗客の大半を占めていたオランダなど西欧諸国の間でロシアに対する責任追及の声が強まり、ＥＵの対ロシア制裁が本格化していくことになります。

ドンバス紛争の永続化 ——二〇一四年八〜九月

このときの紛争の状況をみると、当初のうちは反政府武装勢力の人員や使用できる武器も限られていたため、ウクライナ軍の対テロ作戦がかなり押し返して、武装勢力の支配地域は縮小を続けていたのです。しかし八月に入ると、ロシア側から国境を越えて白く塗られた多数のトラックが入っていくのが目撃されるようになりました。ロシアは人道支援の物資を運んでいると主張していたのですが、その後武装勢力側の攻勢が一気に強くなり、ルハンシクを再び奪取するなど支配地域を広げていくことになります。ロシアは公式にはこの紛争に介入するとは言及しておらず、あくまでこれは現地の親ロシア派とウクライナとの内戦であるという姿勢を保っていたのですが、実はロシアから送り込まれていた白いトラックはロシア正規軍で、実態はロシア軍が介入していたのです。そうすると、ウクライナ軍による制圧も限界を迎え、反政府勢力側が拡大した支配地域が固定化してしまいました。

そうしたロシア側優勢の状況下でロシアのプーチン大統領が突然、和平を提案し、九月にベラルーシの首都ミンスクにおいて、OSCE（欧州安保協力機構）による監視や地方選挙の実施などを盛り込んだ停戦合意（ミンスク合意）が結ばれました。

しかしこれで収まることはなく、双方の小競り合いが続くなか翌二〇一五年一月、反政府勢力側がかなり強い攻勢に出るなどしたため、早くもミンスク合意は破られる結果となったのです。

こうした事態に、アメリカのオバマ大統領はウクライナ側への兵器供与を検討していますが、ノルマンディ・フォーマットのメンバーであるドイツ、フランスは紛争の一層の激化を恐れ、積極的にウクライナ、ロシア両国へ仲介するかたちで二月十二日、四者による新たな停戦合意（ミンスク2）にこぎつけます。これは二〇一四年のミンスク合意（ミンスク1）を履行するための細部条件をつめたもので、「戦闘を停止、重火器を撤退させる」とか「二〇一五年末までに憲法改正を実施しドンバス両州（ドネツク、ルハンシク）に自治権を付与」「国境についてはウクライナが管理する」などの合意事項で成り立っています。このミンスク2は戦闘のこれ以上の激化を防ぐという点に力点が置かれており、ウクライナ側にとっては不利ともいえる合意でした。ドンバスの二州に自治権を与えるという合意も、ロシアの意思による現状変更を自らの憲法で永続化させてしまうことにつながります。またドネツク州とルハンシク州のつなぎ目にある交通の要衝デバリツェヴェでは、ミンスク2が結ばれたあとに反政府勢力が攻勢を続けて支配下に置いてしまいました。ウクライナにとって、ミンスク合意のような停戦は、ロシアが都合よく利用してウクライナから奪うだけで、平和を保証してくれないものなのです。

ロシアの対欧米情報工作

ミンスク2の合意によっても、ドンバスにおける紛争が終わることはありませんでした。二〇一五年の八月から九月にかけてもドネツク州のマリウポリなどが反政府勢力の攻撃を受けるなどしますが、ちょうど九月三十日よりロシアがシリア内戦で反政府組織から政権を守るための軍事作戦に乗り出したため、ドンバス紛争は基本的に膠着状態となり、しばらくは国際的な注目を浴びない程度の比較的小規模な戦闘のみが起こる状況となりました。

そしてこのあと、ロシアがアメリカやフランスの大統領選挙で特定候補を利するような情報工作を行っているのではないかという疑惑が欧米で浮上してきました。アメリカでは、ドナルド・トランプが大統領選挙に出馬しようというときにアメリカ社会の分断が取り沙汰されるようになりました。二〇一六年の大統領選挙では、ロシアがその混乱に乗じて選挙への介入、具体的にはヒラリー・クリントン陣営が交わしていたメールをサイバー上で盗み取って暴露し、トランプの勝利を容易にしたと、アメリカの情報機関が報告しています。フランスのマクロン大統領の選挙時にも、プーチンと親しい対立候補を利する目的でマクロンに関するフェイク・ニュースをロシア系情報源が流していたことがあとでわかっています。つまり、ロシアが西側社会に様々なかたちで非軍事的な手法を使って攻撃をしているという意識が、この頃から高まりをみせるようになりました。

総じていえば、ロシアは西側諸国の抗争意思に打撃を与える様々な手段を常日頃から講じてきており、西側諸国もそれに対抗していかなくてはならないという考え方が強まってきました。

ロシアのそうした手法の一つに、衝突の危機を突きつけるような軍事挑発、海上での接近妨害工作があります。二〇二三年三月にも、黒海上空を飛行していたアメリカ軍の無人偵察機にロシア軍の戦闘機が異常接近し、衝突したというニュースがありましたが、それなどもこの一例です。要するに、これ以上やったらどんな危険な対立になるか理解しろという脅しで、これはアメリカだけでなく、これまでもエストニアやスウェーデン、デンマークなどで類似のケースが報告されています。

そしてこれもよく使われるものですが、先ほどの他国の大統領選挙への介入などのような、情報空間の弱点を突く攻勢があります。それはロシア語テレビコンテンツを使ってロシア語系住民の政府への反感を助長したり、ロシア政府系メディアやSNSを使った虚偽認識、いわゆるフェイク・ニュースを流布したりする手法です。例えば二〇一六年のドイツで、当時の政権の移民政策を非難する言説が拡大しつつあるなかで、ロシア系少女が「中東からの移民に集団暴行された」とSNSに書き込んだものが拡散されると（のちに本人が虚偽と告白）、ロシア国営放送がそれを大々的に取り上げ、ロシアのラブロフ外相がドイツを非難するなどの外交問題に発展したケースも、ロシアによる意図的な世論操作であったと考えられています。

これらについてロシアはもちろん認めていないものの、ロシアと争うことが危険であり、許容した方がましであるとか、NATOは信用できないといった認識を広める狙いがあるのでは、と西側諸国の専門家の間では認識されています。またこうした情報工作に対してはロシアの様々な手法を暴露して市民に注意を促したり、守るべき言説を積極的に発信していく戦略的コミュニケーションによる対抗策を打ち出してもいます。

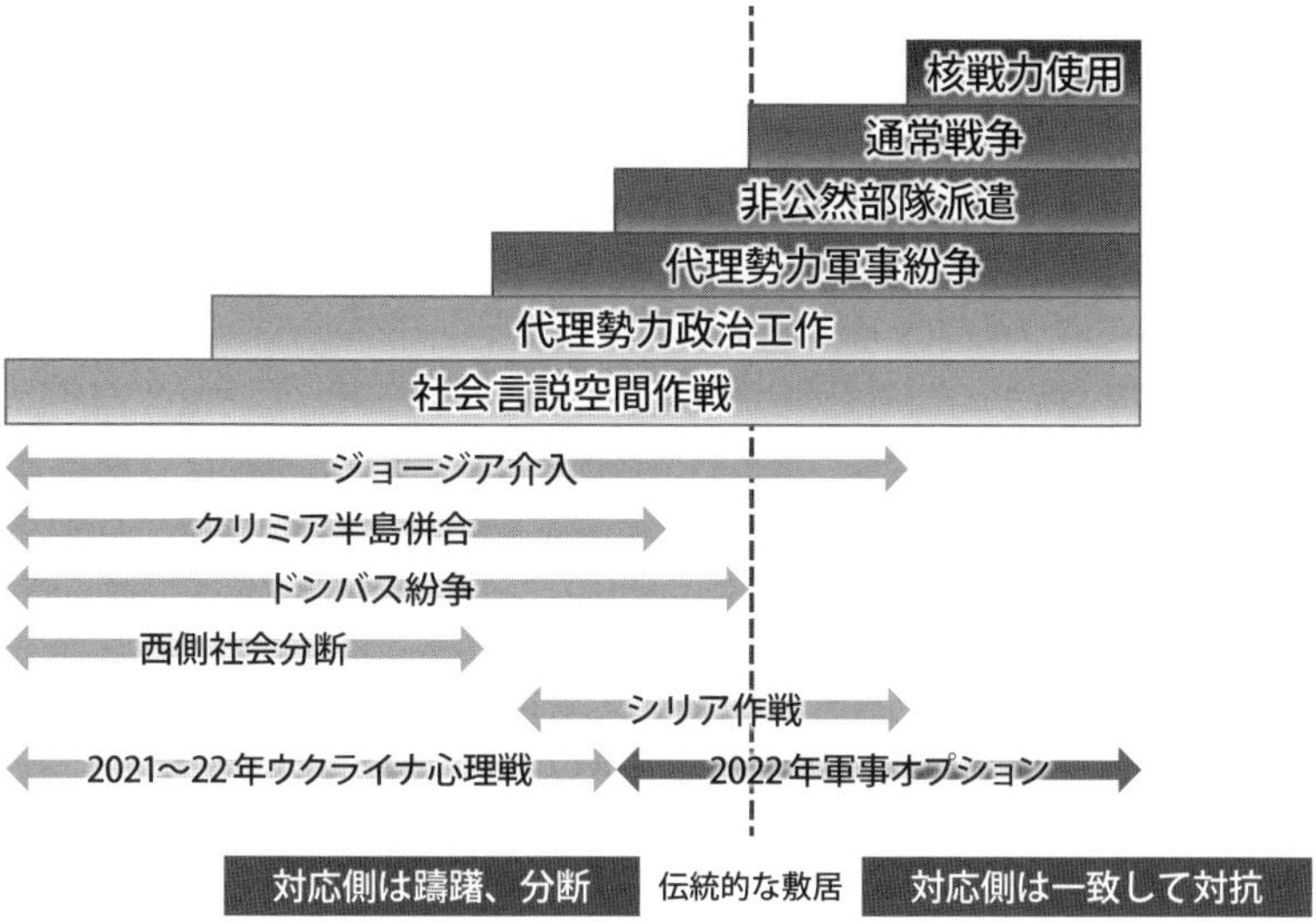

ハイブリッド戦（Hybrid warfare）の概念

ハイブリッド戦　――多層性と手段限定

ここまで指摘したようなロシアの攻撃的手法は、公然とした正規軍の投入ではなくても、複数の手段を交えて軍事征服のような効果をもたらすということで、「ハイブリッド戦」と呼ぶようになっています。

上の図で指摘したい「ハイブリッド戦」の特徴は二つあって、その一つが多層性です。物理的破壊力が小さい方からいけば、まず「社会言説空間作戦」があり、これは先ほど触れた情報工作です。なかでも大きいのは、旧ソ連圏向けにテレビ放送などのロシア語メディアを使い、ロシア語話者にモスクワの観点を受け入れさせ、社会の分断を図っていくものです。特にウクライナ南東部では反キーウ、親モスクワ的な感情をロシア語系話者に植えつけ、二〇一四年の分離主義を誘発させる大きな要因になりました。また、西側諸国でも、先ほどのような事例で社会言説空間を揺さぶることは可能で、それによってロシアが破壊されるような戦争にはなりません。これは、旧ソ連時代に国家保安委員会（ＫＧＢ）が行っていた「積極工作」の系譜を受け継ぐ手法であると考えられています。

次に「代理勢力政治工作」や「代理勢力軍事紛争」があります。社会の分断が深刻化すれば既存の体制を破壊しようという代理勢力が成立しやすくなり、そうなると、その勢力をクレムリンが間接的に指揮して利用することができます。その一つの例がクリミアで、もともとウクライナでの処遇に強い不満を抱いているロシア系住民が多く、ロシア語メディアによる、「かつてクリミアはロシアだったのだからロシアに戻るべきだ」という言説を受け入れやすかったということがあります。そこにマイダン革命の政変、ウクライナ・ナショナリストが攻撃してくるという噂の流布が重なり、現地の代理勢力が行政の中枢を占拠、政権を奪取することになりました。これにはロシアの「非公然部隊」も支援しており、まさにハイブリッドに手法を重ねて併合まで進めたという事例です。

一方のドンバス紛争においても、主要なアクターは現地の代理勢力でした。ただ代理勢力は戦闘能力や資源に乏しいため、ウクライナ政府軍に圧迫されるのですが、そこに登場したのが「白いトラック」で送り込まれたロシアの「非公然部隊」(ロシア正規軍の精鋭部隊)です。この「非公然部隊」のメリットは直接の指揮・統制が効き効果的な成果が上げられることですが、一方ではあくまでも隠密のため、捕虜や戦死が発生した場合に政治問題化する可能性があります。実際に二〇一四年、ドンバス紛争でウクライナ側の捕虜になったロシア人がロシア正規軍の身分証を所持していたことをウクライナが公表すると、ロシア政府は「兵士が休暇中に自分の意思で現地住民を支援しに行った」と苦しい弁明をしています。

さらにロシアは「大規模公然部隊」、つまり正規軍もこれらに効果的に組み合わせています。ウクライナ東部情勢が膠着していた二〇一五年九月にロシアが対シリア作戦を実施していますが、これは国際的な懸念材料であるテロとの戦いという正当性だけでなく、ウクライナを含むヨーロッパにおいて軍事行動をする能力があると実証することになります。

もう一つの大きな特徴は、「ハイブリッド戦」を通常戦争の敷居の下で進めることのメリットです。これはロシアが必要な手段だけ使って相手に打撃を与え、相手は本気で反撃したくてもやりにくいということです。相手がもし強硬手段に出るならば、ロシアは通常戦争に引き上げてもっとひどい破壊をもたらすことができます。ロシアが多層のなかの上部手段として、ウクライナ国境付近に正規軍を展開してみせており、ウクライナの行動によってはそれが攻めてきて紛争がエスカレートしてしまいます。ですからウクライナや他の諸国も、強硬手段を躊躇しますし、強硬論に対して柔軟論が出てきて意思が固まりにくくなります。

この範囲の「ハイブリッド戦」であれば、ロシアは相手に反撃をさせずに自分からだけ打撃ができます。そのメリットがあったのに、二〇二二年二月のロシアはいきなり通常戦争を開始し、ウクライナも西側諸国も結束して強硬手段で反撃するほかなくなりました。これが、ロシアのやり方の大きな違い、巧妙さから粗雑さへの大きな変化という驚きでした。

プーチンの「誤読」

ここからは、ウクライナのゼレンスキー政権の動きを概観してみます。ゼレンスキーは二〇一四年から政権を続けてきたポロシェンコを二〇一九年の大統領選挙で破って当選したわけですが、ポロシェンコ政権は親ロシアに対抗的な路線をとり、軍事力の強化やＮＡＴＯ加盟を憲法に明記するなど、かなりはっきりした親欧米派でした。ポロシェンコはウクライナ最大の製菓会社のオーナーで「チョコレート王」などと呼ばれていましたが、ゼレンスキーはこれまで長年ウクライナで問題視されてきた腐敗政治、利権政治がポロシェンコのような人物では変えられない、また対ロシア関係についてもポロシェンコのような対決路線では解決できず、対話が必要だという二つの方針を掲げて当選しています。

そこで二〇一九年十二月にノルマンディ四者対話に臨むのですが、ゼレンスキーが期待した結果には至らず、二〇二一年初めに対ロシア強硬路線に舵を切ると、ロシアが威圧するかのように二〇万から三〇万の兵士をウクライナ国境沿いに展開する一幕がありました。また一方でゼレンスキーはプーチンの友人ともいわれるヴィクトル・メドヴェチュクというウクライナの政治家の資産を凍結し、政界から排除する動きをしており、プーチンからするとウクライナの重要な内部情報源が失われたことが、その後に少なからぬ影響を与えたのではないかとみる向きもあります。

そして二〇二一年七月、突然プーチン大統領が「ロシア人とウクライナ人の歴史的一体性について」というペーパーを大統領のホームページに掲載します。そこでのプーチンの主張は、ウクライナはロシアと友好的にしているときだけ主権がある、ウクライナがロシアから離れていくのであればその限りではないというものです。つまりこのまま強硬な姿勢を続けるとウクライナの主権はないとみなす、ロシアはウクライナに対して何をしてもいいということだという、そうした議論を準備するような内容でした。そして秋頃からロシア軍が集結する動きをみせるようになり、本格的な戦争を予感させるような輸血などを行う医療部隊の動員も始まりました。アメリカもかなり警戒してロシアに自制を求めたりしますが、その十二月にロシアはアメリカとNATOに対し、NATOの不拡大を約束するよう要求しています。

しかし、NATOがそうするには法的規約を変更する必要があり、そもそも拡大も具体的に決まっていたわけではありませんでした。そのためアメリカは、ロシア側に安全保障についての懸念があるなら、加盟国内に展開しているミサイルなどの戦力について協議し、互いの安全を高める取り決めをしようと返答しています。これに対しプーチン大統領やラブロフ外相は、外交を継続すると翌二〇二二年の二月十四日までは言っていました。ところが二月二十一日、ロシアはドネツク、ルハンシクの人民共和国の分離独立を承認し、その三日後にウクライナに対する特別軍事作戦を開始したのです。

そこでプーチン大統領が主張したのは、ドンバスの住民を守る、彼らに脅威をもたらす「ナチ」政権を除去するというものでした。誰もロシア人やユダヤ人を大量虐殺してはいないので、「ナチ」政権が実在するとは確認できないのですが、ともかく除去するべき敵として「ナチ」の呼称を利用したのです。この選択の背景には、支持率が低迷していたゼレンスキー体制は脆弱なのでウクライナ国民はゼレンスキーの下で戦わないだろう、またアメリカのバイデンもロシアとウクライナの戦争には動かないだろうというプーチン・ロシアの「誤読」があったのではないかと私は考えています。

プーチンの願望と選択 ——二〇一四年と二〇二二年

ここで二〇一四年のクリミア併合、ドンバス紛争の時点と、二〇二二年のウクライナ侵攻時のプーチンの願望と選択について考えてみたいと思います。まずウクライナを統合したいという願望について、二〇一四年時にはロシア勢力圏にウクライナを入れようとしたのがマイダン革命で頓挫し、当面あきらめることになった一方、歴史的領土だけでもということでクリミアを併合した結果、ウクライナの反ロシア化が進行していくかたちになりました。しかし二〇二二年には、ウクライナ全部が欲しいという願望に戻り、キーウの陥落を狙い、ウクライナを従属させようとしたわけです。

ウクライナを弱めたいという願望では、二〇一四年時にはドンバスでの紛争を永続化することで達成しようとしますが、実はウクライナ軍の強化という結果につながりました。それが二〇二二年にはウクライナを従わせるか、従わなければ徹底的に破壊するという意思になりました。また歴史的領土を回復するという願

プーチンの願望	2014 年の狙い	2022 年の狙い
ウクライナを統合したい	×当面あきらめ →反ロシア化	○キーウを衝いて従わせる
ウクライナを弱めたい	○紛争状態を永続化 →軍改革で強化	○従わせるか、破壊する
歴史的領土をとりたい	○クリミア半島奪取 △ドンバス、南部は断念	○ドンバス奪取 △南部も可能な分をとる
NATO との危険を回避したい	△挑発するだけ	×危険になるが、既成事実化すれば相手は動けない
西側に認められたい	△恐怖をみせつけ、一部と外交	×恐怖をみせつければ、しばらくすれば黙認される
石油・ガスを売ってもうけたい	○順調	×減るかもしれないが、かまわない

プーチンの願望と選択

望では、二〇一四年にはクリミアのみ達成し、東部や南部の全部をとるのは断念しました。ところが、二〇二二年にはドンバスを勢力下に置き、他はとれるだけとるという狙いに変わりました。

ＮＡＴＯとの危険を回避したい、西側に認められたいという願望については、二〇一四年時は挑発して恐怖を見せつける程度に限定し、外交を交えていました。しかし二〇二二年では外交を放棄して強攻策のみをとり、既成事実化すれば西側も動けない、恐怖を与えることでしばらくすれば黙認されるだろうという願望が透けてみえます。ロシアの石油やガスについても、かつては重要な外貨収入源として重視してきましたが、二〇二二年には軽視し、どうせヨーロッパは買うのをやめられないだろうし、もし減ってもかまわないという希望的観測に変化しています。

こうしてみると、プーチンにも読み誤ったところがいくつかあるように思います。本来ならウクライナを勢力圏に置きたければウクライナにも利益があるようもっていくとか、ウクライナの親ロ政権を育てればよかったのですが、二〇一四年から反ロ政権しかできないような状況にしてしまったわけです。

私も含めて多くの専門家が驚いたのは、ロシアとの戦闘でウクライナがみせた凄まじい戦いぶりです。これはウクライナがドンバスの紛争状態を通じて徹底的な軍改革をやってきたことの成果です。ロシアがウクライナの反ロシア化、ウクライナ軍の強化を進展させておきながら二〇二二年にキーウを奪取しようとしたのは、順番を間違えたとしかいいようがありません。客観的に一連のロシアの動向をみれば、願望が多すぎて選択を誤り、最もとるべきでない手段をとって、かつロシア軍も非常に稚拙なパフォーマンスしか示せなかったというべきでしょう。

ロシア全面侵攻の開始 ――キーウ攻囲はなぜ失敗したか

さて、最後にロシアの特別軍事作戦、ウクライナへの全面侵攻の経過です。ロシア軍は緒戦でウクライナの首都キーウを陥落させようとしますが、ウクライナ軍によって退けられる格好になりました。

例えば空挺部隊をキーウ近郊のホストーメリ空港に送り込むわけですが、それを支援するための後続ヘリコプター部隊が準備できておらず、こうした作戦に不可欠な特殊部隊も展開させることができませんでした。その後戦車部隊を次々に各方面から進攻させたものの、戦車部隊のための補給や側面の保護が不十分で、脆弱な状態の戦車の車列をウクライナ軍の対戦車兵器に片っ端から狙い撃ちにされてしまいます。なかにはウクライナ側の通信傍受によってロシア軍の高官が狙撃されたケースもありますから、ロシアが本気でキーウを軍事的に落とそうとしたのであれば、かなり不十分な作戦でした。ウクライナ軍は士気も低いし脆弱だから、戦車を送り込んで圧力をかければ簡単に屈服させられるとみくびっていたとしか思えないほどの稚拙さです。

このキーウ攻囲戦でのロシア軍の損耗は大きく、三月いっぱいで地上兵力をキーウ周辺から撤収しました。キーウの屈服という目的に手段が不足していたことを認識したようです。これ以後は、二月に掲げた目的のうち、ドンバス地方から敵勢力を排除することは狙っているようですが、それでキーウの「ナチ」政権が打倒できるわけでもなく、どこまで行けば勝利といえるのか、不明瞭になりました。

ともかく、二月から三月の間はドンバス周辺ではほとんどロシア軍の動きはなかったのですが、四月に入ってからドンバス二州の支配地拡大を進めました。森林が少なく平原地帯の多い東部は、大砲を重視するロシア軍に有利な地形でもあり、ハルキウ州を南進してイジュームを押さえるなど、鉄道輸送網を把握して大量の軍需物資を投入して有利に戦闘を進めました。ルハンシク州を西に進んでセヴェロドネツクで大規模な市街戦を行い、六月いっぱいで同州をほぼ制圧しました。

ドネツク州南部の港湾都市マリウポリも、ロシア軍が東西から攻撃して、激戦地となりました。マリウポリは二〇一四年からのドンバス紛争でロシア側が攻撃しましたが、ウクライナが奪回した街でもあります。ロシアに従わなかったという恨みがあったのか、住民が爆撃を避けて劇場に避難し、ロシア語で大きく「子どもがいます」と書かれているその施設ですら爆撃しており、徹底的な破壊の限りを尽くしました。孤立無援になったウクライナ守備隊と民間人もアゾフスタリ製鉄所に立てこもって抵抗を続け、五月に断念して降伏、マリウポリは陥落しました。

南部ではロシア軍はドニプロ川を西に渡って、ヘルソンからミコライウに向かい、その先のオデーサの攻略を望んでいたようです。しかしウクライナ軍はこれを阻み、ロシア黒海艦隊の旗艦モスクワが撃沈されて、ロシアは西に進軍できなくなりました。このミコライウ戦線でウクライナはロシアの占領地拡大を押しとどめ、ドンバスでもドネツク州北部を防衛し続けました。

ウクライナの反攻 ——興隆する社会と国軍

ここからは、ウクライナ軍によるロシア占領地の縮小が始まります。七月頃、アメリカから供与された、射程八〇キロで非常に精密な打撃が可能なハイマース（高機動ロケットシステム）をウクライナ軍が運用できるようになります。ヘルソン州の州都ヘルソンはドニプロ川の北西に位置する街で、ロシア側からするとドニプロ川を渡って前線への補給をしなければならない地勢のため、ウクライナ軍からハイマースで攻撃されるようになると補給路も集積地も打撃を受けて利用できなくなりました。対応としては弾薬庫などを後方に下げなければならなくなり、前線の維持が難しくなります。

八月に入るとクリミア半島でも謎の爆発が起こるようになり、ロシアによる支配も安泰ではなくなりました。かつ、「ロシアはクリミア半島を攻撃されたら核兵器を使用するかもしれない」という危惧はあったのですが、ロシアはそう簡単に核兵器で反撃するわけにはいかないこともみえてきました。

ロシアにとって、ヘルソンの保持が危うくなってきたため、ハルキウ州にいた精鋭部隊をヘルソン防衛のために移動させたようです。その隙を突くかたちでウクライナ軍がハルキウ州で反攻作戦に出ます。密かに分散して攻撃態勢に入っていたウクライナ戦車部隊が攻勢に出ると、ロシア軍は総崩れになって退却していき、九月にウクライナはハルキウ州東部を奪還しました。

この大敗を受け、プーチン大統領は常備兵の不足を補充するために予備役の動員を命じる一方で、九月三十日にロシアはヘルソン、ザポリージャ、ドネツク、ルハンシク四州で行った住民投票を根拠に自国領であると宣言しています。しかしその翌日の十月一日、包囲されていたリマンをロシア軍は放棄し、ドネツク州北部で効果的な攻勢に出る拠点を失いました。

ウクライナ軍はヘルソンのロシア軍の補給を脅かしながら圧迫を続け、ついに十一月にはヘルソンからロシア軍が撤退してウクライナが奪還しました。そこから現時点（二〇二三年三月）まではほぼこの当時のラインで膠着しているという現状です。今後の展開としては、ウクライナ軍はロシア支配地域の東西を分断でき

ウクライナの戦争		ロシアの戦争
占領者の放逐	目的	キーウを服属させる「特別軍事作戦」 →非現実的、限界不明の目的 「非ナチ化」「ロシアの土地の回復」
ロシアの攻勢戦力を打撃	行動様式	抑制が不足した破壊：民間人生命、生活基盤、原子力安全、国際経済
ソ連式陸上・航空戦力 適用改善、ドローン、対戦車兵器	初期戦力	ソ連式陸上・航空戦力 火力の大規模使用、兵員不足
西側軍事支援 西側戦力投入	エスカレーション可能性	兵力・物資動員 核兵器・原子力の威嚇 核兵器の使用
効果的な作戦・指揮統制、敵の兵力・兵站を打撃：キーウ防衛、ハルキウ州攻勢	2022	混乱した作戦・指揮統制、士気不足、兵站問題
攻勢準備、西側システムを活用した攻勢	2023	再編成した陸上・航空戦力
西側式戦力の継続投入 社会の負担が蓄積	2024	人員・装備追加投入（品質低下） 戦争指導の正当性低下

ウクライナとロシアの戦争の様相と見通し

るメリトポリの攻略に出るのではないかとか、一方のロシア軍はバフムトで押し返しながらドネツク州を取り囲むようにして奪取することを狙っているのではないかなど、専門家の間で様々に論じられています。

最後になりますが、今回のロシア・ウクライナ戦争で特に指摘したいのが、ウクライナ軍の効果的な作戦指揮統制です。部隊それぞれが自分たちの達成すべき目的をもち、状況などを自分たちで自主的に判断しながらどうしたら目的を達成できるかを考えていける、そうした小規模部隊を編成・訓練したのです。これをミッション・コマンドといいますが、そうした小規模部隊による作戦を立案する幕僚の能力がかなり強化されて初めて可能になります。この取り組みは二〇一四年がきっかけで、特に二〇一六年からこうした部隊の運用、作戦指揮に重点を置いて訓練してきた成果であると、私も実際にアメリカ軍関係者から聞いたこともあります。ウクライナ軍も主にソ連式の陸上航空戦力を保持していたのですが、その運用が改善されていて、現場で不測の事態に適応しにくいロシア軍との違いが出る結果につながったのです。

変化は軍だけではなく、ウクライナ社会の強靭さが戦時に顕著に現れてきました。家族や隣人が災厄に直面して助け合い、ウクライナの文化を通じて共感を広げ、鼓舞し合います。ボランティア団体が戦地の住民に必要物資を運び続けます。戦闘を有利にするために情報を提供し共有するネットワークをつくり、ＩＴ技術を活用していきます。二〇二二年十月からロシア軍の爆撃が電力設備を破壊していっても、ウクライナ人は電力設備の復旧を繰り返し、暖房や電気を利用できる「不屈の拠点」を多数設置して運営します。社会の成員それぞれが自ら動き、共通の生存のための力を生み出します。こういう自発的に動ける人々だからこそ、先に説明した軍隊におけるミッション・コマンドが成り立ちます。長らく、腐敗と分裂に悩まされてきたウクライナが、危機を前にして社会の強さを発揮しており、これはウクライナの歴史における大きな変化として残るでしょう。

二〇二二年の侵攻開始後、ウクライナのレズニコウ国防大臣は、これは独立戦争であるとし、ロシアはウクライナを支配するつもりかもしれないが、我々はこうやって血を流して国を守ることで、本当の「ウクライナ国民」になるのだと発言しました。この戦争の行方がどうなるか、すべての領土をウクライナが回復するのか、現状のラインで妥協するのかはさておき、いつかは終わるはずです。そのときに、この戦いがどうウクライナで語られていき、ウクライナの歴史にとってこの戦争がどのような意味をもつものになるのか、一方でロシアはそのあと、我々と共通の未来に向かって生きられるのか、ということに思いをはせながら、講義を終わらせていただきます。

コラム
私の視点

ロシアは核兵器を使用するか？

今後の行方という意味で、みなさんもご関心があるのはロシアが核兵器を使用することがあるのかという問題ではないでしょうか。まず核使用に関するロシアの公開規定では、「大量破壊兵器を使用された」場合と「国家の存立そのものが危機に陥った」場合に、核兵器を使用できるとしています。そして、核兵器の使用は大統領が決定することになっています。

それでは、大統領が核兵器使用の危険より、その効用が上回ると判断する状況とはどんなときでしょうか。もちろん、現状ではこれまで通り通常戦力でウクライナに勝つことを優先するはずですが、どうしても使用する必要があれば、ロシア側が「ウクライナが核兵器を開発した」とか、「汚い爆弾（ダーティーボム）を使った」と、それが事実かどうかは別にしてそう主張しさえすれば、核兵器を使用することができます。ただし、核を用いた場合、それがどういう結果になるのかはロシアにとっても予測しがたく危険です。アメリカが警告しているとおり、米軍の戦力投入を招くことになれば、本格的にロシアが負けて、プーチン体制も危うくなる恐れがあります。逆に、核を使用しても実際にはアメリカが戦力投入を手控える可能性もあり、そうに違いないと大統領が判断すれば、核を用いた方が状況を有利にできると考えるかもしれません。

また核の使用は戦場での勝利を目的とする場合と政治的勝利を目的とする場合で異なります。戦場で勝つためであれば相手戦力の広範囲に大量の「非戦略核」を使用するのが有効でしょうし、一方の政治的な勝利のためには、ロシアは本格的に核を使うぞと思わせるような、威嚇のための小規模な使用が考えられます。ただもちろん、核の威嚇だけで相手が軍事的手段を手控えてくれるなら、その効用が助長されるため、使用までいくことはないかもしれません。それが核爆発ではないとしても、核兵器の存在を利用した威嚇が戦争を有利に解決したのであれば、それはある意味の核兵器の効果です。これは核兵器の使用に反対する我々が避けるべきことですが、我々がある状況で誤って核兵器の威嚇に屈服してしまうことも残念ながらその一要素になってしまうのです。ウクライナ、その支援国としても、どこがロシアの核使用の「レッドライン」かを見極める必要があります。ウクライナは、そのためにロシアの本拠地などを攻撃してみて、ここまでは大丈夫、これ以上は危険と、判断を更新しながら、見極めようとしているようにみえます。

第10講（松里公孝）

塩川伸明編『ロシア・ウクライナ戦争―歴史・民族・政治から考える（仮題）』東京堂出版、2023年予定

高橋沙奈美『迷えるウクライナ―宗教をめぐるロシアとのもう一つの戦い』扶桑社新書、2023年

松里公孝『ウクライナ動乱―ソ連解体から露ウ戦争まで』ちくま新書、2023年

松里公孝『ポスト社会主義の政治―ポーランド、リトアニア、アルメニア、ウクライナ、モルドヴァの準大統領制』ちくま新書、2021年

D'Anieri, Paul, *Ukraine and Russia: From Civilized Divorce to Uncivil War*, Cambridge University Press, 2019.

第11講（山添博史）

飯塚恵子『ドキュメント誘導工作―情報操作の巧妙な罠』中央公論新社、2019年

小泉悠『ウクライナ戦争』筑摩書房、2022年

ショア、マーシ『ウクライナの夜―革命と侵攻の現代史』慶應義塾大学出版会、2022年

廣瀬陽子『ハイブリッド戦争―ロシアの新しい国家戦略』講談社、2021年

真野森作『ルポ　プーチンの戦争―「皇帝」はなぜウクライナを狙ったのか』筑摩書房、2018年

山添博史「ロシアの多層的な闘争手段」（ブリーフィング・メモ）防衛研究所、2020年

山添博史「ロシアの古典的な大国構想――遠のく「勢力圏」」増田雅之編著『大国間競争の新常態』インターブックス、2023年

Plokhy, Serhii. *The Gates of Europe: A History of Ukraine*. Penguin, 2016.

Zabrodskyi, Mykhaylo, Jack Watling, Oleksandr V Danylyuk and Nick Reynolds. *Preliminary Lessons in Conventional Warfighting from Russia's Invasion of Ukraine: February–July 2022*. Royal United Services Institute, 2022.

Zygar, Mikhail. *All the Kremlin's Men: Inside the Court of Vladimir Putin*. PublicAffairs, 2016.

Fascism, Genocide, and Cult, Stuttgart: ibidem-Verlag, 2014.

Rudling, Per Anders, "Yushchenko's Fascist: The Bandera Cult in Ukraine and Canada," *Journal of Soviet and Post-Soviet Politics and Society*, Vol.3, No.2, 2017.

Sakwa, Richard, *Frontline Ukraine: Crisis in the Borderlands*, London: Bloomsbury Academic, 2016.

Tea Sindbæk Anderson et. al. eds., *Disputed Memory: Emotions and Memory Politics in Central, Eastern and South-Eastern Europe*, Berlin: DeGruyter.

Касьянов, Георгий Украина и соседи: историческая политика. 1987–2018// Новое литературное обозрение, 2019.

Касьянов, Георгий и А. Миллер Россия–Украина: как пишется история. Диалоги-лекции-статьи// М., Российский государственный гуманитарный университет, 2011.

Миллер, Алексей Враг у ворот истории. Как историческая память стала вопросом безопасности// Московский центр Карнеги, 2020.05.03. https://carnegie.ru/commentary/81207（2023年3月12日最終アクセス）

第９講（高橋沙奈美）

メイエンドルフ、ジョン『ビザンティン神学―歴史的傾向と教理的主題』鈴木浩訳、新教出版社、2009年

ウェア、ティモシー『正教会入門』（松島雄一訳）新教出版社、2017年

久松英二『ギリシア正教　東方の智』講談社メチエ、2012年

高橋沙奈美『迷えるウクライナ―宗教をめぐるロシアとのもう一つの戦い』扶桑社新書、2023年

森安達也『東方キリスト教の世界』山川出版社、1998年

Krawchuk, Andrii, and Thomas Bremer eds., *Churches in the Ukrainian Crisis*, Pslgrave macmillan, 2016.

Wanner, Catherine, *Everyday Religiosity and the Politics of Belonging in Ukraine*, Ithaca and London: Cornell University Press, 2022.

Clark, Elizabeth A. and Dmytro Vovk eds., *Religion During the Russian-Ukrainian Conflict*, New York: Routledge, 2020.

Denysenko, Nicholas, *The Orthodox Church in Ukraine: A century of separation*, DeKalb: Northern Illinois University Press, 2018.

Leustean, Nucian N., ed., *Eastern Christianity and Politics in the Twenty-First Century*, London and New York: Routledge, 2014.

Plokhy, Serhii and Frank E. Sysn, Religion and Nation in Modern Ukraine, Edmonton and Toronto: Canadian Institute of Ukrainian Studies Press, 2003.

立石洋子「ウクライナとロシアにおける記憶の政治と知識人―2000年代後半から2014年のロシアの知識人の活動を中心に」『社会科学』（同志社大学）第53巻第3号、2023年予定
橋本伸也編著『せめぎあう中東欧・ロシアの歴史認識問題―ナチズムと社会主義の過去をめぐる葛藤』ミネルヴァ書房、2017年
橋本伸也編『紛争化させられる過去―アジアとヨーロッパにおける歴史の政治化』岩波書店、2018年
浜由樹子「国家の暴走、社会の受動性」『ひらく』第8号、139–146頁、2023年
浜由樹子「ウクライナ侵攻のイデオロギー―5つの構成要素とその背景」『ロシア・東欧研究』51号、41–56頁、2023年
浜由樹子「『歴史』をめぐる相克―ロシア・ウクライナ戦争の一側面」塩川伸明編著『ロシア・ウクライナ戦争―歴史・民族・政治から考える（仮題）』東京堂出版、2023年予定
ラリュエル、マルレーヌ『ファシズムとロシア』浜由樹子訳、東京堂出版、2022年
Adamski, Łukasz "Kyiv's 'Volhynian Negationism': Reflections on the 2016 Polish-Ukrainian Memory Conflict," *Journal of Soviet and Post-Soviet Politics and Society*, Vol.3, No.2., 2017.
Fedor, Julie et. al. eds., *War and Memory in Russia, Ukraine, and Belarus*, Palgrave Macmillan, 2018.
Hutchings, Stephen and Joanna Szostek, "Dominant Narratives in Russian Political and Media Discourse during the Ukraine Crisis," Agnieszka Pikulicka-Wilczewska and Richard Sakwa eds., *Ukraine and Russia: People, Politics, Propaganda and Perspectives*, E-International Relations Publishing, 2016.
Katchanovski, Ivan "Terrorists or National Heroes? Politics and Perceptions of the OUN and the UPA in Ukraine," *Communist and Post-Communist Studies*, 48, 2015.
Kulyk, Volodymyr "War of Memories in the Ukrainian Media: Diversity of Identities, Political Confrontation, and Production Technologies," Ellen Rutten, Julie Fedor and Vera Zverava eds., *Memory, Conflict and New Media: Web Wars in Post-socialist States*, London: Routledge, 2013.
Kuzio, Taras, *Theoretical and Comparative Perspectives on Nationalism: New Directions in Cross-Cultural and Post-Communist Studies*, Stuttgart: ibidrm-Verlag, 2007.
Lower, Wendy, *Nazi Empire-Building and the Holocaust in Ukraine*, The University of North Carolina Press, 2005.
Marples, David R., "Stepan Bandera: The Resurrection of a Ukrainian National Hero," *Europe-Asia Studies*, Vol. 58, No. 4, 2006.
Rossoliński-Liebe, Grzegorz, *Stepan Bandera: The Life and Afterlife of a Ukrainian Nationalist:*

Bacon, Gershon, "'The House of Hannover': *Gezeirot Tah* in Modern Jewish Historical Writing," *Jewish History* 17(2) , 2003.
Gitelman, Zvi, *Jewish Identity in Postcommunist Russia and Ukraine: An Uncertain Ethnicity*, New York: Cambridge University Press , 2012.
Raspe, Jonathan, "Soviet National Autonomy in the 1920s: The Dilemmas of Ukraine's Jewish Population," *Nationalities Papers* 50(5), 2022.
Veidlinger, Jeffrey, *In the Shadow of the Shtetl: Small-Town Jewish Life in Soviet Ukraine, Bloomington: Indiana University Press*, 2013.
Veidlinger, Jeffrey, *In the Midst of Civilized Europe: The Pogroms of 1918–1921 and the Onset of the Holocaust*, London: Picador, 2021.

第7講（池田嘉郎）

池田嘉郎「ロシア共産党第12回大会民族問題部会の考察」『旧ソ連の民族問題』木鐸社、1993年
池田嘉郎「パリ講和会議とロシアの内戦」木村靖二編『1919年 現代への模索（歴史の転換期11）』山川出版社、2022年
久保田俊樹「シェレスト期ウクライナ政治の再評価 経済的側面からの検討」（東京大学大学院人文社会系研究科修士論文、2019年度）
志田恭子「ウクライナのなかのアジア—現地での最新の学位論文を中心に」『ロシア史研究』71、2002年
マーチン、テリー（半谷史郎監訳）『アファーマティヴ・アクションの帝国—ソ連の民族とナショナリズム、1923年～1939年』明石書店、2011年
Гаухман, Михаил, "В поисках новой истории: историографические дискуссии начала XXI в. о метанарративе истории Украины", *Ab Imperio*, 3/2022.
Савченко, Виктор, "Проблемы первой компании коренизации и украинизации на Юге УССР (1923–1930 гг.)", Журнал российских и восточноевропейских исторических исследований, №1(5), 2014.
Хлевнюк, О. В., Хозяин. Сталин и утверждение сталниской диктатуры, М.: РОССПЭН, 2010.

第8講（浜由樹子）

イム・ジヒョン（林志弦）『犠牲者意識ナショナリズム—国境を超える「記憶」の戦争』澤田克己訳、東洋経済新報社、2022年
立石洋子『スターリン時代の記憶—ソ連解体後のロシアの歴史認識論争』慶応義塾大学出版会、2020年
立石洋子「自国史像を分断させた記憶政策」『Voice』2022年5月号、159–165頁、2022年

64、2017年、1–40頁
村田優樹「1918年のウクライナにおける国制構想と外交路線の相互関係：独立と連邦制」『ロシア・東欧研究』47、2019年、17–34頁
安井教浩『リガ条約―交錯するポーランド国境』群像社、2017年
Baker, Mark Robert. *Peasants, Power, and Place: Revolution in the Villages of Kharkiv Province, 1914–1921*.Cambridge, MA: Harvard Univ. Press, 2016.
Bihl, Wolfdieter. "Beiträge zur Ukraine-Politik Österreich-Ungarns 1918." *Jahrbücher für Geschichte Osteuropas* 14, no. 1 (1966): 51–62.
Chernev, Borislav. *Twilight of empire: the Brest-Litovsk Conference and the remaking of East-Central Europe, 1917–1918*. Toronto: Univ. of Toronto Press, 2017.
Fedyshyn, Oleh. *Germany's drive to the East and the Ukrainian revolution, 1917–1918*. New Brunswick, NJ: Rutgers University Press, 1971.
Gilley, Christopher. "Untangling the Ukrainian Revolution." *Studies in ethnicity and nationalism* 17, no. 3 (2017): 326–338.
Palij, Michael. *The Ukrainian-Polish defensive alliance, 1919–1921: an aspect of the Ukrainian revolution*. Edmonton: CIUS Press, 1995.
Reshetar, John S. *The Ukrainian Revolution, 1917–1920: a Study in Nationalism*. Princeton: Princeton University Press, 1952.
Soldatenko, Valerii. *Ukrains'ka revoliutsiia. Istorychnyi narys*. Kyiv: Libid', 1999.
Von Hagen, Mark. *War in a European borderland: occupations and occupation plans in Galicia and Ukraine, 1914–1918*. Seattle: University of Washington Press, 2007.
Yekelchyk, Serhy. "Bands of Nation Builders? Insurgency and Ideology in the Ukrainian Civil War." In *War in Peace: Paramilitary Violence in Europeafter the Great War*, edited by Robert Gerwarth and John Horne, 107–125. Oxford: Oxford University Press, 2012.

第6講（鶴見太郎）

赤尾光春「ウマン巡礼の歴史―ウクライナにおけるユダヤ人の聖地とその変遷― 」『スラヴ研究』50号、2003年
赤尾光春「水面下の代理戦争―ユダヤ・ファクターから見たウクライナとロシアの動向」『現代思想』7、2014年
ギテルマン、ツヴィ『ロシア・ソヴィエトのユダヤ人100年の歴史』明石書店、2002年
高尾千津子『ソ連農業集団化の原点―ソヴィエト体制とアメリカユダヤ人』彩流社、2006年
Abramson, Henry, *Ukrainians and Jews in Revolutionary Times 1917–1920: A Prayer of the Government*, Revised edn., Scotts Valley, Create Space, 2018.
Abramson, Henry, "Ukraine," in *YIVO Encyclopedia of Jews in Eastern Europe*, 2008 (Online edn.)

Kuromiya, Hiroaki, *Freedom and Terror in the Donbas: A Ukrainian-Russian Borderland, 1870s-1990s*, Cambridge: Cambridge University Press, 1998.
LeDonne, John P., *Russian Empire and the World, 1700–1917: The Geopolitics of Expansion and Containment*, New York: Oxford University Press, 1997.
Magocsi, Paul Robert, *A History of Ukraine: The Land and Its Peoples*, 2nd, revised and Expanded edition, Toronto: University of Toronto Press, 2010.
Miller, Alexei, *The Romanov Empire and Nationalism: Essays in the Methodology of Historical Research*, Budapest: Central European University Press, 2008.
Miller, Alexei, *The Ukrainian Question: The Russian Empire and Nationalism in the Nineteenth Century*, Budapest: Central European University Press, 2003.
Plokhy, Serhii, The Origins of the Slavic Nations: Premodern Identities in Russia, Ukraine, and Belarus, Cambridge: Cambridge University Press, 2006.
Plokhy, Serhii, *The Gates of Europe: A History of Ukraine*, London: Penguin, 2016.
Staliūnas, Darius and Yoko Aoshima, eds., *The Tsar, the Empire, and the Nation: Dilemmas of Nationalization in Russia's Western Borderlands, 1905–1915*, Budapest: Central European University Press, 2021.
Subtelny, Orest, *The Ukraine: A History*, 4th edition, Toronto: University of Toronto Press, 2009.
Weeks, Theodore R., *Nation and State in Late Imperial Russia: Nationalism and Russification on the Western Frontier, 1863–1914*, DeKalb: Northern Illinois University Press, 2008.
Zayarnyuk, Andriy and Ostap Sereda, *The Intellectual Foundations of Modern Ukraine: The Nineteenth Century*, London: Routledge, 2023.
Долбилов М. и Миллер А. Западные окраины российской империи. М., 2006.
Долбилов М.Д. Русский край, чужая вера. Этноконфессиональная политика империи в Литве и Белоруссии при Александре. М., 2010.
Мацузато, Кимитака, Генерал-губернаторства в Российской империи: от этнического к пространственному подходу// Герасимов И. и др. (ред.). Новая имперская история постсоветского пространства. Казань, 2004. 427–458.
Федевич, Климентий. Кейс Украинского “русского национализма” в российской империи, 1905–1914 гг.// Ab Imperio. №3. 2020. С.69–97.

第5講（村田優樹）

中井和夫『ソヴェト民族政策史―ウクライナ1917–1945』御茶の水書房、1988年
野村真理『隣人が敵国人になる日―第一次世界大戦と東中欧の諸民族』人文書院、2013年
村田優樹「第一次世界大戦、ロシア革命とウクライナ・ナショナリズム」『スラヴ研究』

Wiele twarzy Ukrainy, rozmawiali i przypisami opatrzyli Iza Chruślińska i Piotr Tyma, Lublin 2005.

Wójcik, Zbigniew, *Dzikie Pola w ogniu. O Kozaczyźnie w dawnej Rzeczypospolitej*, wyd. II, Warszawa 1961.

第4講（青島陽子）

青島陽子「ロシア帝国の「宗派工学」にみる帝国統治のパラダイム」池田嘉郎・草野佳矢子編著『国制史は躍動する』刀水書房、2015年、121–151頁

伊東孝之、井内敏夫、中井和夫編『ポーランド・ウクライナ・バルト史』（世界各国史20）山川出版社、1998年

加納格『ロシア帝国の民主化と国家統合―二十世紀初頭の改革と革命』御茶の水書房、2001年

中井和夫『ウクライナ・ナショナリズム―独立のディレンマ』東京大学出版会、1998年

中井和夫『ソヴェト民族政策史―ウクライナ1917–1945』御茶の水書房、1988年

中澤達哉「ハプスブルク君主政の礫岩のような編成と集塊の理論―非常事態へのハンガリー王国の対応」古谷大輔・近藤和彦編『礫岩のようなヨーロッパ』山川出版社、2016年、118–135頁

永田雄三編『西アジア史II』（世界各国史9）山川出版社、2002年

服部倫卓、原田義也編著『ウクライナを知るための65章』明石書店、2018年

福嶋千穂『ブレスト教会合同』群像社、2015年

ホメンコ、オリガ『国境を越えたウクライナ人』群像社、2022年

南塚信吾編『ドナウ・ヨーロッパ史』（世界各国史19）山川出版社、1999年

リーベン、ドミニク（袴田茂樹監修、松井秀和訳）『帝国の興亡』（上）（下）、日本経済新聞社、2002年

ルコフスキ、イェジ他著『ポーランドの歴史（ケンブリッジ版世界各国史）』創土社、2007年

和田春樹編『ロシア史』（世界各国史22）山川出版社、2002年

Berger, Stefan and Alexei Miller, *Nationalizing Empires*, Budapest: Central European University Press, 2015.

Hills, Faith, *Children of Rus': Right-Bank Ukraine and the Invention of a Russian Nation*, Ithaca: Cornell University Press, 2013.

Judson, Pieter M., *The Habsburg Empire: A New History*, Cambridge, Mass.: The Belknap Press of Harvard University Press, 2016.

Kappeler, Andreas, *The Russian Empire: A Multiethnic History*, trans., Alfred Clayton, Harlow: Longman, 2001.

Katchanovski, Ivan, Zenon E. Kohut, Bohdan Y. Nebesio, and Myroslav Yurkevich, *Historical Dictionary of Ukraine*, 2nd edition, London: The Scarecrow Press, Inc., 2013.

2022年

第3講（小山　哲）

伊東孝之・井内敏夫・中井和夫編『ポーランド・ウクライナ・バルト史』（世界各国史20）、山川出版社、1998年
梶さやか『ポーランド国歌と近代史―ドンブロフスキのマズレク』群像社、2016年
黒川祐次『物語　ウクライナの歴史―ヨーロッパ最後の大国』中公新書、2002年
小山哲「われらもまたインドに至らん―近世ポーランドにおける「新世界」認識とウクライナ植民論」『人文学報』（京都大学人文科学研究所）、85（2001年）、1–25頁
小山哲・藤原辰史『中学生から知りたいウクライナのこと』ミシマ社、2022年
服部倫卓、原田義也編著『ウクライナを知るための65章』明石書店、2018年
早坂真理『ウクライナ―歴史の復元を模索する』（社会科学の冒険18）リブロポート、1994年
福嶋千穂「「ハジャチ合意（1658–59年）」にみるルテニア国家の創出」、『史林』93–5（2010年）、31–64頁
福嶋千穂『ブレスト教会合同』群像社、2015年
Chynczewska-Hennel, Teresa, *Świadomość narodowa szlachty ukraińskiej i kozaczyzny od schyłku XVI do połowy XVII w.*, Warszawa 1985.
Hrycak, Jarosław, *Historia Ukrainy 1772–1999. Narodziny nowoczesnego narodu*, Lublin 2000.
Hrycak, Jarosław, *Nowa Ukraina. Nowe interpretacje*, Wrocław 2009.
Jakowenko, Natalia, *Historia Ukrainy do 1795 roku*, Warszawa 2011.
Kaczmarczyk, Janusz, *Bohdan Chmielnicki*, wyd. II, Wrocław – Warszawa – Kraków 2007.
Lebedynsky, Iaroslav, *La « Constitution » ukrainienne de 1710. La pensée politique des élites cosaques d'Ukraine*, Paris, 2010.
Magocsi, Paul Robert, *A History of Ukraine*, Seattle 1996.
Pernal, Andrzej B., *Rzeczpospolita Obojga Narodów a Ukraina. Stosunki dyplomatyczne w latach 1648–1659*, Kraków 2010.
Plochy, Serhii, *The Gates of Europe. A History of Ukraine*, Penguin Books, 2016.
Reid, Anna, *Pogranicze. Podróż przez historię Ukrainy 988–2015*, Kraków 2016.
Serczyk, Władysław A., *Na dalekiej Ukrainie. Dzieje Kozaczyzny do 1648 roku*, Kraków 2008.
Serczyk, Władysław A., *Na płonącej Ukrainie. Dzieje Kozaczyzny 1648 – 1651*, Kraków 2009.
Subtelny, Orest, *Ukraine. A History*, Toronto – Buffalo – London 1988.
Sysyn, Frank E., *Between Poland and the Ukraine. The Dilemma of Adam Kysil 1600–1653*, Cambridge, Mass. 1985.
Ukraina. Przewodnik Krytyki Politycznej, z Jarosławem Hrycakiem rozmawia Iza Chruślinska, Warszawa 2009.

〈参考文献〉

第1講（黛　秋津）

伊東孝之、井内敏夫、中井和夫編『ポーランド・ウクライナ・バルト史』（世界各国史20）、山川出版社、1998年

黒川祐次『物語 ウクライナの歴史―ヨーロッパ最後の大国』（中公新書）、中央公論新社、2002年

中井和夫『ウクライナ・ナショナリズム―独立のディレンマ』東京大学出版会、1998年（2022年）

同『ウクライナ・ベラルーシ史』（YAMAKAWA Selection）山川出版社、2023年

服部倫卓、原田義也編『ウクライナを知るための65章』明石書店、2018年

早坂真理『ウクライナ―歴史の復元を模索する』（社会科学の冒険18）、リブロポート、1994年

黛秋津「歴史から見たロシア「勢力圏」の虚実――黒海沿岸地域におけるロシアの影響」『外交』72（2022）、76–81頁

黛秋津「歴史の中のウクライナ：古くて新しい国、周縁にして中心」『UP』東京大学出版会、2022–5、11–17頁

黛秋津「冷戦後東欧地域における紛争と暴力の歴史的背景――ユーゴスラヴィアとウクライナ」『「暴力」から読み解く現代世界』東京大学出版会、2022年

Magocsi, Paul Robert, *A History of Ukraine*, University of Toronto Press, 1996 (revised ed. 2010).

Plokhy, Serhii, *The Gates of Europe : A History of Ukraine*, Basic Books, 2015.

Subtelny, Orest, *Ukraine : a history*, University of Toronto Press, 1988 (4th ed. 2009).

Yekelchyk, Serhy, *Ukraine: Birth of a Modern Nation*, Oxford University Press , 2007.

第2講（三浦清美）

木村彰一、岩井憲幸「〈翻訳〉コンスタンティノス一代記：訳ならびに注（1）」『スラヴ研究』31号、1–17頁

木村彰一、岩井憲幸「〈翻訳〉コンスタンティノス一代記：訳ならびに注（2）」『スラヴ研究』32号、191–215頁

木村彰一、岩井憲幸「〈翻訳〉メトディオス一代記：訳ならびに注」『スラヴ研究』33号、1–16頁

國本哲男ほか訳『ロシア原初年代記』名古屋大学出版会、1987年

服部文昭『古代スラヴ語の世界史』白水社、2020年

三浦清美『ロシアの思考回路―その精神史から見つめたウクライナ侵攻の深層』扶桑社、

年)、『ロシア・シオニズムの創造力—ユダヤ人・帝国・パレスチナ』(東京大学出版会、2012年)など。

池田嘉郎(いけだ よしろう)
1971年生まれ。東京大学大学院人文社会系研究科教授。
主要著作に『ロシア革命とソ連の世紀1　世界戦争から革命へ』(責任編集、岩波書店、2017年)、『ロシア革命—破局の8か月』(岩波新書、2017年)、訳書に『幸福なモスクワ』(アンドレイ・プラトーノフ著、白水社、2023年)など。

浜由樹子(はま ゆきこ)
1975年生まれ。静岡県立大学国際関係学研究科准教授。
主要著作に『ユーラシア主義とは何か』(成文社、2010年)、訳書に『ファシズムとロシア』(マルレーヌ・ラリュエル著、東京堂出版、2022年)、『戦争と戦争のはざまで—E・H・カーと世界大戦』(共訳、山中仁美著、ナカニシヤ出版、2017年)など。

高橋沙奈美(たかはし さなみ)
1979年生まれ。九州大学大学院人間環境学研究院講師。
主要著作に『迷えるウクライナ—宗教をめぐるロシアとのもう一つの戦い』(扶桑社新書、2023年)、『ソヴィエト・ロシアの聖なる景観—社会主義体制下の宗教文化財、ツーリズム、ナショナリズム』(北海道大学出版会、2018年)など。

松里公孝(まつざと きみたか)
1960年生まれ。東京大学大学院法学政治学研究科教授。
主要著作に『ウクライナ動乱—ソ連解体から露ウ戦争まで』(ちくま新書、2023年)、『ポスト社会主義の政治—ポーランド、リトアニア、アルメニア、ウクライナ、モルドヴァの準大統領制』(ちくま新書、2021年)、共著に『ウクライナを知るための65章』(服部倫卓・原田義也編著、明石書店、2018年)など。

山添博史(やまぞえ ひろし)
1975年生まれ。防衛研究所地域研究部米欧ロシア研究室長。
主要著作に『国際兵器市場とロシア(ユーラシアブックレット)』(東洋書店、2014年)、共著に『大国間競争の新常態』(増田雅之編著、インターブックス、2023年)、『宗主権の世界史—東西アジアの近代と翻訳概念』(岡本隆司編、名古屋大学出版会、2014年)など。

〈編著者略歴（掲載順）〉

黛　秋津（まゆずみ あきつ）
1970年生まれ。東京大学大学院総合文化研究科教授。
主要著作に『三つの世界の狭間で―西欧・ロシア・オスマンとワラキア・モルドヴァ問題』（名古屋大学出版会、2013年）、共著に『黒海地域の国際関係』（六鹿茂夫編、名古屋大学出版会、2017年）など。

三浦清美（みうら きよはる）
1965年生まれ。早稲田大学文学学術院文学部教授。
主要著作に『ロシアの思考回路―その精神史から見つめたウクライナ侵攻の深層』（扶桑社新書、2022年）、『ロシアの源流―中心なき森と草原から第三のローマへ』（講談社選書メチエ、2003年）など。

小山　哲（こやま さとし）
1961年生まれ。京都大学大学院文学研究科教授。
共著に『王のいる共和政―ジャコバン再考』（中澤達哉編、岩波書店、2022年）、『中学生から知りたいウクライナのこと』（ミシマ社、2022年）、『礫岩のようなヨーロッパ』（古谷大輔・近藤和彦編、山川出版社、2016年）など。

青島陽子（あおしま ようこ）
1973年生まれ。北海道大学スラヴ・ユーラシア研究センター准教授。
共著に『歴史の転換期9　1861年　改革と試練の時代』（小松久男編、山川出版社、2018年）、『国制史は躍動する』（池田嘉郎・草野佳矢子編著、刀水書房、2015年）など。

村田優樹（むらた ゆうき）
1992年生まれ。ウィーン大学東欧史研究所博士課程。
主要論文に「二〇世紀初頭のウクライナ・ナショナリズムとロシア・ナショナリズム―「独立説」と「一体説」の系譜」（『現代思想』2022年6月臨時増刊号）、「革命期ロシアのウクライナ問題と近世ヘトマン領―過ぎ去った自治と来るべき自治」（『史学雑誌』130編7号）など。

鶴見太郎（つるみ たろう）
1982年生まれ。東京大学大学院総合文化研究科准教授。
主要著作に『イスラエルの起源―ロシア・ユダヤ人が作った国』（講談社選書メチエ、2020

講義《こうぎ》 ウクライナの歴史《れきし》

2023年8月20日 第1版第1刷印刷 2023年8月30日 第1版第1刷発行

編 者 黛 秋津

発行者 野澤武史

発行所 株式会社 山川出版社

〒101-0047 東京都千代田区内神田1-13-13

電話 03(3293)8131(営業) 03(3293)1802(編集)

https://www.yamakawa.co.jp/

印 刷 株式会社太平印刷社

製 本 株式会社ブロケード

装 幀 マルプデザイン（清水良洋）

本 文 梅沢 博